Rainer Haak

Heute ist Zeit zum Leben

Rainer Haak

Heute ist Zeit zum Leben

365 gute Gedanken auf der Suche nach Gott

Aussaat

Verlagsgesellschaft des Erziehungsvereins mbH, Neukirchen-Vluyn
Titelgestaltung: Hartmut Namislow
Satz: Graphische Werkstätten Lehne, Grevenbroich
Druck: Ebner, Ulm
Printed in Germany
ISBN 3-7615-5154-1
Bestellnummer 155 154

Vorwort

Heute ist Zeit zum Leben. Und heute ist Zeit, mich auf die Suche nach Leben zu machen. Bei dieser Suche ist das vorliegende Buch entstanden, und diese Suche ist – zum Glück – für mich längst noch nicht abgeschlossen. Ich will mich nicht zufrieden geben mit dem, was immer war. Ich will mich nicht anfreunden mit einem Leben, das mir in der Werbung oder im Fernsehen angeboten wird. Ich will kein bequemes Leben, kein «modernes» Leben, kein leeres Leben.

Heute ist Zeit zum Leben. Für Menschen, die die Suche nach Leben gern mit mir und vielen anderen teilen wollen, ist dieses Buch geschrieben. Es richtet sich an Frauen und Männer, die selber leben wollen, statt sich leben zu lassen. Es meint Menschen, die Fragen stellen und diesen Fragen nachgehen, Menschen, die nicht auf alles eine fertige Antwort haben. Es ist geschrieben für die, die kritisch denken und nicht alles einfach übernehmen – auch die Gedanken dieses Buches nicht!

Ich lade Sie ein, ein Jahr lang Tag für Tag (oder auch ganz anders) die Frage nach dem Leben zu stellen. Es soll stets die Frage nach Ihrem Leben sein, nie nach dem Leben «allgemein». Leben, das Sie heute nicht leben, ist kein Leben. Ich lade Sie ein, Ihre Erfahrungen und Zweifel, Ihre Verletzungen und Vorbehalte, Ihre Aggressionen und Sehnsüchte mitzubringen. Denn darum geht es: um Ihr Leben in allen Farben und Schattierungen.

Für mich hat Leben immer auch etwas mit Gott zu tun, der Leben erschaffen hat und vielfältig ermöglicht. So kann ich mir die Suche nach Leben nicht ohne die Bibel vorstellen. Ich will die Bibel danach befragen, was sie mit meinem Leben zu tun hat. Ich will mich auf die Botschaft der Liebe, die Jesus gepredigt hat, einlassen. Glaubensvorstellungen, die der Liebe und dem Leben widersprechen, will ich zurückweisen und mich von ihnen nicht länger niederdrücken lassen.

Dieses Andachtsbuch ist nicht für ein bestimmtes Jahr geschrieben. Da sich die Zeiten von Passion, Ostern, Pfingsten und Advent jedes Jahr verschieben, werden Ihnen die dazugehörigen Texte schon einige Tage zu früh oder aber erst verspätet begegnen. Ich denke, Sie werden damit kreativ umgehen und in solchen Zeiten Ihre eigene Art finden, in diesem Buch zu lesen.

An den meisten Tagen finden Sie ein biblisches Zitat (verdeutlicht durch die Anführungsstriche) im Text oder unten auf der Seite. In Klammern ist das biblische Buch aufgeführt, in dem Sie das Zitat nachschlagen können.

Ich bin gespannt, wie Sie die Texte lesen: allein, zu zweit, mit der Familie, morgens, abends, während der Arbeitszeit, in der S-Bahn? Ich hoffe, es sind viele Anstöße und Anregungen für ein lebendiges Leben dabei!

Ihr Rainer Haak

Noch sind die Seiten leer

Januar
1.

Ich liebe Bücher mit lauter leeren Seiten. Am liebsten mag ich sie, wenn sie schön eingebunden sind. Leere Seiten haben etwas Unschuldiges, Reines an sich und laden zugleich ein, Gedanken, Worte und Bilder in diesem Buch lebendig werden zu lassen.

Ich benutze Bücher mit leeren Seiten, um Gedichte aufzuschreiben, interessante Erlebnisse, Ideen, die ich nicht vergessen will. Ich nehme manchmal so ein Buch mit in den Urlaub, um Tagebuch zu schreiben, interessante Begegnungen festzuhalten oder schöne Fotos einzukleben. Und es ist immer wieder aufregend, ein selbstgemachtes Buch in die Hand zu nehmen und beim Betrachten zurückzudenken an längst vergangene Reisen, Begegnungen oder Erfahrungen.

Das neue Jahr ist für mich wie ein Buch mit lauter leeren Seiten. Es ist noch voller ungeahnter Möglichkeiten und wartet darauf, beschrieben zu werden. Ich bin gespannt, was für ein Buch es am Ende des Jahres sein wird. Es ist gut, dass ich mitwirken kann an diesem Buch. Ich habe Einfluss darauf, ob es ein Gruselbuch wird oder ein Liebesroman, ob es interessant wird und fröhlich.

Ich will darauf achten, wer in diesem Buch schreibt und seine Spuren hinterlässt. Ich wünsche mir, dass Gott mitwirkt und dem Jahr eine gute Richtung gibt. Ich will auf seine Beiträge nicht verzichten. Ob ernst oder froh, traurig oder glücklich – es werden Beiträge zum Leben sein.

Gott, ich will dich einladen, in diesem Jahr deine Spuren in meinem Leben deutlich werden zu lassen.

Nichts ist unmöglich

Januar
2.

Das ist unmöglich, so habe ich schon oft gesagt. Warum es unmöglich ist? Ich habe meine Antworten schnell parat: Das gab es noch nie. Das war immer so. Das kann ich mir nicht vorstellen. Das habe ich früher schon einmal versucht. Alle andern glauben auch, dass es unmöglich ist.

Schade, dass ich nur selten an die vielen Möglichkeiten des Lebens glaube! Schade, dass ich mir so wenig vorstellen kann! Mein kleinliches Denken betrügt mich um gute Möglichkeiten. Mein Denken lässt den Versuch scheitern, bevor ich ihn wage. Mein Denken verhindert, dass mein Leben sich ändert. Mein Denken verhindert das Versöhnungsgespräch mit der Nachbarin. Mein kleinliches Denken traut mir nichts zu, traut meinen Mitmenschen nichts zu, traut dem Leben und Gott nichts zu.

Die Bibel ist eine Fundgrube für Beispiele, dass das Unmögliche doch möglich ist. Sie zeigt, dass hoffnungslose Fälle nicht hoffnungslos bleiben müssen und dass eine Sackgasse ein neuer Start ins Leben werden kann. Die Bibel zeigt, dass der verlorene Sohn nicht verloren bleiben muss und sich ein Egoist zu einem Menschenfreund verändern kann. Die Bibel zeigt, dass bei Gott nichts unmöglich ist und er mir neue Lebensmöglichkeiten eröffnen will.

Meinen Glauben suchen

Januar

Seit meiner frühesten Kindheit versuchen Menschen, mir ihren Glauben nahe zu bringen. Zuerst waren es die Eltern, die Tante, der Pfarrer, die Lehrerin, mehrere Mitschüler. Mal war es ein lieber Gott, der mir begegnete, und mal ein sehr strenger Gott. Ein Gott passte ständig auf mich auf, dass ich keine Dummheiten machte. Ein anderer lebte nur in der Kirche, und wenn ich etwas von ihm wollte, dann musste ich dorthin gehen.
Später erlebte ich noch andere Glaubensvorstellungen. Vor etlichen Jahren versuchte eine Frau mir monatelang klarzumachen, dass Jesus bis zum Jahr 1980 zurückkäme und dann das Weltende erreicht wäre. Ich hörte, wenn sich zwei Menschen lieben, sei das der einzig wahre Gottesdienst. Ich erlebte Gottesdienste, in denen alle Besucher wie versteinert und mit verkniffenen Gesichtern dasaßen. Und einmal tanzten alle Gottesdienstbesucher verzückt herum und ich kam mir sehr einsam vor.
Irgendwann wurde mir klar, dass ich für meinen Glauben selbst verantwortlich bin. Glaube ist zuerst einmal eine sehr persönliche Sache zwischen Gott und mir. Ich darf mich auf die Suche nach einem Glauben machen, der für mich der richtige ist. Ich darf Gott vertrauen und bitten, mich bei dieser Suche zu begleiten und mir zu einem lebendigen Glauben zu helfen.

Von Gott berührt

Januar
4.

Gott, wenn ich an dich denke,
fühle ich mich oft ziemlich klein –
und manchmal sehr groß.
Ich sehe dich einmal als gewaltigen Weltenherrscher
und dann als Mann am Kreuz, der aus Liebe zu mir stirbt.
Ich sehe dich als verborgenen Gott, unnahbar und weit entfernt,
oder als Gott, zu dem ich beten und dem ich mein Leid klagen kann
und der mich hört und tröstet.
Manchmal fühle ich mich dir ganz nah,
und dann zweifle ich gar an deiner Existenz.

Gott, ich suche und frage nach dir
und bringe meine Zweifel, Vorbehalte und Träume mit.
Ich suche und frage und hoffe, von dir berührt zu werden –
wie auch immer das aussehen mag.

Was ich brauche

Januar
5.

Wenn Jesus zu den Menschen sprach, richtete er sich meistens nicht an alle Zuhörer auf einmal. Er hatte für verschiedene Menschen verschiedene Botschaften. Er sprach anders zu den Satten als zu den Hungrigen, anders zu den Reichen als zu den Armen, anders zu den Gottlosen als zu den Frommen. Dem einen zeigte er seine Würde als Mensch, als geliebtes Kind Gottes. Einem anderen versuchte er, bei der Loslösung von einer Abhängigkeit zu helfen. Einen heilte er von seiner Selbstsucht, einem anderen öffnete er die Augen für seine Begabungen. Einen

lud er ein, ihm nachzufolgen, einen anderen jagte er aus dem Tempel. Einem legte er die Hand auf, von dem anderen wandte er sich ab. Dem einen riet er, sich keine Sorgen um die Zukunft zu machen, und dem anderen riet er, sich alles noch einmal genau zu überlegen.
Ich möchte herausbekommen, was Jesus mir sagen würde. Dazu muss ich mich sicher noch besser kennen lernen. Ich muss mich prüfen, ob ich dem Geld oder Erfolg mehr vertraue als Gott. Ich muss mich fragen, wo ich abhängig bin und wo ich Verletzungen erlitten habe, ob mein Glaube fröhlich ist oder verkrampft oder voller Zweifel. Ich will mir von Jesus zeigen lassen, was für mich gut und wichtig ist. Bestimmt finde ich im Neuen Testament auch für mich Antworten.

Meinen Stern finden

Januar
6.

Nachts bei sternklarem Himmel, abseits der großen Stadt stehen und schauen und staunen – das ist für mich jedesmal wieder ein gewaltiges Erlebnis! Wie unterschiedlich leuchten und flimmern die Himmelskörper! Wie unvorstellbar weit entfernt sind sie alle! Und wie gewaltig muss die Zahl der Sterne sein, die ich mit bloßem Auge ausmachen kann – dabei sind das nur einige wenige im Vergleich zu den für mich unsichtbaren. Ich staune – und merke, dass ich kaum Sterne oder Sternbilder erkennen und benennen kann, außer vielleicht den Großen Wagen.
Die Sterndeuter, die mir in der Weihnachtsgeschichte begegnen, kannten sich besser aus. Sie waren es gewohnt, bestimmte Sterne zu lokalisieren. Und sie kannten die alten Geheimnisse der Sterndeutung. Ich bewundere ihre Beobachtungsgabe und die Konse-

quenz, mit der sie sich auf den Weg machten, weil ein außergewöhnlicher Stern ihnen die Geburt eines Königs versprach.
Ich stehe oft etwas hilflos den vielen hellen Sternen in dieser Welt gegenüber. Es gibt so viele Verlockungen und Versprechungen. Etlichen gehe ich nach. Viele Sterne können mich begeistern. Aber sind es die richtigen für mich? Sind es die rechten Wege, die ich gehe, oder nur die bequemsten und schönsten?
Ich will von den Sterndeutern lernen, den für mich richtigen Stern zu finden, und mich dann konsequent auf den Weg machen.

(Matthäusevangelium 2, 1-2)

Ein Liebesbrief

Januar
7.

Ich kann die Bibel als interessantes Geschichtsbuch lesen, das mir die Geschichte des Volkes Israel lebendig vor Augen führt. Ich kann sie zur Hand nehmen als ein Buch, das wunderschöne poetische Werke enthält, Lieder und Liebesgedichte und Weisheiten. Ich kann sie als ein Werk lesen, in dem alle wichtigen Symbole menschlichen Lebens zu finden sind. Ich kann sie als Kriminalroman lesen oder als Traum von einem besseren Leben.
Ich kann die Bibel als Liebesbrief lesen. Ich kann sie lesen als Liebesbrief Gottes an uns Menschen. Ich kann sie lesen als immer wieder ausgesproche Einladung Gottes an uns, seine Liebe anzunehmen.
Jesus sagt: «Wie mich mein Vater liebt, so liebe ich euch auch. Bleibt in meiner Liebe!»

(Johannesevangelium 15, 9)

Ich lerne mich kennen

Januar
8.

Ich finde mich selbst in der Bibel wieder. Mein Leben begegnet mir dort: meine Suche nach Liebe, meine Angst, meine Stirn voller Sorgenfalten, mein Bankkonto, meine Scheuklappen, meine Tränen.
Ich entdecke mich wieder in dem verlorenen Sohn, der die Chance sieht, sein Leben ohne Gott einschränkungslos genießen zu können. Ich sehe mich zwischen Jerusalem und Jericho dem Opfer eines Verbrechens ausweichen und mir auf dem restlichen Weg eine überzeugende Entschuldigung zurechtlegen. Ich sehe mich hochmütig den Kopf erheben und meine frommen, sozialen und mitmenschlichen Qualitäten aufzählen. Ich sehe mich ein anderes Mal, wie ich vor Scham am liebsten im Boden versinken würde. Ich entdecke mich als sarkastischen Spötter und hartnäckigen Fragesteller. Ich erkenne mich bei meiner Suche nach Gott.
Ich entdecke mich selbst in der Bibel wieder und merke, wie ich mich neu kennen lerne.

(Lukasevangelium 10, 29-37; Lukasevangelium 15, 11-24 und 18, 9-14)

Gottes Spuren

Januar
9.

Ich kann Gott nicht sehen. Kein Mensch kann das. Auch wenn ich mich danach sehne, wenn ich Gott darum bitte, ich werde ihn nicht zu Gesicht bekommen.
Aber ich kann mich auf die Suche nach Gottes Spuren machen. Ich entdecke eine wunderbare Welt, eine herrliche Schöpfung, die

mich trotz vieler menschlicher Eingriffe immer noch begeistern und verzaubern kann. Ich schaue nachts in die Sterne und staune. Ich erlebe Menschen, die ihr ganzes Leben den Benachteiligten widmen und dabei – doch oder gerade – glücklich sind. Ich sehe selbst, wie sich Hass in Liebe verwandeln kann. Ich kenne Menschen, die am Ende waren und doch wieder Zutrauen zum Leben fassten.
Wenn ich Spuren Gottes und Erfahrungen mit ihm suche, werde ich in der Bibel schnell fündig. Und ich hoffe sehr, dass auch ich solche Erfahrungen mache und Gottes Spuren in meinem Leben entdecke.

Gott abschaffen?

Januar 10.

Gerade Menschen, die in ihrem Beruf häufig wichtige Entscheidungen treffen müssen, stehen in der Gefahr, sich selbst gewaltig zu überschätzen. Viele, die Macht über andere ausüben, leben in der Vorstellung, wirklich groß und mächtig zu sein. Menschen, die in komplizierten wissenschaftlichen Zusammenhängen denken und dort zu Hause sind, meinen oft, alles im Leben beurteilen und überblicken zu können.
Viele haben alle vernünftigen Maßstäbe verloren. Ihr eigener Verstand, ihr eigenes Urteil ist für sie zum alleinigen Maßstab geworden. Sie, die Geschöpfe, setzen sich an die Stelle des Schöpfers. Sie haben Gott «abgeschafft» und meinen, zu sein wie er.
Ich muss ehrlich gestehen: Diese Menschen machen mir Angst. Sie machen mir Angst für mich und uns und diese Welt. Und gerade darum möchte ich ihnen mutig entgegentreten und ihnen sagen, dass ich einen Gott über mir weiß, dessen Maßstäben ich vertraue

und dem ich mich gern unterordne – weil er mich und uns und diese Welt liebt.

«Auf, lasst uns eine Stadt und einen Turm bauen, dessen Spitze bis zum Himmel reicht, damit wir uns einen Namen machen.»
(1. Mose/Genesis 11, 4)

Immer dann

Januar
11.

Immer dann,
wenn Menschen nur danach entscheiden,
was technisch möglich und machbar ist –
wenn Menschen ausschließlich darauf blicken,
was ihnen persönlich den größten Vorteil einbringt –
wenn Menschen nur danach entscheiden,
was ihnen das größte Glücksgefühl vermittelt –
immer dann, da bin ich sicher,
haben wir irgendwo die Hölle auf Erden.

«Zeige mir, o Herr, deine Wege, und deine Pfade lehre mich. Leite mich in deiner Wahrheit und lehre mich, denn du bist der Gott meines Heils.» (Psalm 25, 4-5)

…lles dreht sich um mich

Januar 12.

Mein Denken kreist um mein Leben. Ich versuche, alles in den Griff zu kriegen. Ich gebe mir große Mühe, mein Leben abzusichern und zu versichern. Ich arbeite daran, mein Leben lebenswert zu gestalten. Ich wünsche mir ein glückliches, gesundes Leben. Ich will mich selbst verwirklichen. Ich suche einen Sinn für mein Leben.

Und dann höre ich wieder eines dieser Worte Jesu, die all mein Denken und Planen auf den Kopf stellen: «Wer sein Leben erhalten will, der wird es verlieren. Aber wer sein Leben verliert um meinetwillen, der wird es finden.»

Alles dreht sich um mich, um meine Sicherheit, mein Wohlergehen, meine Zukunft. Ich bin mein eigenes Gefängnis, aus dem ich mich allein nicht befreien kann. Vielleicht wird Gott mich befreien von der selbstgewählten Enge. Vielleicht macht die Liebe möglich, dass sich meine Fesseln lösen. Vielleicht zeigt mir Jesus, wo ich wirkliches, ewiges Leben finden kann. Vielleicht werde ich loslassen, auch wenn es weh tut.

(Matthäusevangelium 16, 25)

Zu Jesus kommen

Januar 13.

Menschen kamen zu Jesus,
verkrüppelt, blind, stumm.
Menschen kamen zu Jesus in der Hoffnung
auf Heilung,
und seine Nähe machte sie neu.
Sie konnten tanzen und sehen und ihre Freude hinausrufen.

Ich komme zu Jesus mit meinen erlittenen Verletzungen,
meinen Abhängigkeiten, meiner Blindheit
und meiner Sprachlosigkeit.
Ich komme zu Jesus und hoffe auf Heilung.

(Matthäusevangelium 15, 29-31)

Gebet über der Zeitung

Januar 14.

Ich schlage die Tageszeitung auf: «14 Tote bei Zugunglück in Rumänien.» Ich lese den Artikel und er lässt mich lange Zeit nicht los. Ich denke an die Opfer und ihre Angehörigen, an die Schreie der Verletzten, an die für das Unglück Verantwortlichen. Ich beginne, ein Gebet zu formulieren, so wie es mir in den Sinn kommt, ein Gebet über der Zeitung:
Gott, ich bitte dich für die Angehörigen der Opfer, dass du ihnen in dieser schweren Zeit nahe bist. Bitte sei bei den Verletzten und schenke ihnen Heilung. Ich bete zu dir für alle Menschen, die Verantwortung für andere tragen, Piloten und Lokführer, Ärzte und Krankenschwestern, Polizisten und Politiker, Lehrerinnen und Eltern.

Gebet für die Schöpfung

Januar
15.

Heute springt mir beim Lesen der Tageszeitung gleich vorn auf der Titelseite diese Überschrift ins Auge: «Das Ozonloch wächst weiter.» Beim genaueren Studieren des Textes spüre ich wieder einmal, wie nahe daran wir Menschen sind, die Lebensmöglichkeiten auf dieser Erde endgültig zu vernichten. Ich beginne nachzudenken, zu beten.
Gott, lass mich die Verantwortung für deine Schöpfung ernst nehmen. Lass mich Konsequenzen in meinem Leben ziehen, auch wenn es unbequem ist. Zeig mir, wie ich im Kleinen etwas für die Umwelt tun und wo ich Einfluss nehmen kann. Bitte hilf, dass sich in der öffentlichen Meinung, in Politik, Wissenschaft und Wirtschaft endlich ein neuer Umgang mit der Natur durchsetzt. Schenk uns allen Respekt und Liebe zu deiner guten Schöpfung.

Es stand unter «Lokales»

Januar
16.

Auch heute gibt es einen Artikel in der Tageszeitung, der mich lange bewegt. Es ist ein ganz kurzer Bericht unter der Rubrik «Lokales». Vielleicht ist es gerade die Kürze, die mich dazu bringt, mir eine lange Geschichte vorzustellen – die Geschichte eines Menschen, der in seiner Jugend so große Pläne und Träume hatte und der am Ende seines Lebens für viele als Abschaum galt.
Gott, ich bitte dich darum, dass du mir so viel Liebe schenkst, dass ich in jedem Menschen Jesus selbst sehen kann. Lass mich die besondere Würde erkennen, mit der du alle Menschen ausstat-

test. Es darf nicht sein, dass Menschen in unserem Land erfrieren und verhungern!
Lass mich die Hilfeschreie – die lauten und die stummen – aus meiner Umgebung nicht überhören, und lass es nicht zu, dass die Kälte in unserer Gesellschaft immer größer wird. Amen.
Mir wird deutlich, wie sehr Tageszeitung und Gebet zusammengehören. Die Probleme der großen Welt und diejenigen in meiner näheren Umgebung haben sehr viel zu tun mit Gott, mit meinem Glauben und mit meinem Handeln.

Eine fromme Scheinwelt?

Januar 17.

Ich will den Glauben nicht missbrauchen, um mich vor den Problemen des Lebens zu drücken. Ich will mich nicht in eine fromme Scheinwelt zurückziehen.
Ich will vielmehr einen Weg finden, Glauben und Leben zu verbinden. Ich brauche einen Glauben, der mir hilft, Probleme zu lösen. Ich brauche einen Glauben, der sich auch in schwierigen Lebenssituationen bewährt. Mit weniger gebe ich mich nicht zufrieden!

Bereit sein

Januar 18.

Gott, ich möchte an dich glauben,
dir vertrauen
und die Erfahrung machen,
dass du es gut mit mir meinst!
Ich möchte deine Kraft
in meinem Leben spüren!

Aber ich stelle immer wieder fest,
dass ich Glauben nicht «machen» kann.
Gerade, wenn ich meine, den Glauben sicher zu «haben»,
scheint er schon wieder weit, weit weg zu sein.

Glauben kann ich mir von dir nur schenken lassen.
Glauben kann ich nur von dir erwarten.
Aber darauf will ich mich vorbereiten!
Ich will dich suchen und nach dir fragen,
ich will mich für dich öffnen und bereit sein,
deine Liebe und Nähe zu erfahren!

An Gott glauben

Januar 19.

Wenn ich es für wahr halte, dass es einen Gott gibt, dann heißt das noch lange nicht, dass ich an Gott glaube. Glauben ist viel mehr, als etwas für wahr zu halten. Glauben ist eine völlig andere Art zu leben. Glauben ist eine lebendige Beziehung. Glauben ist das totale Wagnis, in Gott meine einzige und ganze Sicherheit im Leben zu sehen.

Glauben beginnt niemals mit meinen klugen Gedanken über Gott.
Glauben beginnt niemals mit meiner Entscheidung für Gott.
Glaube beginnt damit, dass Gott mich liebt, dass Gott sich für mich entschieden hat und dass Jesus für mich gestorben ist. Mein Glaube ist meine Antwort auf Gottes Liebe zu mir.
Da Gott sich für mich entschieden hat, sucht er nach Situationen, in denen ich mein Angewiesensein auf ihn deutlich erkenne. Er wartet, bis ich mit meinen Möglichkeiten am Ende bin. Er wartet, bis ich erkenne, dass mein Leben ohne Gott in eine Sackgasse führt. Gott wartet auf mich und sucht mich.

(Johannesevangelium 15, 16)

Gott sucht Sünder

Januar
20.

Wer will sich schon selbst eingestehen, ein Sünder zu sein? Bis das geschehen kann, muss einiges in mir zerbrechen. Ich muss Abschied nehmen von der Vorstellung, ich könne in dieser Welt leben und dabei eine weiße Weste behalten. Ich muss die Illusion loslassen, mich träfe keine Schuld am Streit mit den Nachbarn, an der Luftverschmutzung, an der Lieblosigkeit im Zusammenleben, an Hunger und Ungerechtigkeit.

Vielleicht ist es die größte Sünde, durch diese Welt zu gehen, ohne sich die Hände schmutzig zu machen. Wahrscheinlich ist es besonderes schlimm, sich aus allem herauszuhalten und der Meinung zu sein, schuldlos und mit reinem Herzen zu leben.

Menschen, die in eine schwere Lebenskrise geraten, die sich und andere enttäuscht haben, in den Alkohol geflüchtet sind, ein wichtiges Versprechen nicht gehalten haben – diese Menschen haben es oft leichter, ihre Abhängigkeit von Gottes Liebe und Vergebung zu erkennen. Muss ich erst in eine Lebenskrise kommen, um zu erkennen, dass mein Leben in die falsche Richtung läuft?

«Ich bin gekommen, um die Sünder zu rufen und nicht die Gerechten.» (Matthäusevangelium 9, 13)

Gott sucht die Bedrückten

Januar
21.

«Kommt her zu mir», sagt Jesus, «die ihr mühselig und beladen seid! Ich will euch erquicken.» Und ich kann mir durch die Geschichte hindurch einen unendlichen Zug von Menschen vorstellen, die bei Jesus Zuflucht suchten und fanden. Menschen, die mit den an sie gestellten Anforderungen überfordert waren, die keine Möglichkeit fanden, zur Ruhe zu kommen, die ausgenutzt und unter Druck gesetzt wurden, die aus lauter Fürsorge für andere nicht mehr an sich dachten, die mit dem Älterwerden nicht klarkamen, die zu viel wollten.
Ich gehöre nicht zu diesen Menschen, ist meine erste Reaktion. Ich nicht! Aber dann fallen mir Situationen ein, in denen ich mich getrost in den Menschenzug der Beladenen hätte einreihen können: Die Pflege einer Angehörigen belastete mich über die Maßen. Die Geldsorgen raubten mir den Schlaf. Dem Abgabetermin lief ich gehetzt hinterher. Die Krankheit nahm mir die Freude am Leben. Und meine Sorgen fresse ich seit Wochen wieder in mich hinein.
Komm her zu mir, sagt Jesus, und ich denke an meine Versagensängste, meine innere Unruhe, meine Angst, etwas zu verpassen, und an meine eigenen, viel zu hohen Ansprüche.

Herr, bei dir darf ich zur Ruhe kommen. Bei dir darf ich ausruhen. Bei dir darf ich auftanken. Bitte nimm den falschen Druck und alle krankmachenden Erwartungen von mir und lass mich mein Leben aus deiner Perspektive neu sehen und ordnen.

(Matthäusevangelium 11, 28)

Kindliches Vertrauen

Januar
22.

Wie ein Kind,
voller Vertrauen in das Leben
und in dich, Gott,
so möchte ich sein.

Wie ein Kind,
das noch staunen kann über die wunderbare Schöpfung
und die unterschiedlichen Menschen,
so möchte ich sein.

Wie ein Kind,
das noch ohne Argwohn die Wahrheit sagt
und nicht lange abwägt,
wie die Antwort formuliert werden könnte,
so möchte ich sein.

Wie ein Kind,
das deine Liebe annimmt und sich über dich freut,
so möchte ich sein.

(Matthäusevangelium 18, 1-5)

Gott sucht die Suchenden

Januar
23.

Wenn ich mich auf die Suche mache, drücke ich damit aus, dass mir etwas fehlt. Und manchmal kann eine Suchaktion mir hart zusetzen. Als ich vor der Prüfung meine Unterlagen suchte, wäre ich fast durchgedreht. Als ich an der Grenze

meinen Ausweis suchte, wurde ich immer unruhiger. Als ich die Wagenschlüssel suchte, wurde ich ungenießbar.
Menschen suchen nach Liebe und Sinn, nach Gemeinschaft und Bestätigung, nach einer Aufgabe oder nach Frieden. Sie suchen Liebe, weil sie ihnen fehlt. Und oft suchen sie, ohne zu wissen, was!
Wer auf der Suche nach Gott ist, hat erkannt, dass Gott in seinem Leben fehlt. Viele Menschen suchen ziellos – und suchen doch nichts anderes als Gott.
Gott wird sich nicht von den Satten finden lassen, von denen, die alles haben und können, sondern von denen, die ihre Sehnsucht nach Gott umhertreibt.

«Bittet, dann wird euch gegeben; sucht, dann werdet ihr finden; klopft an, dann wird euch geöffnet.» (Matthäusevangelium 7, 7)

Gott sucht die Verlorenen

Januar
24.

Eine Firma, die wirtschaftlich arbeitet, wird die meisten Werbe- und Vertriebsanstrengungen in die Produkte stecken, die sich am besten verkaufen lassen, und nicht in die Ladenhüter. Eine Plattenfirma treibt den größten Aufwand für die Gruppen und Stars, die besonders erfolgreich sind und den höchsten Umsatz von CDs erwarten lassen. Und im Privatleben suche ich die Nähe und Freundschaft von Menschen, die besonders sympathisch, zuverlässig, lustig, interessant oder einflussreich sind.
Irgendwie stelle ich mir unbewusst wohl vor, dass Gottes Maßstäbe ähnlich sind. Und ich muss mich schon deutlich darauf

hinweisen lassen, dass Jesus mich eines Besseren belehrt. Nicht den Erfolgreichen dient Gottes Hauptaugenmerk, sondern denen, die mit dem Leben nicht zurechtkommen. Nicht die Ersten stehen bei ihm an erster Stelle, sondern die Letzten. Nicht den Satten gilt seine Suche, sondern den Hungrigen.
In einem Gleichnis berichtet Jesus von einer Schafherde, von der ein Schaf verloren gegangen ist. Da lässt der Hirte die ganze Herde allein und macht sich auf die Suche nach dem Verlorenen. Welch ein Aufwand! Wie unwirtschaftlich, die anderen in Gefahr zu bringen! Und ich empfinde die Freude über das wiedergefundene Schaf als übertrieben. Zählt der Rest der Herde denn gar nicht?
Ich muss mich bei Gott an andere Maßstäbe gewöhnen. Mein Bild von mir selbst und von meinen Mitmenschen könnte sich dann radikal ändern: Bei Gott ist jeder Mensch wichtig und wertvoll. Und niemand ist wichtiger oder wertvoller, weil er erfolgreich ist, wohlhabend oder angesehen.

(Matthäusevangelium 18, 10-14; Lukasevangelium 15, 3-5)

Gott sucht die Hungernden

Januar
25.

Natürlich bin ich für tätige Nächstenliebe. Ich bin für Nahrungsmittel in den Osten, für Wasser in Afrika, für Wolldecken in Katastrophengebiete. Aber es muss in Maßen geschehen. Es gibt die Entwicklungshilfe des Staates und die privaten und kirchlichen Wohlfahrtsorganisationen. Mehr kann doch niemand verlangen.

Wenn einer vor meinen Augen verhungern würde, wahrscheinlich würde ich dann auch persönlich helfen. Aber das kommt ja bei uns nicht vor.
So bleiben für mich nur Statistiken, Fernsehberichte und Hilfsappelle. Ich sehe die Menschen nicht, die hinter den Statistiken stehen. Und wenn es bei uns Not gibt, dann haben die Notleidenden selbst Schuld.
Jesus macht mit einem drastischen Mittel alle mir unbekannten Notleidenden zu Menschen, die mir nahe stehen. Er sagt: «Was ihr einem dieser geringsten nicht getan habt, das habt ihr auch mir nicht getan.» Und er spricht von Hungrigen und Durstigen, von Nackten und Fremden und Kranken und Gefangenen. Die Frage nach Schuld stellt er dabei gar nicht. Jesus verbindet sich mit diesen Menschen so total, dass wir in jedem Notleidenden Jesus begegnen und in jedem Verhungernden Jesus verhungern lassen.
Vielleicht war ich bisher nur für bestimmte Prinzipien und nicht für die Menschen?

(Matthäusevangelium 25, 31-46)

Gott sucht mich

Januar 26.

Brauche ich Gott? Ich weiß es oft selbst nicht. Manchmal schreie ich nach ihm, weil ich Hilfe von ihm erwarte. Und ein anderes Mal glaube ich, sehr gut ohne ihn auszukommen. Sehe ich Gott als eine Art Notnagel für schwierige Lebenssituationen an?
Tief in mir weiß ich wohl, dass ich Gott brauche. So wie das Geschöpf seinen Schöpfer braucht, das Kind seine Eltern, der Mensch seine Würde. Aber ich sehe keinen aktuellen Handlungsbedarf. Ich kann warten, bis ich mehr Zeit habe, bis die Umstände

passend sind, bis ich alt bin. Tief in mir glaube ich, dass ich G zum Leben brauche, aber irgendwie komme ich nicht dazu, Ernst zu machen. Es gibt genug anderes zu tun und zu bedenken und zu planen.

Gott sucht mich. Und vielleicht werde ich erst wirklich für ihn offen sein, wenn ich keine andere Lebensmöglichkeit mehr sehe als ihn. Vielleicht muss ich erst zerbrechen. Vielleicht muss ich erst an den Punkt kommen, dass ich mit meiner Kraft und Weisheit am Ende bin.

Gott sucht mich. Wenn er das Leben und die Liebe ist – dann würde es wenig Sinn machen, meine Entscheidung zu lange hinauszuzögern.

Gott, wenn du mich wirklich suchst, dann will ich mich von dir finden lassen.

Ein kostbares Geschenk

Januar 27.

Heute erhalte ich
ein kostbares und einzigartiges Geschenk
aus Gottes Hand.

Ich selbst kann entscheiden,
wozu ich dieses Geschenk nutze
und was daraus wird.

Ich bekomme dieses Geschenk
nur ein einziges Mal in meinem Leben.
Ich bekomme es nur heute.

Dieses Geschenk ist der neue Tag!

(Psalm 118, 24)

Ein Stück Natur

Januar
28.

Ein Stück Schöpfung bin ich.
Natur bin ich.
Mein Leben ist vergleichbar
dem Lauf des Jahres.
Ich kenne den Frühling, und schon manches Mal
gab es in meinem Leben einen Neuanfang.
Ich kenne den warmen Sommer,
Höhepunkt des Lebens.
Ich kenne den stürmischen Herbst,
den Kampf gegen Widerstände
und die Entscheidung, mich fallen und treiben zu lassen.
Ich kenne den eisigen Winter,
Winter der Gefühle, Abschied und Trennung
und Dankbarkeit für Wärme.

Zu allen Zeiten kenne ich
eine Sehnsucht nach dem Woher und Wohin,
nach der leisen inneren Stimme
und dem Donnerhall vom Himmel.
Im Auf und Ab der Zeiten bleibt meine Sehnsucht nach Gott.

Eine wichtige Begegnung

Januar
29.

Es liegt über 3000 Jahre zurück, da hatte ein Mann eine Begegnung mit Gott, irgendwo draußen in der Steppe beim Hüten der Schafe und Ziegen. Der Mann hieß Mose. Mose sah einen Dornbusch, aus dem eine Flamme schlug. Aber der Dornbusch verbrannte nicht. Plötzlich hörte Mose aus dem Busch die Stimme Gottes, der sagte: Mose, Mose! Doch Mose

durfte Gott nicht sehen. Er musste sein Gesicht abwenden. Mose fragte voller Erregung: Wer bist du – wie heißt du? Und Gott antwortete: Ich bin der «Ich bin da».
Ist das eine Antwort? «Ich bin da» – weiß ich jetzt, wer Gott ist? Manchmal kann ich mich ärgern, dass ich nicht mehr von Gott weiß. Wie die meisten Menschen will ich alles ganz genau wissen – auch von Gott: Ich will wissen und einteilen und einordnen und ausmessen und abheften und verstehen.
Nur – bei Gott ist das unmöglich. Mein Denkvermögen ist begrenzt – und selbst in der sichtbaren Welt verstehe ich vieles nicht. Wie will ich da etwas von dem unsichtbaren Gott verstehen?
Aber wenigstens das darf ich wissen: Es gibt die Möglichkeit, Gott zu begegnen. Die Bibel ist voll von solchen Begegnungen. Ich hoffe, er wird mir auch begegnen – wie immer diese Begegnung aussehen mag.

(2. Mose/Exodus 3, 1-15)

Ich suche Orientierung

Januar
30.

Wir alle suchen Orientierung und Wegweisung in unserem Leben. Oft fühlen wir uns ratlos und hilflos. Wir suchen Orientierung, wenn es um die große Politik geht, aber auch, wenn wir nicht wissen, wie wir mit unserer Nachbarin in Frieden leben können. Ja, oft wissen wir nicht einmal mehr, was in dieser Welt gut und böse bedeutet. Die Maßstäbe haben sich so schnell verändert. Alles wird immer komplizierter. Manchmal wünschen wir uns insgeheim, dass einer kommt und uns sagt, wo es langgeht. Viele Sekten und autoritäre Organisationen haben deshalb heute großen Zulauf. Da sagt einer den Anhängern genau, was sie zu glauben haben und was nicht, was sie tun sollen und was nicht. Bei den Zeugen Jehovas zum Beispiel wird in New York festgelegt, Wort für Wort, wie die Bibel zu verstehen ist und was die Zeugen Jehovas in der ganzen Welt zu glauben und zu vertreten haben. Wer einmal abends am Ostufer Manhattans steht, etwas abseits der hohen Wolkenkratzer, und hinüber nach Brooklyn blickt, kann dort auf einem riesigen Gebäude die erleuchteten Buchstaben «Watchtower» lesen, Wachturm. Dort wird festgelegt, was Gottes Wille ist für Zeugen und für alle Welt.

Seien wir nicht neidisch auf solche Organisationen! Erwarten wir nicht von unseren Pfarrern, dass sie uns sagen, was wir tun sollen und was der Wille Gottes ist! Den Willen Gottes für mich kann ich nur selbst suchen und erbitten und mich darauf einlassen – in jeder Situation neu.

Jesus sagt: «Ich suche nicht meinen Willen, sondern den Willen dessen, der mich gesandt hat.» (Johannesevangelium 5, 30)

Das Geheimnis wahren Lebens

Januar
31.

Alle Menschen sind irgendwann – ob sie es wissen und zugeben oder nicht – auf der Suche nach dem wahren Leben. Sie versuchen, hinter das Geheimnis zu kommen, wie sie Glück und Freude und Zufriedenheit finden können. Sie stellen sich die Frage, wie Leben gelingen kann – echtes, tiefes Leben.

Die Bibel antwortet auf die Frage nach diesem «Geheimnis» sehr wenig geheimnisvoll. Sie entwickelt keine komplizierte Geheimlehre für einige Insider oder Beitragszahler oder Eingeweihte. Sie spricht ganz schlicht davon, dass alles Leben von Gott kommt.

Gott lieben heißt leben. Wer dem Grund des Lebens, wer Gott nah ist, der wird das Leben in seiner Fülle erfahren.
Die Suche nach dem wahren, tiefen, echten Leben ist immer auch die Suche nach Gott.

«Wir wissen, dass denen, die Gott lieben, alle Dinge zum Besten mitwirken.» (Römerbrief 8, 28)

Das Vaterunser

Februar
1.

Es ist mir so vertraut, das Vaterunser. Unzählige Male habe ich es gesprochen, gedankenlos oder ganz innig, verzweifelt oder glücklich. Unzählige Menschen kennen dieses Gebet und irgendwie verbindet es uns alle. Es begleitet Menschen in ihrer Todesstunde oder am Hochzeitstag, im Krankenhaus oder am Ostermorgen. Jesus selbst hat uns dieses Gebet gelehrt:

«Vater unser im Himmel,
geheiligt werde dein Name.
Dein Reich komme.
Dein Wille geschehe,
wie im Himmel, so auf Erden.
Unser tägliches Brot gib uns heute.
Und vergib uns unsere Schuld,
wie auch wir vergeben unsern Schuldigern.
Und führe uns nicht in Versuchung,
sondern erlöse uns von dem Bösen.
Denn dein ist das Reich und die Kraft
und die Herrlichkeit in Ewigkeit. Amen.»

(Matthäusevangelium 6, 9-13)

Vater

Februar
2.

Jesus redet Gott mit «Abba» an. Das ist die vertrauteste Form, wie ich meinen Vater anreden kann: Papa, Väterchen. In den Ohren der frommen Juden damals klang es wie Gotteslästerung, dass ein Mensch Gott so vertraut anzureden wagte.

Ich habe mir die Ungeheuerlichkeit dieser Tatsache noch nie so richtig klargemacht: Ich darf den Schöpfer der Welt, den Herrn des Weltalls, den Erhalter allen Lebens, mit Vater anreden. Ich darf so zu ihm reden wie zu dem Menschen, der mir am nächsten steht, voller Zärtlichkeit und Zuneigung.

Und wenn ich nichts sonst vom christlichen Glauben verstehen würde, so wäre das schon genug. Wie kaputt oder verkommen mein Leben auch sein mag, wie enttäuscht meine Mitmenschen auch von mir sein mögen – Jesus lädt mich ein, vor Gott zu treten und in grenzenlosem, kindlichem Vertrauen mein Gebet zu beginnen: Abba, mein lieber, lieber Vater!

Vater unser

Februar
3.

Zuerst stehe ich immer allein vor Gott. Bei ihm suche ich Hilfe, bei ihm suche ich Sinn, bei ihm hoffe ich auf Leben. Das Gebet zu Gott ist etwas sehr Persönliches.

Den Weg zu Gott, zum Glauben, gehe ich immer allein. Ich allein kämpfe den Kampf, meine bisherigen Sicherheiten und Abhängigkeiten loszulassen, ich ganz allein. Und ich entscheide mich, ob ich Gottes Angebot der Liebe und des Lebens annehme, ich ganz allein.

Aber ich bleibe in der Nähe Gottes niemals allein. Das Neue Testament ist voller Beispiele von Menschen, die mit dem Glauben an Gott auch eine liebende, heilende Gemeinschaft fanden. Gott lässt mich nicht allein, er schenkt mir andere Menschen, die wie ich glauben und suchen und fragen und Gott vertrauen wollen.
So darf ich mich im Vaterunser daran erinnern lassen, dass es keine einsamen Christen gibt. «Vater unser» heißt es, und nicht «mein Vater». Glaube ist etwas Persönliches und trotzdem keine Privatsache. Christen haben auf der ganzen Welt Schwestern und Brüder. Das macht mir mein Herr und Bruder Jesus Christus klar.

Jesus, bitte zeig du mir Menschen, mit denen ich gemeinsam glauben, beten und handeln kann.

Vater unser im Himmel

Februar
4.

«Mein lieber Papa» – vielleicht birgt diese Anrede auch Gefahren. Manche Menschen vertragen schon das vertraute «Du» nicht und verwechseln es mit plumper Kumpelhaftigkeit. Gott will mir ganz nahe sein. Aber gleichzeitig ist und bleibt er für mich der Herr der Welt, gewaltig und groß und manchmal auch unheimlich und schrecklich. Gott ist nicht zu fassen. Er ist größer als mein Denken und Fühlen.
Im Vaterunser wird das deutlich ausgedrückt: Gott steht mir nicht einfach zur Verfügung. Er ist mir nahe und trotzdem fern. Er ist bei mir und gleichzeitig im Himmel. Er ist mit irdischen Augen nicht zu sehen und mit irdischem Denken nicht zu verstehen.
Als Kind hatte ich sicher eine genauere Vorstellung vom Himmel als heute. Da konnte ich mir Gott gut vorstellen, hoch über den Wolken im Weltraum schwebend. Aber heute? Der Himmel wird – wie Gott – mir immer wieder gewaltig groß und fern erscheinen

und zugleich unendlich nah. Er wird hier sein und dort und für mich niemals zu fassen. Er wird in einer Dimension sein, die mir verschlossen bleibt.
Aber ich kann Gott anreden, «Vater unser im Himmel», und darauf vertrauen, dass er mich hört.

Geheiligt werde dein Name

Februar
5.

Ich kann das Gebet missbrauchen. Ich kann Gottes Angebot missachten. Ich kann völlig gehetzt sein, ein kurzes Gebet aufsagen und anschließend wieder in meinen Stress verfallen.
Ich kann Gott missbrauchen. Ich kann ihn stolz vor mir hertragen und allen zeigen, wie fromm ich bin. Ich kann ihn schnell verstecken, wenn es mir unangenehm wäre, gerade jetzt als Christ erkannt zu werden.
Menschen führen Krieg im Namen Gottes. Menschen verachten Menschen, weil sie einen anderen Glauben haben. Menschen, die im Luxus leben, lassen andere verhungern und fragen scheinheilig: Wie kann Gott das zulassen?
Ich kann Gott benutzen für meine Interessen. Ich kann ihn zum Empfänger und Garanten all meiner Wünsche machen. Ich kann ihn benutzen, um ein besseres Gefühl zu haben oder mir eine Versicherung für den Todesfall zu besorgen. Aber das alles tue ich ohne Gott!
Die erste Bitte im Vaterunser ist wie eine Überschrift über mein Beten und Glauben und Handeln. Missbrauche, verspotte, verachte den Namen Gottes nicht! Benutze Gott nicht für deine egoistischen Ziele! Nähere dich ihm im Gebet mit kindlichem

Vertrauen und zugleich mit großer Ehrfurcht! Nimm dir Zeit für das Gebet, damit du nicht nur redest, sondern auch hörst und spürst, dass Gottes Gegenwart dich verändert!

Herr, hilf, dass du groß und wichtig wirst in meinem Leben.

Dein Reich komme

Februar 6.

Zu Beginn seines Wirkens predigte Jesus: «Kehrt um, denn das Himmelreich ist nahe herbeigekommen!» Später sagte er sogar: «Siehe, das Reich Gottes ist mitten unter euch.» Das Reich Gottes, das ich so gern ins Jenseits schiebe, ist mit Jesus in diese Welt gekommen. Gott wirkt durch ihn in dieser Welt an konkreten Menschen. Und durch diese Menschen wieder an anderen Menschen.
Ich bin es gewohnt, mein eigenes Reich zu bauen. Es besteht aus persönlichen Triumphen, einigen Sparverträgen und meiner Vorstellung, das Leben auch ohne Gott sicher im Griff zu haben. Erst wenn ich umkehre, sagt Jesus, erst wenn ich diese Sicherheiten aufgebe, kann Gottes Reich in meinem Leben wachsen. «Dein Reich komme», das bitte ich zuerst für mich: Gott, wirke du an mir und durch mich. Und ich bitte es für andere: Gott, wirke an ihnen und durch sie.
Gottes Reich kann Menschen verändern und dadurch die Welt verändern. Trotzdem werden in dieser Welt niemals all unsere Träume von Frieden, Glück und Gemeinschaft verwirklicht werden. Das, so sagt die Bibel, wird erst der Fall sein, wenn Gottes Reich sichtbar kommt. Wann und wie das sein wird? Ich will Gott vertrauen, dass er alles gut macht!

(Matthäusevangelium 4, 17; Lukasevangelium 17, 21)

Dein Wille geschehe

Februar
7.

Manchmal sehe ich auch im Gebet nur mich selbst. Statt mich auf Gottes Wirklichkeit und Nähe einzustellen, bleibe ich in meinen armseligen Vorstellungen, Sorgen und Wünschen haften. Mein Gebet ist dann ein Wunschzettel an Gott: Tu dies, tu jenes! Ich bleibe in mir gefangen.

In mir und meinen Vorstellungen gefangen zu sein, das ist wohl die Hauptursache für meine Angst und Unzufriedenheit. Das ist aber auch die Hauptursache für Leid, das Menschen sich gegenseitig zufügen, für Streit und Ungerechtigkeit.

«Dein Wille geschehe» drückt aus: Gott meint es gut mit mir. Er weiß, was für mich gut ist und für meine Mitmenschen. «Dein Wille geschehe» ist eine Befreiung für mich, und jede Befreiung tut erst einmal weh! Ich nehme Abschied von der Vorstellung, dass ich selbst immer weiß, was für mich wichtig und gut ist.

«Dein Wille geschehe» drückt aus: Die Umkehr zu Gott stellt für mich und diese Welt eine Befreiung dar. Wenn ich so bete, dann stelle ich mich hinter den Willen Gottes, uns zum Leben zu befreien.

«Dein Wille geschehe» ist niemals nur ein persönliches Anliegen. Es hat Gottes Liebe für die ganze Schöpfung im Blick, für alle Lebewesen – ja, für Himmel und Erde.

Unser tägliches Brot gib uns heute

Februar
8.

Nach den ersten drei Bitten des Vaterunsers, in denen es um Gottes Namen, Gottes Reich und Gottes Willen ging, geht es jetzt um die Bedürfnisse von uns Menschen. Fast abrupt erscheint der Schritt von dem Willen Gottes zu etwas so Profanem wie dem täglichen Brot. Darf ich Gott überhaupt mit so etwas belästigen?

Es ist befreiend für mich, dass Gott so konkret an meinem Wohlergehen interessiert ist. Er will, dass ich satt werde, er will, dass ich mich warm kleiden kann. Er will, dass ich Arbeit habe und Wohnung, Musik und Gedichte, Zuwendung und Liebe. Gott um das tägliche Brot zu bitten kann nur bedeuten, es auch aus Gottes Hand zu nehmen, täglich. Diese Bitte macht mich zu einem dankbaren Menschen. Und wie weit bin ich davon noch entfernt!

Kann ich diese Bitte aussprechen, wenn ich mir vor Augen führe, wie viel Not es in unserer Welt gibt und wie viele Menschen auch heute hungern? Ich kann es, ich soll es! Und mit jedem Vaterunser erinnert mich Gott daran, dass es nicht ausreicht, selbst satt zu werden, sondern die empfangenen Gaben zu teilen. Es ist genug da für alle!

Herr, ich danke dir, dass es mir gut geht. Ich danke dir, dass ich mich satt essen kann. Hilf mir, das, was ich habe, sinnvoll zu teilen.

Und vergib uns unsere Schuld

Februar
9.

Christen sind Sünder, denen vergeben wurde. Dazu mussten sie ihre Schuld erst einmal selbst erkennen und sich eingestehen. Dann mussten sie ihren Stolz überwinden und ihre Schuld vor Gott bekennen.
Christen sind Menschen, die immer wieder im Gebet zu Gott kommen und ihn um Vergebung bitten. Christen haben unter ihrer Schuld gelitten und sie haben Befreiung davon erfahren.
Im Vaterunser wird die Vergebung von Gott mit meiner Bereitschaft verknüpft, auch anderen Menschen zu vergeben. «Und vergib uns unsere Schuld, wie auch wir vergeben unseren Schuldigern!» Das ist noch schwerer, als um Vergebung zu bitten. Wie kann ich dem andern vergeben, wenn er seine Untaten und Beleidigungen ständig wiederholt, wenn er in keiner Weise einsichtig ist, wenn er moralisch drei Stufen unter mir steht?
Komisch, bei anderen bin ich weitaus kritischer als bei mir. Bei anderen sehe ich oft eher die Fehler als die guten Seiten. Und Schuld trage ich manchmal jahrelang nach. Ich fühle mich oft moralisch einwandfrei und merke gar nicht, dass auch ich die Beziehung belaste. Ich belaste unsere Gemeinschaft und ich belaste durch meine negativen Gedanken auch mich selbst.

Gott, vergib mir – das ist nicht möglich ohne meine Bereitschaft zur Vergebung.

Und führe uns nicht in Versuchung

Februar
10.

Wo ist der Ort der Versuchung? Irgendwo in einem «sündigen Milieu»? Dort, wo ich in schlechter Gesellschaft bin? Nicht außerhalb von mir, in mir selbst ist dieser Ort.

In meinem Leben habe ich ständig Entscheidungen zu treffen. Oft weiß ich nicht, welche Entscheidung die richtige ist. Oft ist mir vorher nicht klar, was gut oder schlecht ist. Trotzdem muss ich mich entscheiden.

Keine Entscheidung zu treffen ist meistens die schlechteste Entscheidung. Es ist zwar bequem und tut im Augenblick nicht weh. Aber die Folgen können verheerend sein.

In anderen Fällen weiß ich genau, welche Entscheidung richtig wäre oder wie ich mich in einer schwierigen Situation verhalten sollte. Aber ich habe trotzdem Tricks, mich vor der rechten Entscheidung zu drücken: Ich höre nicht wirklich in mich hinein, um meinen ehrlichen Gefühlen und Empfindungen nicht ausgesetzt zu sein. Ich betrüge mich selbst. Ich mache mir etwas vor. Ich rede mir ein, so schlimm sei das nun auch nicht und andere täten es genauso.

Mich um eine gute Entscheidung herumzudrücken, muss nicht immer gleich schlimme Folgen haben. Aber es kann der Anfang vom Ende sein. Es kann ein Dammbruch sein. Und wenn ich dem Hass, der Abhängigkeit, dem Egoismus, dem Stolz, der Selbstgerechtigkeit erst einmal die Türen öffne, dann kann mein Leben bald von einer fremden Macht beherrscht sein. Davor behüte mich Gott!

Denn dein ist das Reich

Februar
11.

Wie komme ich eigentlich dazu, in so umfassender Weise mit Gott zu rechnen, wie dies im Vaterunser geschieht? Wieso traue ich ihm zu, für das tägliche Brot zu sorgen und mich von meiner Schuld zu befreien, sein Reich aufzurichten und mich vor dem Bösen in dieser Welt zu bewahren? Sind das nicht alles fromme Träume?

Ich merke wieder einmal, wie wankelmütig ich auch in meinem Vertrauen in Gottes Möglichkeiten und Gottes Nähe bin. Mein Glaube ist manchmal sehr klein. Dann ist es gut, diese Worte Jesu einfach nachsprechen zu können. Dann ist es hilfreich, mich vom Vertrauen anderer Christen mitnehmen zu lassen. Und es ist gut, dass Gott mir seine Liebe nicht entzieht, wenn mein Glaube brüchig ist.

Wahrscheinlich ist es auch gut, nach all den Bitten des Vaterunsers mir am Ende noch Gottes Größe deutlich zu machen. Gott ist über allem, auch über meinem Verstand. «Dein ist das Reich und die Kraft und die Herrlichkeit in Ewigkeit.» Weil das so ist, deshalb darf ich mit Gott rechnen und mit meinen Nöten und Bitten zu ihm kommen.

Ähnlich dachten vielleicht auch viele Christen in den ersten Jahrhunderten. So fügten sie diesen Satz der Hochachtung, des Lobes für Gott dem Vaterunser hinzu. In den ältesten Bibelhandschriften fehlt der Satz. Auch in den meisten Bibelausgaben fehlt er oder findet sich nur in Klammern. So stammt er wohl nicht von Jesus selbst, sondern wurde angehängt. Aber ich bin froh darüber.

Amen

Februar
12.

Wir alle leiden unter einer Inflation der Worte. Worte wollen mich überzeugen, sie weisen hin oder weisen ab, beschreiben oder erklären. Oft werden sie nur so dahingeredet, ohne Sinn.

Manchmal frage ich mich selbst, was ich da eben für einen Unsinn geredet habe. Wie viele leere Worte sind schon über meine Lippen gekommen! Und wenn mir dann einmal etwas ernst und wichtig ist, merkt es niemand – nicht einmal ich selbst.

Dinge, die mir wichtig sind, müssen als solche erkannt werden können. Gerade beim Gebet, wo es um Worte über und zu Gott geht, soll das deutlich werden. Da geht es schließlich um Sinn und Ziel meines Lebens, um meine geheimen Hoffnungen und um meine Aufgabe und Würde als Kind Gottes.

So schließe ich mein Gebet mit einer Bekräftigung. Ja, das ist wirklich wahr. Das meine ich. Das steht fest für alle Zeit. Amen.

Bald wieder gesund sein

Februar
13.

Hauptsache, ich bin bald wieder gesund, so pflegst du zu sagen? Deine Gesundheit ist dir wichtiger als alles andere?

Und wenn du betest: Unser tägliches Brot gib uns heute, dann heißt das für dich: Meine Gesundheit gib mir heute!

Aber ich frage dich ganz vorsichtig: Ist das wohl der Wille Gottes für dich? Ist es nicht vielmehr möglich, dass deine Krankheit einen Grund und eine Bedeutung hat? Vielleicht will Gott dir mit deiner Krankheit etwas zeigen. Vielleicht. Vielleicht soll die Krankheit dir

zeigen, dass du dich in der vergangenen Zeit völlig übernommen hast. Vielleicht sollst du dich mehr schonen. Vielleicht sollst du weniger essen oder das Trinken aufgeben. Vielleicht sollst du deinen Lebensstil ändern. Vielleicht sollst du etwas loslassen. Vielleicht sollst du gelassener werden. Vielleicht sollst du mehr zu dir selbst kommen.
Ich kann mir vorstellen, dass du bisher um Gesundheit gebetet hast. Vielleicht solltest du Gott bitten, dir zu zeigen, was die Krankheit dich lehren will.

Nicht mehr einsam sein

Februar
14.

Du leidest unter deiner Einsamkeit? Du leidest darunter, dass niemand dich aufmuntert oder dir zulächelt? Und wenn du betest: Unser tägliches Brot gib uns heute, dann heißt das für dich: Lass mich nicht länger so schrecklich einsam sein!
Aber ich frage ganz vorsichtig: Was ist wohl der Wille Gottes für dich? Vielleicht will Gott dir einiges zeigen: Seit Wochen hast du niemanden zu dir eingeladen – muss das so bleiben? Du hast kaum wirkliche Freunde. Kennst du die Gründe dafür? Wirst du nach ihnen forschen? Du hast dich in letzter Zeit mit vielen Menschen gestritten, warum? Bist du zu egoistisch, zu geizig, erzählst du ständig von deinen Krankheiten?
Vielleicht ist es sogar nötig, dass du noch viel mehr unter deiner Einsamkeit leidest, bevor du bereit bist, dich zu ändern.

Im Beruf vorankommen

Februar
15.

Du fühlst dich in deinem Beruf nicht wohl? Du hast nicht den Eindruck, dass deine Arbeit genügend gewürdigt wird? Du möchtest aufsteigen und eine verantwortungsvolle und höher geachtete Tätigkeit ausüben? Und wenn du betest: Unser tägliches Brot gib uns heute, dann heißt das für dich: Lass mich mehr Erfolg in meinem Beruf haben!
Aber ich frage dich ganz vorsichtig: Was ist wohl der Wille Gottes für dich? Ich kann mir vorstellen, dass Gott dir einige Fragen stellen will:
Hast du dich für den richtigen Beruf entschieden oder liegen deine Begabungen und Neigungen ganz woanders? Würde dir mehr Verantwortung gut tun oder würde sie dich überfordern? Würde eine «bessere Position» deiner Ehe oder Familie gut tun oder sie vielleicht gefährden? Fühlst du dich in deinem Beruf nicht wohl, weil du nie gelernt hast, nein zu sagen und deutliche Grenzen zu ziehen? Tust du nur unwillig deine Pflicht und zählst die Stunden, statt Interesse und Begeisterung wachsen zu lassen?
Vielleicht sollst du erst einmal diese Fragen beantworten, bevor du wieder um Erfolg im Beruf betest?

Die Hungrigen sättigen

Februar
16.

Wir können die Bilder von hungernden Kindern nicht mehr sehen! Sie stechen uns mitten ins Herz. Sie machen uns traurig und wütend. Wir wollen nicht, dass Menschen verhungern müssen. Und wenn wir beten: Unser tägliches Brot gib uns heute, dann heißt das für uns: Gott, sorge du für die Hungernden!

Ich frage – gar nicht mehr vorsichtig: Was ist wohl der Wille Gottes für diese Welt? Kann es möglich sein, dass Gott diese Welt durch uns sättigen will? Kann es sein, dass unser Reichtum der Skandal ist und wir unseren Reichtum teilen sollen? Kann es sein, dass wir diejenigen sind, die den Hungernden ihr tägliches Brot geben können und sollen?

Geschaffen, um zu leben

Februar 17.

Manchen Menschen fällt vieles im Leben zu, andere müssen um alles kämpfen. Hindernisse kennt jeder von uns, und oft benutzen wir sie als Ausrede, um das wirkliche Leben fernzuhalten. Dabei geben Hindernisse dem Leben erst seine Tiefe.
Es ist unsere Berufung und unsere Aufgabe zu leben. Wir finden Sinn darin, Leben zu achten und zu entfalten. Es ist ein großes Abenteuer, mitzuerleben, wie sich das Leben immer durchsetzt, bei uns selbst und anderen.
Unser Schöpfer muss ein großer Freund des Lebens sein.

Humor und Weisheit

Februar 18.

Ich habe von Kind an eine Idealvorstellung von alten Menschen. Die ist ungefähr so: Alte Menschen haben weiße oder graue Haare. Sie besitzen große Lebenserfahrung und viel Weisheit. Sie ruhen in sich selbst, sind ausgeglichen und gelassen. Sie haben viel Zeit und freuen sich auch über Kleinigkei-

ten. Sie können wunderbare Geschichten erzählen und trotzdem sehr gut zuhören. Sie lieben kleine Kinder und freuen sich über deren Gesellschaft.
Die Wirklichkeit sieht leider oft völlig anders aus. Ich kenne mehr unzufriedene Alte als zufriedene. Ich erlebe sie oft als zänkisch und rechthaberisch. Manche von ihnen beschweren sich über Kinderlachen im Hausflur. Ihre Meinung lesen sie sich morgens in der Skandalpresse zusammen. Sie erzählen unentwegt von ihren Krankheiten. Die meiste Zeit verbringen sie vor dem Fernseher.
Unsere Welt braucht den Humor und die Weisheit alter Menschen. Schade, dass sie so selten zu finden sind!

«Wie schön steht den Grauhaarigen Urteilskraft an und den Betagten, dass sie Rat wissen!» (Jesus Sirach 25, 7)

Eine volle Woche

Februar
19.

Mein durchschnittlicher Wochenplan sieht ungefähr so aus:
40 Stunden Arbeit
12 Stunden Fahrzeit (zu Arbeit, Einkaufen, Freizeit ...)
8 Stunden Körperpflege, Sport
14 Stunden Hausarbeit, Reparaturen, Einkaufen, Erledigungen
20 Stunden Fernsehen, Zeitung lesen, Information, Fortbildung
14 Stunden Freizeitbeschäftigung (Theater, Spazierengehen, Besuche, Zeit für die Familie)
12 Stunden Essen
Da bleiben noch genau 48 Stunden zum Schlafen – auf jeden Fall zu wenig. Und jetzt mal allen Ernstes: Wo soll ich da noch Zeit für Gott und den Glauben haben?

«Wer mir nachfolgen will, darf nicht mehr an sich selber denken, sondern muss sein Kreuz willig auf sich nehmen und mir nachfolgen. Wer sein Leben um jeden Preis erhalten will, der wird es verlieren, aber wer sein Leben für mich einsetzt, der wird es für immer gewinnen.» (Matthäusevangelium 16, 24-25)

«Sieben Wochen ohne»

Februar
20.

Immer mehr Menschen entdecken für die Passionszeit das Fasten. Sie folgen damit einer guten alten Tradition für die Zeit, die ja auch Fastenzeit genannt wird.
Es geht beim Fasten nicht um eine besondere, fromme Leistung. Es geht nicht darum, sich selbst zu quälen. Und es ist auch nicht eine ärztlich überwachte Abmagerungskur gemeint.
Fasten eröffnet die Möglichkeit zum Loslassen und Hinwenden. Ich lasse etwas los, wovon ich abhängig bin oder worauf ich ungern verzichte. Ich tue es, um Freiheit zu gewinnen. Ich verzichte für einige Zeit auf Alkohol oder Zigaretten, auf Fleisch oder Süßigkeiten. Ich verzichte auf mein Auto oder auf das Fernsehen. Ich lerne loszulassen, egal ob einmal in der Woche oder siebenmal.
Ich nutze die gewonnene Freiheit, um neue Dimensionen des Lebens zu entdecken. Ich merke, wie ich Zeit gewinne für einen Spaziergang oder für ein gutes Gespräch. Und ich spüre eine große Offenheit für das Gespräch mit Gott, für seine Dimension, für seine Einladung.
«Sieben Wochen ohne» – wovon könnte ich Freiheit gewinnen?

(Matthäusevangelium 6, 16-18)

«Sieben Wochen mit»

Februar
21.

Vielleicht hört sich «Sieben Wochen ohne» für einige zu negativ an, so als würde etwas fehlen. Aber wenn mir in dieser Zeit etwas fehlt – der Alkohol, die Zigaretten, das Fernsehen –, dann besteht eben die Möglichkeit, dass dieser «Mangel» durch etwas anderes wieder gefüllt wird. Ich werde frei für neue Erfahrungen.

«Sieben Wochen mit» kann in der Passionszeit, in der Zeit des Leidens Jesu, heißen: Ich erinnere mich an die Passion Jesu. Ich versuche, einige seiner Wege nachzugehen. Ich vertiefe mich in seinen Schmerz, sein Gottvertrauen, seinen Abschied. Ich bereite mich vor auf Karfreitag und damit auch auf eine neue Ostererfahrung.

«Sieben Wochen mit» können möglich werden durch «sieben Wochen ohne».

Wem kann ich noch vertrauen?

Februar
22.

Ich wundere mich schon kaum noch, wenn ich in der Zeitung lese, dass ein Politiker seine Macht missbraucht hat. Ich winke ab, wenn ich erfahre, dass jemand in die eigene Tasche gewirtschaftet hat oder auf kriminellen Wegen nach oben gekommen ist. Ich habe mich daran gewöhnt, dass Macht verführt und korrupt macht.

Ich kenne mich ja selbst gut genug. Ich weiß, welche Spielchen ich im Kleinen spiele, wie ich meine Ellenbogen benutze und zusehe,

dass es mir gut geht, koste es, was es wolle. Wer heute klarkommen will, so sieht es aus, darf kein Mitleid empfinden und nicht auf das Wohl anderer achten.
In der öffentlichen Meinung ist die Achtung vor Politikern und Wirtschaftsführern rapide gesunken. Wem kann man denn heute noch trauen? Nicht einmal sich selbst?
Viele Begleiter Jesu versuchten, ihn in eine Machtposition hineinzudrängen. Sie wünschten ihn sich als politischen Befreier oder als starken König. Und sie verstanden ihn nicht, als er den niedrigen, schweren Weg ging. Jesus sagte selbst: «Der Menschensohn ist nicht gekommen, um sich dienen zu lassen, sondern um zu dienen und sein Leben zu geben zur Erlösung für viele.»
Wem kann ich noch vertrauen in dieser Welt? Ihm kann ich vertrauen, denke ich, ihm kann ich vertrauen ohne Einschränkung.

(Matthäusevangelium 20, 28)

Mit allen Tricks

Februar 23.

Es gibt verschiedene Versuche, sich selbst groß zu machen. Ich kann andere von mir abhängig machen, mit Geld, psychologischen Tricks oder Drohungen. Ich kann meine Kinder oder meinen Ehepartner von mir abhängig machen, indem ich mich besonders stark oder aber besonders schwach gebe. Ich kann mich selbst als äußerst großzügig, zuverlässig oder erfolgreich hinstellen, um anderen dadurch zu zeigen, wie wenig sie mir gegenüber sind und zu bieten haben. Ja, ich kann großzügig von oben herab vergeben und dadurch andere klein machen.
All diese Versuche sind nicht in Einklang mit dem zu bringen, was Jesus gesagt und selbst vorgelebt hat: «Wer sich selbst erhöht, der wird erniedrigt; und wer sich selbst erniedrigt, der wird erhöht.»

Selbst da denke ich insgeheim noch an Tricks. Ich muss nur – in der Gemeinde, unter Christen, vor Gott – besonders bescheiden erscheinen, besonders demütig und dienstfertig, dann bin ich bestimmt der Größte! So bin ich.

(Matthäusevangelium 23, 12)

Wann kommt Jesus wieder?

Februar
24.

Immer wieder in der Geschichte des Christentums gab es Gruppen, die mit dem baldigen Ende der Welt und dem Wiederkommen Christi rechneten. Es kam vor, dass Menschen ihren Besitz verkauften oder verschenkten und zu einem bestimmten Ort zogen, um dort gemeinsam auf das Weltende zu warten.

Jesus selbst hat diese Erwartungen geweckt: «Dann wird das Zeichen des Menschensohns am Himmel erscheinen. Alle Geschlechter auf der Erde werden wehklagen, und sie werden den Menschensohn kommen sehen auf den Wolken des Himmels mit großer Kraft und Herrlichkeit.» Aber er wollte keine Hysterie erzeugen. Er sagt uns damit: Es gibt mehr als Leben und Sterben, mehr als diese Welt, mehr als das Sichtbare, mehr als das Vorstellbare. Seine Worte machen uns bewusst, dass wir uns eines Tages für unser Leben zu verantworten haben.

Die Vorstellung, Jesus kommt bald wieder, hat auch etwas damit zu tun, dass es immer Menschen gibt, die ihre Zeit für die wichtigste und ihre Generation für die letzte halten! Es gibt so viele Möglichkeiten, sich und seine Zeit zu wichtig zu nehmen.

Trotzdem will ich mich fragen: Was wäre, wenn Jesus heute zurückkäme? Wäre ich bereit für ihn? Würde ich mich über ihn freuen? Würde ich ihn kennen?
Wann es sein wird, ist dann egal. «Der Menschensohn kommt zu einer Stunde, zu der ihr es nicht erwartet.» Meine Stunde kommt vielleicht schon bald!

(Matthäusevangelium 24, 30 und 42-44)

Was hat Bestand?

Februar
25.

Was bleibt,
wenn ich Abschied nehmen muss
von einem Menschen, der mir vertraut war?
Was zählt,
wenn sich meine Pläne zerschlagen haben?
Was hat Bestand,
wenn eine Freundschaft zerbricht,
wenn die Krankheit mich niederdrückt,
wenn die Kräfte nachlassen?
Worauf kann ich mich verlassen,
wenn ich nicht mehr weiter weiß
und die Orientierung verloren habe?

Jesus sagt:
«Himmel und Erde werden vergehen;
aber meine Worte vergehen nicht.»

Das bleibt, das zählt, das hat Bestand,
darauf kann ich mich verlassen,
dass du, Jesus, mich nicht fallen lässt.

(Matthäusevangelium 24, 35)

Macht über Menschen

Februar
26.

Immer wieder geht es in dieser Welt um Macht. Immer wieder fürchten Menschen um den Verlust von Macht, Anerkennung und Besitz. Auch ich habe davor Angst.

Die geistlichen Führer der Juden hatten damals eine Menge zu verlieren. Sie übten Macht aus mit Hunderten von frommen Geboten und Regeln, die sie ständig überwachten. Sie übten Macht aus, indem sie Menschen den Glauben zubilligten oder absprachen. Sie übten Macht aus, indem sie ihr Glaubensmonopol bauten und ausbauten. Sie übten Macht aus über Verzweifelte, Enttäuschte, Suchende, die nichts anderes wollten, als Gottes Liebe und Zuspruch zu erfahren, aber die an den Mächtigen nicht vorbeikamen.

Sie hatten Macht zu verlieren, weil Jesus ihr Machtspiel durchschaute und nicht mitspielte. Sie hatten Macht zu verlieren, weil Jesus ihr Bild vom Gesetzesgott hinterfragte und von einem Gott der Liebe sprach. Sie hatten Macht zu verlieren, weil Jesus Menschen einlud, ganz vertraut mit Gott zu sprechen: mein lieber Vater im Himmel. Sie hatten Macht zu verlieren, weil Gesetze weniger zählen sollten als Menschen.

So schmiedeten sie Pläne gegen Jesus, um ihre Macht zu erhalten. Und wie alle, die machtbesessen sind, taten sie das nicht offen und stellten sich nicht der Kritik. Sie suchten heimliche, zerstörerische Wege, um an der Macht zu bleiben.

(Matthäusevangelium 26, 3-5)

Geld verschwenden

Februar
27.

Einen Menschen zu salben, bedeutete zu Jesu Zeiten eine große Ehre. Es geschah zu bestimmten Festen oder bei besonderen Gästen. Priester wurden gesalbt und Könige. Durch die Salbung eines Toten wurde ihm ein letztes Mal Ehre erwiesen.
Als Jesus mit vielen anderen Besuchern zu Gast in einem Haus in Bethanien war, kam eine Frau zu ihm. Sie hatte ein Glasgefäß mit sehr wertvollem Salböl bei sich. Dieses Öl goss sie über das Haupt Jesu und salbte ihn. Sofort erhob sich Protest von den kühlen Rechnern in der Umgebung Jesu: So viel Geld verschwenden! Warum tut diese Frau das? Will sie ihm als Ehrengast Ehre erweisen? Denkt sie vielleicht gar an die Salbung eines Königs? An den «gesalbten König», den Messias – auf griechisch: den Christus? Jesus sagte: «Sie hat ein gutes Werk an mir getan. Sie hat es für mein Begräbnis getan.»
Warum diese Frau das tat? Es war ihre Möglichkeit, Jesus Ehre und Dankbarkeit zu erweisen. All ihre Liebe und Hoffnung, ihr Vertrauen legte sie in diese Handlung. Sie ehrte ihn nicht nur mit Worten, sondern mit ihrer Haltung, ihrem Körper, ihrem Besitz.

Herr, ich möchte von dieser Frau lernen und dich von ganzem Herzen lieben und ehren, weil du den schweren Weg für mich gegangen bist.

(Matthäusevangelium 26, 6-13)

Schön sehen sie aus

Februar
28.

Maria, die Frau, die Jesus Salböl über das Haupt goss, musste das Alabasterfläschchen mit dem kostbaren Inhalt zerbrechen. Nur so konnte damals das Salböl benutzt werden.

In einem Buch von Ann Ortlund las ich einen interessanten Vergleich. Da werden die Gottesdienstbesucher am Sonntagmorgen mit geschlossenen Alabasterfläschchen verglichen. Sie sind gefüllt, zufrieden, verschlossen. Sie sehen gut aus und legen viel Wert auf ihr Äußeres. Sie wollen etwas darstellen.

Sie haben etwas Wertvolles in sich. Sie haben Jesus in sich. Aber sie lassen ihn dort, eingeschlossen, zum Schweigen verurteilt. Und die Luft in der Kirche ist erfüllt von NICHTS. Sie sitzen in ihren Bänken, ein kaltes schönes Alabasterfläschchen neben dem anderen.

Ein Mensch muss zerbrechen, bevor er Jesus wirklich erleben wird. Das Alabasterfläschchen muss zerbrochen werden. Gott lebt unter zerbrochenen Menschen. Und die Luft in der Kirche ist erfüllt von einem herrlichen Duft!

Wenn Menschen sich gegenseitig erkennen und erleben als zerbrochene Menschen, dann endlich kann der Gottesdienst beginnen.

(Matthäusevangelium 26, 6-13; 2. Korintherbrief 4, 6-7)

Schreckliche Tage

Februar
29.

Es gibt Tage, die dürfte es gar nicht geben. Aber wie es den 29. Februar gibt, alle vier Jahre, so gibt es auch die Tage, die es gar nicht geben dürfte.

Es gibt Tage in meinem Leben, die würde ich am liebsten nachträglich streichen. Ich stand nicht zu meiner Überzeugung, zu meinem Glauben. Ich habe einen Menschen benutzt, für meine Zwecke missbraucht. Ich habe mich kaufen lassen.

Einer der engsten Freunde Jesu, Judas, ließ sich kaufen. «Was gebt ihr mir? Ich will ihn euch verraten. Und sie boten ihm dreißig Silberlinge.» War sich Judas über die Konsequenzen seines Tuns im Klaren? Wollte er das, was sich dann aus seiner Tat entwickelte? Später zerbrach Judas an den Konsequenzen seines Verrats. Er hatte sich kaufen lassen. Das war ein Tag, den hätte es gar nicht geben dürfen. Judas!

Es gibt Tage in meinem Leben, die würde ich am liebsten nachträglich streichen. Judas, ich fühle mit dir. Manchmal sind die Konsequenzen meines Tuns so schrecklich! Meine Schuld lastet schwer auf mir!

Und was tut Jesus? Er geht seinen Weg weiter bis ans Kreuz, um meine Schuld abzutragen. Er wird keinen Tag meines Leben streichen – aber die Last der Tage, die es nicht geben dürfte, nimmt er auf sich.

(Matthäusevangelium 26, 14-16)

Feste feiern

März
1.

Eines der großen jüdischen Feste, das schon zur Zeit Jesu auf eine jahrhundertealte Tradition zurückblicken konnte, ist das Passahfest. Es erinnert an den Auszug des Volkes Israel aus der Sklaverei in Ägypten. Damals, so heißt es, wurden die Ägypter von Gott gestraft. Die Israeliten dagegen wurden verschont, wenn sie als sichtbares Zeichen das Blut eines Lammes an ihre Türpfosten strichen. Zum Gedenken an die Errettung wird im Familienkreis ein Passahlamm gegessen.
Jesus steht nun wirklich nicht im Verdacht, Traditionalist zu sein. Und trotzdem hält er an alten Traditionen fest. Er stellt sich in die menschliche Geschichte hinein und damit auch in die Geschichte Gottes mit den Menschen. Er blickt zurück und gleichzeitig voraus, in der sicheren Überzeugung, dass die Geschichte Gottes mit seinem Volk weitergeht. Und sicher blickt er in die ganz nahe Zukunft und denkt an die schweren Stunden, die vor ihm liegen. Johannes der Täufer hatte es einmal so ausgedrückt: «Siehe, das ist Gottes Lamm, das der Welt Sünde trägt.»

Gott, wenn ich die christlichen Feste feiere, dann lass mich zurückblicken, um mir dein Wirken zu vergegenwärtigen, und lass mich vorausschauen und aus deiner Hoffnung leben.

(2. Mose/Exodus 12; Matthäusevangelium 26, 17; Johannesevangelium 1, 29 und 36)

Gemeinsam feiern

März
2.

Drohende schlimme Ereignisse überschatteten das Passahfest. Jesus wusste, dass er wenige Stunden später ans Kreuz genagelt würde. Und er wusste, dass sein Verräter zu der kleinen, vertrauten Tischgemeinschaft gehörte.

Jeder hätte wohl dafür Verständnis, wenn Jesus jetzt sagte: Unter diesen Umständen kann ich wirklich nicht mit euch feiern! Ich hätte dafür Verständnis. Ich erinnere mich doch an Zeiten in meinem Leben, in denen auch ich nicht feiern konnte. Ich erinnere mich an Situationen, in denen ich mich von den anderen zurückzog.

Warum sind Feste so wichtig? Feste feiern wir nicht allein, weder besinnliche noch ausgelassene. Feste haben etwas mit Gemeinschaft zu tun. Sie können mich ermutigen, mit der heilenden Kraft guter Freundschaft zu rechnen und Gemeinschaft auch in schwerer Zeit anzunehmen – oder gerade in schwerer Zeit.

Jesus stand vor dem schwersten Weg seines Lebens. In dieser Situation wählte er die Gemeinschaft seiner Jünger. Es war ihm wichtig – vielleicht für sich, bestimmt aber für seine Jünger. Denn für die würden die nächsten Tage die schrecklichsten ihres Lebens werden. So war Jesus ihnen jetzt noch einmal ganz nah. Und sicher dachte er auch an Menschen wie dich und mich, die selbst in ihren schwersten Stunden im Abendmahl die Gemeinschaft mit Jesus erleben können, damals und heute.

(Matthäusevangelium 26, 17-30)

Ich bin eingeladen

März
3.

Als Jesus mit seinen Jüngern das Passah feierte, nahm er während der Mahlzeit das Brot, dankte Gott dafür, brach es durch und gab es den Jüngern. Und er sprach: «Nehmt dieses Brot und esst. Dieses Brot ist mein Leib.» Und dabei dachte Jesus an seinen Tod, daran, dass er sein Leben geben würde für die Menschen. Ob die Jünger verstanden, was Jesus da sagte?
Danach nahm Jesus den Kelch, der mit Wein gefüllt war, dankte Gott dafür und gab ihn seinen Jüngern. Und er sprach: «Trinkt alle aus diesem Kelch. Der Wein ist mein Blut, das für viele vergossen wird zur Vergebung ihrer Sünden. Damit wird ein neuer Bund Gottes mit den Menschen geschlossen, die ihre Hoffnung auf ihn setzen.» Und dabei dachte Jesus daran, dass er schon bald sein Blut vergießen würde am Kreuz.
Verstehe ich, was Jesus da sagte? Verstehe ich, dass ich eingeladen bin, dabeizusein und dazuzugehören? Verstehe ich, dass Jesu Tod und mein Tod etwas miteinander zu tun haben? Ist mir klar, dass im Abendmahl eine Gemeinschaft beginnt, die nie wieder aufhören muss?

(Matthäusevangelium 26, 17-30)

Der Weg zu dir

März
4.

Der schwerste Weg liegt immer noch vor mir.
Der schwerste Weg führt mich zu dir.
Ganz bei dir sein werde ich,
wenn ich alles losgelassen habe –
auch mein eigenes Leben.

Doch unterwegs
willst du mich erfrischen und ermutigen.
Du lädst mich ein an deinen Tisch
zu Brot und Wein.
Und wenn ich esse und trinke,
spüre ich, dass du bei mir bist und bei mir bleibst
auf dem Weg, den du längst gegangen bist.

Ein Dummer wird gesucht!

März
5.

Als die Jünger mit Jesus zum Abendessen versammelt waren, zu Beginn des Passahfestes, dachten sie sicherlich an einen damals üblichen Brauch. Der Gastgeber hatte dafür zu sorgen, dass den Gästen die Füße gewaschen wurden. Bei den staubigen Wegen in Israel und den offenen Sandalen war das auch notwendig. Allerdings war das Füßewaschen keine angesehene Aufgabe. Deshalb wurde es den Sklaven übertragen. Nicht etwa jüdischen Sklaven, auch für die war es unter ihrer Würde! Füßewaschen war eine Aufgabe der ausländischen Sklaven.

Nun fand das Abendmahl nur mit Jesus und seinen Jüngern statt. Kein Diener war dabei und kein Sklave. Und erst recht kein ausländischer Sklave. So bin ich sicher, dass die Jünger sich insgeheim gegenseitig musterten. Wer käme wohl am ehesten in Frage, einen Sklavendienst zu verrichten? Wer sollte die anderen bedienen und ihnen die Füße waschen? Und selbstverständlich dachte jeder, dass er selbst für höhere Dinge geboren war.
Ich kenne es auch von mir, die Rangelei um bessere Plätze und höheres Ansehen in einer Gemeinschaft. Ich lege großen Wert darauf, beachtet zu werden. Ich will eine besondere Rolle spielen. Irgendein Dummer wird sich schon finden, einer, der froh ist, überhaupt etwas tun zu dürfen. Und je mehr Dumme es gibt, umso besser wird meine Position, umso mehr gelte ich.

(Johannesevangelium 13, 1)

Jesus steht auf

März
6.

Als die Jünger sich noch gegenseitig musterten und überlegten, wer nun den Sklavendienst der Fußwäsche verrichten sollte, war Jesus bereits aufgestanden. Er band sich ein Handtuch um, goss Wasser in eine Schüssel und begann, einem Jünger nach dem anderen die schmutzigen Füße zu waschen und abzutrocknen.
Darf das sein? Wird da nicht jede Rangordnung außer Kraft gesetzt? Darf der Herr zum Diener werden? Die Jünger verstanden nicht, was da geschah und warum Jesus das tat.
Als er sich wieder zu Tisch gesetzt hatte, begann er seine Erklärungen: «Ihr nennt mich Herr und Meister, und das bin ich auch. Wenn nun ich als euer Herr und Meister euch die Füße gewaschen habe, dann sollt ihr euch auch untereinander die Füße waschen.

Ich habe euch ein Beispiel gegeben, damit ihr tut, was ich euch getan habe.»

Ist das Beispiel zum Vorbild für die Kirche, für die Gemeinschaft der Christen geworden? Oder spielen wir auch dort das alte Machtspiel – nur eben mit christlichen Zutaten? Geht es auch in der Kirche um Herrschaft auf Kosten anderer, oder helfen wir uns gegenseitig, die Würde in jedem von uns zu entdecken, Kinder Gottes zu sein?

(Johannesevangelium 13, 1-17)

Ein Beispiel

März 7.

Nicht Herrschaft und Macht
über andere Menschen anstreben,
Menschen benutzen,
an mich binden im Namen der Liebe
oder im Namen Jesu –
nicht Herrschaft und Macht.
Du hast uns ein Beispiel gegeben.

Nicht Menschen einteilen
in würdig und unwürdig,
gut und böse,
wichtig und unwichtig,
brauchbar und unbrauchbar –
nicht Menschen einteilen.
Du hast uns ein Beispiel gegeben.

(Johannesevangelium 13, 15)

Am Ende ganz allein?

März
8.

In den dunkelsten Stunden meines Lebens habe ich besonders große Sehnsucht nach den Menschen, die mir nahe stehen. Doch auch wenn sie bei mir sind, mache ich die Erfahrung, dass ich die schwersten Wege allein gehen muss. Niemand kann sie mir abnehmen.

Gerade in den dunkelsten Stunden erkenne ich in aller Deutlichkeit, dass ich ein Individuum bin, ein Einzelwesen. Nur in den Monaten vor meiner Geburt war ich mit einem Menschen völlig verbunden und bei ihm geborgen. Immer wieder versuche ich, diese Trennung aufzuheben, besonders in der intensiven Liebe zu einem Menschen, in der Hingabe, in der Gemeinschaft. Doch immer wieder gibt es Augenblicke, in denen ich mich schmerzhaft als getrennt und einsam erlebe.

Jesus erlebte die Einsamkeit am Vorabend seiner Kreuzigung besonders drastisch. Er ging in die Einsamkeit eines Parks, in dem abends niemand unterwegs war. Drei seiner Jünger jedoch hatte er ausgewählt, ihm trotzdem nahe zu sein. Jesu Verzweiflung im Angesicht des Todes wurde noch größer, als er diese Jünger dreimal eingeschlafen vorfand. Er war allein.

Nur im Gebet, in der Nähe zu seinem Vater, konnte er jetzt noch Zuflucht finden. Ist die Nähe Gottes der einzige Ort, an dem meine Einsamkeit endgültig aufgehoben werden kann? Hoffentlich eines Tages! Aber heute bleibe ich auch im Gebet ein Mensch, der unter seiner Sterblichkeit und Einsamkeit leidet.

(Matthäusevangelium 26, 36-46)

Ohne Zittern?

März
9.

Wenige Monate, bevor der Theologe und Widerstandskämpfer Dietrich Bonhoeffer im April 1945 im Konzentrationslager ermordet wurde, schrieb er ein Gedicht zum Jahreswechsel. Darin findet sich schon die Auseinandersetzung mit dem möglichen baldigen Tod. «Und reichst du uns den schweren Kelch, den bittern», betete er, «des Leids, gefüllt bis an den höchsten Rand», und sicher dachte er dabei an das Gebet Jesu abends im Garten Gethsemane, einen Tag vor seiner Kreuzigung. Bonhoeffer fuhr fort: «So nehmen wir ihn dankbar ohne Zittern aus deiner guten und geliebten Hand.»

Dieses Gebet wurde seitdem von unzähligen Menschen in schwierigen Situationen nachgebetet. Aber viele machen auch die Erfahrung, dass ihnen die Worte so nicht über die Lippen gehen. Eine Pastorenfrau, die ihren Mann Wochen vorher bei einem Verkehrsunfall verloren hatte, sagte mir zu diesem Vers: «Noch bin ich nicht in der Lage, so zu beten.»

Ich bin sicher, auch Bonhoeffer erlebte Stunden, in denen er äußerlich und innerlich zitterte. Und selbst Jesus im Garten Gethsemane sagte: «Meine Seele ist betrübt bis an den Tod.» Auch Christen sind Menschen, die zerrissen sind zwischen dem Wunsch, Gott in jeder Situation völlig zu vertrauen, und der Angst und Verzweiflung angesichts von Schmerzen, Trennung und Tod.

(Matthäusevangelium 26, 38)

Du bist mir ganz nah

März 10.

Dass du für mich in den Tod gegangen bist,
strahlend und gelassen,
ohne Zweifel und ohne Anfechtung,
ohne Angst und einen Schrei
der Verzweiflung,
ohne das Gefühl, allein zu sein,
das könnte ich bewundern –
aber du würdest mir endlos weit entfernt erscheinen,
wie ein Wesen aus einer anderen Welt.

Dass du für mich in den Tod gegangen bist,
im Vertrauen auf Gott und doch voller Angst,
im Bewusstsein tiefster Einsamkeit,
mit dem verzweifelten Schrei,
dass dieser Kelch an dir vorbeigehen möge,
das erfüllt mich mit tiefer Dankbarkeit –
und darin, Jesus, spüre ich deutlich,
wie unendlich nah du mir bist.

(Matthäusevangelium 26, 36-46)

Der Verrat

März
11.

Wenn sich hinter einem
freundlichen Lächeln
tiefe Hassgefühle verbergen,
wenn Zärtlichkeit nur benutzt wird,
um etwas damit zu erreichen,
wenn ein Kuss
das Zeichen des Verrats darstellt,
wenn sich das Böse
mit dem Gewand der Liebe verkleidet,
dann stirbt das Leben vor Scham.
Weiterleben kann dann nur,
wer keine Scham kennt –
oder wer der Liebe begegnet.

«Und der Verräter hatte ihnen gesagt: Wen ich küssen werde, der ist es, den ergreift. Und bald danach trat er zu Jesus und sprach: Sei gegrüßt, Rabbi! Und er küsste ihn.»
(Matthäusevangelium 26, 48-49)

Die entscheidende Frage

März
12.

Der Hohepriester, der die Verhandlung gegen Jesus leitete, rief: «Ich beschwöre dich bei dem lebendigen Gott, dass du uns sagst, ob du der Christus bist, der Sohn Gottes.» Das ist die entscheidende Frage. Das ist die Frage, die unzählige Menschen beschäftigt. Das ist die Frage, die ins Zentrum zielt. Begegne ich in diesem Jesus tatsächlich Gott? Stehe ich hier dem

Geheimnis allen Lebens gegenüber? Oder kann ich bei Jesus keine Antwort auf meine Suche nach Sinn und Leben erwarten?
Der Hohepriester fragt aus anderen Gründen. Wenn Jesus mit nein antwortet, dann hat der ganze Spuk ein Ende. Dann kann die Verhandlung abgebrochen und die Information verbreitet werden: Dieser Jesus ist nicht der, auf den ihr wartet! Wenn Jesus allerdings mit ja antwortet, dann ist die Sache klar. Dann kann er wegen Gotteslästerung verurteilt werden.
Menschen, die an Antworten nicht interessiert sind, werden sie kaum finden. Menschen, die nur das hören, was sie hören wollen, werden die Wahrheit nicht ergründen. Und Menschen, die aufrichtig nach Gott fragen und suchen? Ich glaube, sie sind auf dem Weg zu ihm. Ein Wort aus dem Alten Testament kann sie auf diesem Weg begleiten: «Wenn ihr mich von ganzem Herzen suchen werdet, dann will ich mich von euch finden lassen.»

(Matthäusevangelium 26, 57-63; Jeremia 29, 13-14)

Ich halte zu dir

März
13.

Vorhin noch war für Petrus die Sache klar: Jesus, auf mich kannst du dich verlassen. Auch wenn niemand zu dir hält, ich bleibe bei dir! Und sein Stolz war gekränkt, als Jesus antwortete: «In dieser Nacht, ehe der Hahn kräht, wirst du mich dreimal verleugnen.» Für Petrus stand es fest: Niemals würde er so tun, als wenn er Jesus nicht kennen würde, niemals! Und wenn er sterben müsste, niemals!
Wenige Stunden später, die Verhandlung gegen Jesus war im Gang, drückte sich Petrus ängstlich in der Nähe des Verhandlungsortes herum, mit dem nötigen Abstand. Eine Magd, die ihn schon einige Zeit argwöhnisch beobachtet hatte, stellte ihm plötzlich die Frage:

«Habe ich dich nicht schon mal mit diesem Jesus gesehen?» Und nichts war mehr von den großen Reden des Petrus übrig, als er antwortete: «Ich weiß gar nicht, wovon du redest.» Noch zweimal wurde ihm in dieser Nacht die Frage nach Jesus gestellt, und jedesmal leugnete Petrus, ihn überhaupt zu kennen.
Da krähte der Hahn. Und Petrus weinte bitterlich. So wie ich manchmal über mich weinen muss, weil ich meinen eigenen Maßstäben nicht standhalte, weil ich Menschen zutiefst enttäuscht und verletzt habe, weil ich mich selbst enttäuscht und verletzt habe. Und dann glaube ich auch nicht mehr, dass Gott mir jemals verzeihen kann.
Aber die Geschichte von Petrus, der später ein großer Apostel werden sollte, zeigt mir: Gott fängt wieder neu mit mir an.

(Matthäusevangelium 26, 69-75)

Zeig mir den Weg!

März
14.

Zeig mir den Weg, Jesus,
den Weg zu Gott,
zu meinen Mitmenschen und zu mir selbst.
Zeig mir, worauf Verlass ist
und wem ich vertrauen kann.
Zeig mir die Wahrheit
und lass mich so leben, dass ich wahrhaftig bin.
Zeig mir das Leben,
lebendig, authentisch und echt,
das Leben, das Bestand hat
und nicht nach kurzer Zeit zerbricht.

Jesus spricht: «Ich bin der Weg und die Wahrheit und das Leben.»
(Johannesevangelium 14, 6)

Was ist Leben?

März
15.

Jesus befindet sich in höchster Lebensgefahr. Sein Leben hängt an einem seidenen Faden. Gibt es noch die Möglichkeit einer Rettung? Bietet sich noch ein Ausweg? Ist es möglich zu fliehen? Was ist Leben im Angesicht des Todes?
Jesus sagt: «Ich lebe und ihr sollt auch leben.»

Jesus, auch im Angesicht des Todes sprichst du noch vom Leben. Das muss mehr sein als das Leben, das ich kenne und meine. Kann ich bei dir das wahre Leben finden?

(Johannesevangelium 14, 19)

Ein letzter Wunsch

März
16.

Ein letzter Wunsch von Jesus an seine Jünger – was könnte das sein? Vielleicht:
Ich wünsche euch ein langes Leben.
Vor allem wünsche ich euch Gesundheit.
Ich wünsche euch viel Erfolg.
Mein Wunsch ist, dass ihr immer genug zu essen habt.
Ich hoffe, ihr findet gute Freunde im Leben.
Ich wünsche euch Durchsetzungsvermögen.
Ich wünsche euch Kraft für den schweren Dienst.

Jesus sagte zu seinen Jüngern:
«Den Frieden lasse ich euch, meinen Frieden gebe ich euch. Ich gebe euch nicht, wie die Welt gibt. Euer Herz erschrecke nicht und fürchte sich nicht.»

Ist das eines der Geheimnisse des Lebens Jesu? Ist dieser innere Friede, den er geben will, die Voraussetzung, nicht in den Sorgen und Ängsten und Verlockungen dieser Welt unterzugehen? Ist das der Friede, der meine Zerrissenheit, meine Sehnsucht, Einsamkeit und Heimatlosigkeit heilen kann?

(Johannesevangelium 14, 27)

Nicht von dieser Welt

März
17.

«Wenn euch die Welt hasst», sagte Jesus seinen Jüngern zum Abschied, «so wisst, dass sie mich vor euch gehasst hat. Wenn ihr von dieser Welt wäret, so hätte diese Welt euch lieb. Weil ihr aber nicht von dieser Welt seid, sondern ich euch aus dieser Welt auserwählt habe, hasst euch die Welt.»
Ich kenne meinen Wunsch nach Harmonie. Ich weiß, wie sehr mir die Anerkennung durch andere wichtig ist. Ich weiß auch, wie schnell ich Kompromisse schließe um nicht aufzufallen, um keinen Ärger zu bekommen, um akzeptiert zu werden. Ich merke oft, wie meine eigene Meinung von der öffentlichen Meinung abhängig ist und sich häufig den herrschenden Meinungstrends anschließt.
Jesus macht seinen Anhängern deutlich, dass sie mit Widerstand, ja mit Hass rechnen müssen, wenn sie ihm nachfolgen. Er spricht nicht zu denen, die auf der christlichen Welle mitschwimmen. Er spricht zu denen, die ihrem Glauben treu bleiben und sich um keinen Preis der Welt kaufen lassen. Er spricht zu denen, die ihre Mitmenschen mit den Augen der Liebe sehen und nicht durch die Brille des Profits und des Nutzens.

(Johannesevangelium 15, 18-19)

Ich habe Angst

März
18.

Jesus kam zu den Schwachen und zu den Schuldigen, den Verzagten und Ängstlichen, den Hungrigen und Durstigen, Verzweifelten und Versagern. Er hat das immer wieder deutlich betont.

Er kam zu den Menschen, die Angst vor der Macht der Mächtigen haben und Angst vor ihrer eigenen Schuld und Lieblosigkeit, Angst vor Habgier, die ihnen das tägliche Brot verwehrt, und Angst vor dem eigenen Unvermögen.

Er kam zu den Menschen, die Angst haben – damit sie ihre Angst erkennen und dazu stehen. Denn das ist die Voraussetzung dafür, von der Angst befreit zu werden. Er kam, damit sie sich über Gottes Reich freuen können, in dem nicht die Hartherzigen und Mächtigen die Entscheidungen treffen.

Auch die Mächtigen und Habgierigen haben Angst. Aus Angst raffen sie Macht und Besitz und Zuneigung. Aber sie gestehen sich die Angst nicht ein. Sie schieben sie ab in ihr Unterbewusstsein, und dort sind sie der Angst hilflos ausgeliefert.

«In der Welt habt ihr Angst», sagt Jesus, «aber seid getrost, ich habe die Welt überwunden.»

(Johannesevangelium 16, 33)

Ich suche Beweise

März
19.

Je näher ich mich dem Tod wähne, umso dringender stellt sich mir die Frage nach dem, was dann kommt. Ich frage mich: Gibt es ein Leben nach dem Tod? Gibt es ein

ewiges Leben? Und wenn ja, wie ist es möglich, ewiges Leben zu gewinnen?
Ich suche nach einem unmissverständlichen Zeichen Gottes. Ich suche Beweise seiner Existenz. Ich will nur einmal Gott deutlich erleben und spüren und hören, dann will ich gern alles glauben. Ich will Sicherheiten. Ich will Beweise.
Aber glauben bedeutet, meine menschlichen Sicherheiten loszulassen. Glauben bedeutet, ohne schriftlichen Vertrag und Bankbürgschaft Gott zu vertrauen. An Gott glauben, Gott erkennen, das heißt, von ihm das Leben zu erwarten. Glauben heißt leben, wirklich leben.
Vertrauen darf ich Gott, dass dieses neue Leben nicht begrenzt ist. Weder meine Angst kann dieses Leben begrenzen noch meine Sorgen und Vorbehalte, nicht schwierige Verhältnisse, nicht einmal der Tod.
Jesus sagt: «Das ist aber das ewige Leben, dass sie dich, den einzigen, wahren Gott erkennen und Jesus Christus, den du gesandt hast.»

(Johannesevangelium 17, 3)

Das Spiel dieser Welt

März
20.

Du hast das Spiel der Mächtigen
dieser Welt nicht mitgespielt.
Da machten sie kurzen Prozess mit dir.
Und das Böse glaubte
über dich triumphieren zu können.

Ich will mein Vertrauen auf dich setzen, Jesus.
Ich will ihr Spiel nicht mitspielen.
Doch das Böse klopft immer wieder bei mir an

und findet sein Echo in mir.
Dass es nicht über mich triumphiert,
darum bitte ich dich.

(Johannesevangelium 17, 14-17)

Warum hast du das getan?

März
21.

Warum hast du das getan, Judas? Warum hast du das getan nach dieser intensiven Zeit, die du mit Jesus gelebt hast als einer seiner vertrauten Anhänger? Du hast miterlebt, wie Menschen geheilt wurden von Krankheiten und Verhärtungen. Du hast beobachtet, wie Menschen neu zu leben wagten. Was hat dich bewegt, Jesus zu verraten? Du hattest mehr Bestätigung von ihm erwartet? Sein zu lascher Umgang mit den Gesetzen gefiel dir nicht? Sein Umgang mit Geld und Macht hat dich geärgert? Einen Denkzettel wolltest du ihm verpassen, einen kleinen nur, vielleicht ein paar Tage Untersuchungshaft? Du warst geschockt, als du das Todesurteil hörtest?

Irgendwie, Judas, bist du mir trotz allem noch ein wenig sympathisch. Und zwar deshalb, weil du über dich entsetzt warst. Du hast dich nicht aus der Verantwortung herausgelogen.

Heute, Judas, gibt es unzählige Menschen, die nicht zu ihren Taten stehen. Statt sich selbst gegenüber Abscheu zu empfinden, reden sie sich heraus, schieben die Verhältnisse vor oder beschuldigen andere. Es ist schwer, sich seine wahre Schuld einzugestehen. Wenigstens das hast du getan.

(Matthäusevangelium 27, 3-5) 3.4. V

So werde ich reich

März
22.

Einen Menschen zu verraten
oder zu bespitzeln
kann Geld bringen.
Geschützte Tiere abzuknallen
oder den Urwald abzuholzen
kann Geld bringen.
Waffen zu verschieben,
Drogen zu vertreiben
oder bestechlich zu sein
kann Geld bringen.

Ich kann das Geld in der Schweiz anlegen,
ich kann es waschen
und in «saubere» Geschäfte einbringen.
Es bleibt für alle Zeit Blutgeld.

(Matthäusevangelium 27, 6-8)

Die Stimme des Volkes

März
23.

Das Todesurteil gegen Jesus war von jüdischer Seite gesprochen. Jetzt musste es noch von Pilatus, dem Vertreter des römischen Kaisers hier in der Provinz Judäa, bestätigt werden.

Und was ist mit der Stimme des Volkes? Eine eindeutige Entscheidung der Volksmassen hätte die Freiheit für Jesus bedeutet, hatten die römischen Besatzer doch vor nichts mehr Angst als vor Aufruhr und Unruhe des Volkes.

Noch vor wenigen Tagen hatten die Massen Jesus einen begeisterten Empfang in Jerusalem bereitet. Sie hatten ihm zugejubelt wie einem König. Ja, sie wären bereit gewesen, ihn zu ihrem König zu machen. So wie damals König David sollte jetzt Jesus gegen die Feinde Israels zu Felde ziehen.
Noch vor wenigen Tagen hatten die Massen gejubelt. Die Masse braucht Helden, die sie beklatschen kann. Aber sie ist nur so lange begeistert, wie die Helden ihren Erwartungen entsprechen.
Auf die Masse ist kein Verlass. Sie lässt sich manipulieren und aufhetzen. Sie lässt sich in einen sinnlosen Krieg schicken oder gegen Sündenböcke mobilisieren. Die Masse, die Stimme des Volkes, wird nicht dauerhaft auf der Seite Jesu sein.

(Matthäusevangelium 21, 1-11 und 27, 15)

Ans Kreuz mit ihm!

März
24.

Zum Fest gab es den Brauch, einen Gefangenen freizugeben. Und nun standen sie zur Wahl, der Mörder Barabbas und Jesus. Würde sich die Volksmenge für Jesus entscheiden?
«Das Licht scheint in der Finsternis und die Finsternis hat es nicht begriffen.» So wird es im Johannesevangelium umschrieben. «Er kam in sein Eigentum, aber die Seinen nahmen ihn nicht auf.»
Tausendfach ertönte der Ruf: Lass Barabbas frei! Jesus ans Kreuz! Und dieser Ruf hallt noch heute durch die Welt. Wo immer das Böse siegt, wo immer die Liebe unterliegt, wo die Habgier über Leichen geht, wo Außenseiter beseitigt werden, wo Sündenböcke gesucht werden, da müsste es uns allen in den Ohren gellen: Lass Barabbas frei! Jesus ans Kreuz!

(Matthäusevangelium 27, 15-25; Johannesevangelium 1, 5 und 11)

Ich bin unschuldig

März
25.

Was konnte Pilatus noch für Jesus tun? Die religiösen Führer des Volkes hatten das Todesurteil gefordert, und die Volksmenge hatte sich dieser Forderung angeschlossen. Pilatus sah keinen Grund für eine Verurteilung. Er hatte wohl sogar gewisse Sympathien für Jesus entwickelt. Wie sollte er entscheiden? Gegen die Religion, gegen das Volk? Sollte er einen Aufstand riskieren wegen dieses sonderbaren Wanderpredigers? Pilatus ließ sich eine Schüssel mit Wasser bringen, um eine symbolische Handlung auszuführen. «Ich bin unschuldig an seinem Blut; seht ihr zu!» Er tat das, was auch heute noch üblich ist: Ich wasche meine Hände in Unschuld! Schuld haben immer die anderen. Es gibt keine Tat, für die es keine Entschuldigung gibt. Es gibt für alles im Leben eine Ausrede. Schuld ist meine schwere Kindheit, der schlechte Einfluss der Arbeitskollegen, die Medien, die heutige Zeit, der böse Nachbar, der strenge Lehrer, der altmodische Pfarrer!

Wieso ist Jesus eigentlich gestorben? Für meine Schuld? Das wäre doch nicht nötig gewesen. Ich wasche meine Hände in Unschuld.

(Matthäusevangelium 27, 24)

Geballte Fäuste

März
26.

In dem amerikanischen Film «Der einzige Zeuge», in dem Harrison Ford die Hauptrolle spielt, muss ein Polizist auf der Flucht bei einer sehr konservativen christlichen Gruppe Zuflucht suchen. Bald ist er äußerlich einer von ihnen, auch in der einfachen, traditionellen Kleidung. Einmal muss er mit

Glaubensgenossen der Amischen mit dem Pferdewagen in die Stadt zum Einkaufen fahren. Dort kommen einige Halbstarke auf sie zu, die sich mit diesen «Frommen» einen Spaß machen wollen. Da den Amischen jede Gewaltanwendung verboten ist, scheint der Spaß für die Angreifer ohne Gefahr zu sein. So beginnt eine üble Hänselei, die schließlich in Handgreiflichkeiten übergeht.
Als ich den Film sah, wurde an dieser Stelle das Publikum immer aufgeregter. Und auch ich bemerkte, wie ich innerlich die Fäuste ballte. Die gezielten Faustschläge des verkleideten Polizisten, die eine umwerfende Wirkung hatten, waren dann wie eine Erlösung.
Wenn ich lese, wie die Soldaten Jesus verhöhnten, ihm eine Dornenkrone auf das Haupt drückten, bis das Blut spritzte, ihn verspotteten und schlugen, da merke ich wieder, wie ich innerlich die Fäuste balle. Wenn da doch jemand käme und zuschlagen würde!
Es müssen ein unvorstellbarer Friede und eine unermessliche Liebe gewesen sein, die Jesus bewegten, das alles über sich ergehen zu lassen. Spätestens hier zeigt sich, dass er selbst jedes Wort seiner Lehre mit seinem Leben abdeckte. Jesus wehrte sich nicht, er ging seinen Weg konsequent bis zum Ende – aus Liebe zu mir!

(Matthäusevangelium 27, 27-30)

Das ist der Mensch

März
27.

Das ist der Mensch. Millionenfach wird er gequält, geschlagen, entwürdigt. Sie ziehen ihn aus, legen ihm einen Purpurmantel an, flechten eine Dornenkrone und drücken sie ihm auf den Kopf. Sie geben ihm einen Rohrstock in die rechte Hand, fallen vor ihm auf die Knie und verspotten ihn. «Gegrüßet seist du, König der Juden!» Sie spucken ihn an und nehmen den Rohrstock und schlagen ihm damit auf den Kopf.

Das ist der Mensch. Umgebracht, vergewaltigt, geschlagen, verkrümmt, benutzt, zerstört.
Das ist der Mensch. Er heult mit den Wölfen. Er hält sich an die Stärkeren. Er lacht mit den Lachern. Er entwürdigt andere, weil er seine Würde verkauft hat. Er zerstört den anderen, weil er es nicht erträgt, in ihm seiner eigenen Ohnmacht und Armseligkeit zu begegnen.
Das ist der Mensch.

(Matthäusevangelium 27, 28-30)

Niemand

März
28.

Wer kann die Menschen noch lieben,
die dich, Jesus, verhöhnen und verspotten,
schlagen und quälen, verurteilen und töten,
die dich so grausam zurichten?
Wer kann diese Menschen noch lieben?
Niemand.
Nur du.

(Matthäusevangelium 27, 28-30; Lukasevangelium 23, 34)

Schnell, schnell!

März
29.

Es war eine schreckliche Nacht gewesen. Die Verhaftung, die Verurteilung, die Verspottung, alles erschien jetzt bei Tagesbeginn wie ein furchtbarer Albtraum. Aber die Spuren dieser Nacht hatten Jesus gezeichnet. Er war nur noch ein Schatten seiner selbst.

Alles war mit unheimlicher Geschwindigkeit geschehen. Auch jetzt ging es schnell weiter. Jesus wurde abgeführt, um gekreuzigt zu werden. Das große Fest stand kurz bevor. Der offizielle Beginn des Feiertages war am Abend dieses Tages, bei Sonnenuntergang.
Schnell, schnell, heute abend muss alles vorbei sein! Kein Toter am Kreuz darf das Passahfest stören! So ging es hinaus aus der Stadt nach Golgatha. Keine Hinrichtung darf den Feiertag in Jerusalem stören und belasten! Schnell hinaus!
Wir wollen uns nicht stören lassen. Wir lassen die Sterbenden im Krankenhaus sterben. Wir verstecken die geistig Behinderten in Heimen. Wir wollen unsere Idylle nicht von Flüchtlingen kaputtmachen lassen.
Auch unsere Gottesdienste lassen wir nicht stören, schon gar nicht von den unrealistischen Forderungen und Einladungen Jesu. Wir bleiben unter uns. Die Not in der Welt bedenken wir mit einem Scheck. Hauptsache, sie bleibt außer Sichtweite!

(Matthäusevangelium 27, 31)

Die Schmerzen betäuben

März
30.

Jesus, wenn du das schon alles erleiden musst, dann gönn dir wenigstens etwas Erleichterung. Nimm den Betäubungstrunk, der dir angeboten wird. Das lindert die Schmerzen. Und du entfliehst ein wenig der grausamen Realität.
Weißt du, ich mache es genauso. Wenn ich aufgeregt bin, nehme ich Beruhigungsmittel. Wenn ich traurig bin, dann gönne ich mir ein paar Gläschen. Und wenn das Leben zu schwierig wird, dann flüchte ich in meine Träume.

«Da gaben sie ihm Wein zu trinken mit Galle vermischt. Und als er es schmeckte, wollte er es nicht trinken.»
(Matthäusevangelium 27, 34)

Ein Spielchen in Ehren

März
31.

Wir Menschen bringen es fertig, selbst aus dem schrecklichsten Geschehen noch einen Spaß oder ein Geschäft zu machen.

Keine Handlung ist so grausam und entwürdigend, dass sie nicht als Stoff für einen Film dienen könnte. Kein Verbrecher ist so pervers, dass ein Interview mit ihm nicht für erhöhte Auflagen sorgen könnte. Kein Konzentrationslager ist so schlimm, dass von den Wachmannschaften nicht rauschende Feste gefeiert werden könnten. Kein Unglück ist so schrecklich, dass nicht noch darüber gelacht werden könnte. Kein Krieg ist so grausam, dass Waffenschieber mit ihm keine Geschäfte machen könnten.

«Als sie ihn aber gekreuzigt hatten, verteilten sie seine Kleider und warfen das Los darum.»
(Matthäusevangelium 27, 35)

April, April!

April 1.

Am heutigen Tag ist es üblich, Menschen in den April zu schicken. Da werden Hinweise gegeben oder Informationen verbreitet, die falsch sind. Wer das nicht gleich durchschaut, wundert sich über die Information, staunt, bekommt einen Schreck, zeigt seine Überraschung, lacht laut los. Um die Sache wieder ins Lot zu bringen, reicht oft schon ein augenzwinkerndes «April, April!».

Am 1. April ist es ein fröhliches Spiel, das normalerweise keinerlei Schaden anrichtet. Hinterher lachen meistens beide Seiten. Aber mir wird an diesem Tag deutlich, welches Chaos angerichtet würde, wenn ich immer darauf gefasst sein müsste, dass Nachrichten und Hinweise genauso gut richtig wie falsch sein können. Ich will mich auf das verlassen können, was andere mir mitteilen, besonders im Kreis der Menschen, die mir sehr vertraut sind.

Dass ich mich auf Gott verlassen und ihm in allem vertrauen kann, ist wesentliche Voraussetzung für mein Leben. Ich bin froh, dass ich bei ihm mit keinem «April, April!» rechnen muss. In einem Psalm heißt es: «Des Herrn Wort ist wahrhaftig, und was er zusagt, das hält er gewiß.» Und das ist gut so.

(Psalm 33, 4) + 22

Nicht zu spät

April
2.

Neben Jesus wurden noch zwei andere Männer gekreuzigt. Beide waren Schwerverbrecher, die eine harte Strafe verdient hatten. Und für beide schien in diesen Stunden ein verkorkstes Leben sein unrühmliches Ende zu finden.

Einer der beiden Verbrecher am Kreuz verhöhnte Jesus und schrie: «Der Christus willst du sein? Na bitte, dann befrei dich und uns!»

Der andere allerdings vollzog in seiner letzten Stunde eine bemerkenswerte Wandlung. Er sprach: «Wir beide werden zu Recht für unsere Taten bestraft. Aber dieser hat nichts Unrechtes getan.» Und er wandte sich zu Jesus und bat: «Jesus, denk an mich, wenn du in dein Reich kommst.»

Seither war dieser Verbrecher am Kreuz für unzählige Menschen eine große Hoffnung: Es ist also möglich, auch als sogenannter hoffnungsloser Fall noch umzukehren. Und unzählige Menschen schöpften durch die Antwort Jesu Mut, ihm ihr Leben anzuvertrauen und auf ein neues Leben zu hoffen. Jesus antwortete: «Wahrlich, ich sage dir, heute wirst du mit mir im Paradies sein.»

Was für eine unglaubliche Liebe spricht aus Jesus, selbst im Angesicht unerträglicher Schmerzen und seines nahen Todes! Diese Liebe gilt dem Verlorenen, der seine ganze Hoffnung auf ihn setzt.

(Lukasevangelium 23, 39-43)

Wo suche ich?

April 3.

Viele der Frommen aus Jerusalem waren gekommen, um die Kreuzigung mitzuerleben. Zahlreiche Spaziergänger, die sich das Schauspiel nicht entgehen lassen wollten, kamen zu diesem Ort. Und als sie Jesus blutend, mit schmerzverzerrtem Gesicht am Kreuz hängen sahen, übertrafen sie sich gegenseitig mit ihrem Spott. «Wenn er der König von Israel ist, dann soll er doch vom Kreuz herabsteigen. Dann wollen wir gerne an ihn glauben.»

Sie wollen einen Hampelmann als Gott. Sie wollen einen Gott, der auf ihre Forderung hin zaubert und seine Macht beweist. Sie wollen einen Gott, der nach ihrer Pfeife tanzt. Sie suchen nach untrüglichen Beweisen.

Und wo suche ich? Jesus ist für mich am Kreuz gestorben, damit ich leben kann. Dort kann ich ihm begegnen, in der Niedrigkeit und Ohnmacht. Dort kann ich seine Liebe erfahren.

(Matthäusevangelium 27, 39-43)

Von Gott verlassen

April 4.

Das ist unsere Sünde,
dass wir dir, Gott, nicht vertrauen
und uns von dir abwenden.
In dem Wahn, ohne dich zurechtzukommen,
machen wir uns selbst zu Göttern,
machen wir uns groß und andere klein.
Das ist unsere Sünde: von dir, Gott, getrennt zu sein.

Unsere Sünde auf dich zu nehmen, Jesus,
muss bedeuten, schreckliche Finsternis zu erleiden
und selbst die furchtbare Erfahrung zu machen,
von Gott getrennt zu sein.
«Mein Gott, mein Gott, warum hast du mich verlassen?»

Jesus, ich danke dir, dass du meinen Tod gestorben bist. Ich danke dir, dass du die letzte Konsequenz meines Lebens auf dich genommen hast. Ich danke dir, dass ich dir im Leben und Sterben vertrauen darf. Lass mich umkehren zu dir hin!

(Matthäusevangelium 27, 46; Lukasevangelium 22, 53)

Eine Erlösung?

April
5.

Die Schmerzen steigerten sich ins Unerträgliche – die körperlichen Schmerzen, aber auch der Schmerz der unendlichen Einsamkeit dort am Kreuz. Das Leben, die Menschen, Gott – alles war weit, weit weg. Eine unendliche Last lag auf ihm. Jesus schrie laut auf. War der Tod eine Erlösung?
Ich kann es kaum fassen: Dort am Kreuz ging es um meinen Tod und vor allem um mein Leben. Es ging um meine Erlösung!

«Aber Jesus schrie noch einmal laut auf und starb.»
(Matthäusevangelium 27, 50)

Nicht mehr getrennt

April
6.

Schon von weitem sichtbar war der gewaltige Tempel in Jerusalem für die frommen Pilger, die sich auf den Besuch des Heiligtums freuten. Dort im Tempel, so hieß es, sind wir Gott nahe. Der Tempel ist das Haus Gottes.

Seit Gott mit Abraham einen Bund geschlossen hatte, verstanden sich seine Nachfahren, die Israeliten, als Volk Gottes. Im Tempel wurde dies sozusagen sichtbar. Als eigentlicher Wohnort Gottes wurde das Allerheiligste angesehen, ein Raum, der normalerweise von keinem Menschen betreten werden durfte. Vor diesem Allerheiligsten befand sich ein riesiger, schwerer Vorhang.

Die Distanz zu Gott wurde nicht nur durch diesen Vorhang deutlich. Wenn Juden zum Tempel kamen, um zu beten, mussten sie vorher ein Tieropfer bringen. Dieses Tier, eine Opfertaube etwa oder ein Opferlamm, musste stellvertretend für die Sünden der Menschen sterben. Die Sünde trennt die Menschen von Gott.

Als Jesus starb, so wird berichtet, zerriss der Vorhang im Tempel in zwei Stücke. Das Allerheiligste war freigelegt. Die Zeit des Alten Bundes war vorbei. Seit dem Opfer Jesu sind keine weiteren Opfer mehr nötig. Sein Sterben für unsere Sünden begründet einen Neuen Bund für alle Menschen, nicht nur für die Juden.

Ein römischer Hauptmann, der Jesus zu bewachen hatte – kein Jude –, war der erste, der etwas davon erkannte, was hier auf Golgatha geschehen war: «Wahrlich, dieser ist Gottes Sohn gewesen!»

(Matthäusevangelium 27, 51-54)

Es ist vorbei

April
7.

Der Tag ist vergangen. Die Sonne steht längst nicht mehr am Himmel. Es ist dunkel geworden, stockfinster.

Die Schmerzen sind vorbei. Der Spott, die Qualen müssen nicht länger erduldet werden. Es gibt nichts mehr auszuhalten. Es gibt nichts mehr zu erledigen.
Der Leichnam liegt im Grab. Die letzte Ehre erweisen, mehr kann jetzt niemand für ihn tun. Die Träume sind ausgeträumt, die Hoffnungen ans Kreuz genagelt.

«Das Licht scheint in der Finsternis, und die Finsternis hat es nicht ergriffen.»
(Matthäusevangelium 27, 57-60; Johannesevangelium 1, 5)

Nicht mehr gefangen

April
8.

Auferstehung –
ich bin nicht mehr gefangen
in meinen begrenzten Vorstellungen von
Himmel und Erde.

Auferstehung –
ich darf erleben,
dass das Böse in dieser Welt nicht das letzte Wort hat.

Auferstehung –
ich beginne zu begreifen,
dass Leben dann gelingt, wenn ich es loslassen kann.

Auferstehung –
ich sehe auf Jesus
und in mir wächst eine lebendige Hoffnung.

Das ist unglaublich!

April
9.

Die erste Reaktion auf das leere Grab waren Furcht und Entsetzen. Und auch danach gab es im Jüngerkreis noch Unverständnis und Zweifel. Der Ruf «Er ist auferstanden!» ist auch für moderne Ohren unglaublich. So war es damals, so ist es heute. In unser Denken und Forschen passt so etwas nicht.
Als zweite Reaktion kam zu der Furcht eine unbeschreibliche Freude. Das Leben ist also nicht vom Tod besiegt worden. Die Angst hat sich nicht bestätigt. Die Dunkelheit hat das Licht nicht verschluckt. Gott ist unendlich viel größer als mein Denken!
So brauche ich nicht länger an einen Gott zu glauben, der sich meinem Denken unterordnet. Ich darf an einen Gott glauben, «der die Toten lebendig macht».

(Matthäusevangelium 28, 1-10; Römerbrief 4, 17)

Ihn finden

April
10.

Ich dachte
ihn zu finden in starren Glaubenssätzen,
die ich nur für wahr halten
und auswendig lernen müsste.

Ich dachte
ihn zu finden in muffigen Bibliotheken,
wo ich nur an der richtigen Stelle
nachschlagen müsste.

Ich dachte
ihn zu finden in Anweisungen und Gesetzen,
die ich nur treu und gewissenhaft
befolgen müsste.

Ich dachte nicht mehr ihn zu finden –
und begegnete dem Lebendigen
und begann zu leben.

«Was sucht ihr den Lebenden bei den Toten? Er ist nicht hier, er ist auferstanden.» (Lukasevangelium 24, 5-6)

Die Augen geöffnet

April 11.

Unterwegs sind die Menschen,
hierhin, dorthin,
mit ihren Fragen und Sehnsüchten.
Sie fragen und forschen
nach dem Leben, nach Gott.
Sie suchen und sind doch blind.

Vielleicht am Abend,
wenn sie nichts mehr erwarten von ihrer Suche,
wenn sie zur Ruhe kommen,
sich zu Tisch setzen und danken,
vielleicht werden ihnen die Augen geöffnet.

«Und als er mit ihnen bei Tisch war, nahm er das Brot, sprach den Lobpreis, brach das Brot und gab es ihnen. Da gingen ihnen die Augen auf und sie erkannten ihn.» (Lukasevangelium 24, 13-35)

Ich brauche Beweise

April
12.

Als Jesus nach der Auferstehung zum ersten Mal seinen Jüngern begegnet war, hatte einer gefehlt: Thomas. Und Thomas konnte es beim besten Willen nicht glauben, was ihm hinterher erzählt wurde. Auferstanden? Das ist unmöglich! Ohne Beweise glaube ich das nicht.

Als die Jünger wieder versammelt waren, diesmal mit Thomas, kam Jesus noch einmal zu ihnen. Er trat auf Thomas zu und lud ihn ein, seine Finger in die Wundmale zu legen. Und Thomas antwortete: «Mein Herr und mein Gott!»

Ich bin Thomas dankbar für seine Zweifel. Finde ich mich darin doch selbst wieder! Und ich entdecke wie schon oft, dass die biblischen Gestalten nicht Heilige ohne Fehler sind und dass die Bibel auch nicht versucht, sie als solche darzustellen.

Ich bin Jesus dankbar, wie liebevoll er auch auf den Zweifler eingeht. Das macht mir Mut!

(Johannesevangelium 20, 24-28)

Winzige Tierchen

April
13.

Sie hatte sich auf einer kleinen Wanderung im Urlaub unter einen Baum gesetzt, um auszuruhen. Es tat ihr gut, hier zu sitzen, zu träumen und die Stille zu genießen. Ein großer Friede breitete sich in ihr aus.
Gern hätte sie jetzt Gott gedankt für diesen Frieden, für die Natur, für diesen schönen Tag. Früher als Kind hatte sie oft einmal ganz spontan ein Dankgebet gesprochen. Aber das lag lange zurück. Irgendwann hatte sie den Glauben an Gott abgelegt wie ein zu eng gewordenes Kleid. Einen allmächtigen Gott, der über allem steht, konnte und wollte sie sich nicht länger vorstellen.
Plötzlich entdeckte sie einige winzige Tierchen auf ihrem Arm. Sie waren nur schwer zu erkennen. Sie bewegten sich auf ihrem Arm wie – ihr fiel nicht sofort ein Vergleich ein – wie auf einer großen Wiese, wie in den Bergen, wie auf einer Wanderung, wie im Urlaub. Sie dachte an ihre eigene Wanderung. Diese winzigen Tierchen, so machte sie sich klar, rechneten sicher nicht damit, ganz nah bei einer «riesigen» Urlauberin zu sein. Sie hätten vielleicht über so eine Vorstellung gelacht – wenn winzige Tierchen denken und lachen können.
Sie blieb noch einen Augenblick sitzen. Dann schloss sie kurz die Augen. Ich weiß nicht, ob es ein Dankgebet war.

«Unser Erkennen ist Stückwerk.» (1. Korintherbrief 13, 9)

Man lebt nur zweimal

April
14.

Dreimal wird im Neuen Testament davon berichtet, dass Jesus Tote auferweckte: ein Mädchen, einen Jungen, einen erwachsenen Mann. Aber alle drei Totenauferweckungen waren etwas völlig anderes als die Auferstehung Jesu. Alle drei kehrten in dieses irdische Leben als sterbliche Menschen zurück. Sie lebten noch einige Jahre, aber dann konnten sie dem Tod kein zweites Mal entrinnen.

Wie können wir uns die Auferstehung Jesu vorstellen? In einigen Berichten heißt es, dass Jesus plötzlich zu den Jüngern trat, obwohl sie sich in einem geschlossenen Raum befanden, in dem auch die Tür verschlossen war. Obwohl Jesus meistens erkannt wurde, hatte er keinen irdischen Körper. Einen himmlischen? Vielleicht können wir das so ausdrücken. Jesus lebt nicht mehr in unserer begrenzten Dimension, sondern in Gottes himmlischer Dimension. Raum und Zeit sind für uns Grenzen, für Jesus nicht mehr. Vielleicht dürfen wir uns so auch die Auferstehung aller Menschen vorstellen, die ihr Vertrauen in Jesus setzen. Paulus sagt das so: «Es wird gesät verweslich und wird auferstehen unverweslich. Es wird gesät in Niedrigkeit und wird auferstehen in Herrlichkeit. Es wird gesät ein natürlicher Leib und wird auferstehen ein geistlicher Leib.»

(Johannesevangelium 20, 26; 1. Korintherbrief 15, 42-44; Matthäusevangelium 9, 18-19 und 23-26; Lukasevangelium 7, 11-17; Johannesevangelium 11, 1-45)

Eine andere Wirklichkeit

April
15.

In eine andere, für uns unsichtbare Wirklichkeit ist Jesus auferstanden, dort ist er auch jetzt. Seit seiner Himmelfahrt ist er nicht mehr sichtbar bei uns. Aber der Himmel ist nicht nur weit entfernt hinter den Wolken. Die himmlische Wirklichkeit ist ganz nah. Sie ist so umfassend, dass Jesus sagen konnte: «Siehe, ich bin bei euch alle Tage bis zum Ende der Welt.»
Diese himmlische Wirklichkeit ist im Gegensatz zu der sichtbaren Welt unvergänglich. Und wer an Jesus glaubt, gehört schon jetzt zu ihr. Paulus schreibt: «Unsere Heimat ist der Himmel, von woher wir den Herrn Jesus Christus als Retter erwarten. Er wird unseren armseligen Leib in die Gestalt seines verherrlichten Leibes verwandeln.»
Trotzdem und gerade deshalb haben Christen ihre Aufgabe ganz in dieser Welt. Sie sind aufgerufen und befreit, Jesus auf seinem Weg nachzufolgen und seine Liebe konsequent zu leben, zu verschenken.

Herr Jesus, mein Denken ist begrenzt, und du passt nicht hinein. Deine Wirklichkeit ist größer, als ich es mir vorstellen kann. Ich will und muss es nicht verstehen. Worum ich dich aber bitte: Lass mich mein Vertrauen ganz in dich setzen und das Leben von dir erwarten.

(Matthäusevangelium 28, 20; Philipperbrief 3, 20-21)

Die Wirklichkeit Gottes

April
16.

Die Wirklichkeit Gottes
ist viel zu groß,
als dass ich sie jemals
verstehen oder begreifen könnte.

Aber ich danke Gott,
dass ich ihm nicht zu klein bin,
sondern von ihm zum Leben gerufen werde.

«So wie Gott unsern Herrn vom Tod erweckt hat, so wird seine Macht auch uns zum neuen Leben erwecken.»
(1. Korintherbrief 6, 14)

Erzähl mehr von Jesus!

April
17.

Als Paulus auf einer seiner Missionsreisen nach Athen kam, hielt er dort auf dem berühmten Areopag eine Rede. Die Griechen waren immer interessiert, neue und auch ungewöhnliche Meinungen zu hören. Paulus hielt eine große, fesselnde Rede. Als er schließlich auf die Auferstehung der Toten zu sprechen kam, begann ein Teil der Zuhörer zu spotten. Manche riefen aber auch: Wir würden gern mehr darüber hören!
Daran hat sich bis heute nichts geändert. Viele Menschen lächeln versteckt oder spotten offen über den christlichen Glauben. Andere fangen Feuer und sind interessiert, mehr zu erfahren. Und einige von ihnen erleben, dass aus spannenden Geschichten und eindrucksvollen Predigten etwas entsteht, was mit ihrem Leben zu tun hat und dieses Leben völlig verändert.

(Apostelgeschichte 17, 16-34)

Verstand und Herz

April
18.

Immer wieder gibt es «kluge Köpfe», die den christlichen Glauben als Unsinn ablehnen. Es gibt Wissenschaftler, die erklären, dass der Glaube an Gott wissenschaftlichen Maßstäben nicht standhalte. Es gibt ernst zu nehmende Menschen, die sagen: An einen Gottessohn, der Mensch wurde, am Kreuz für uns starb und wieder auferstand, können wir in unserer Zeit nicht mehr glauben.

Und es gibt einfache Menschen, ohne große Bildung, die ganz selbstverständlich ihren Glauben leben und anderen darin ein Beispiel sind.

Klugheit, Technik und Wissenschaft sind nicht in der Lage, Menschen näher zu Gott zu bringen. Gottes Wirklichkeit kann unser Verstand niemals erfassen. Es ist unser Herz, dass sich dafür öffnen und von Gott angerührt werden kann.

«Das Wort vom Kreuz ist denen, die verloren gehen, Torheit; uns aber, die gerettet werden, ist es Gottes Kraft.»
(1. Korintherbrief 1, 18)

Das Geheimnis ist gelüftet

April
19.

In einer englischen Tageszeitung fand ich diese kleine Geschichte:

Es war einmal eine Mäusefamilie, deren zahlreiche Familienmitglieder alle in einem großen Klavier wohnten – und das schon, solange sie zurückdenken konnten. Ihre Welt war häufig erfüllt mit wunderbarer Klaviermusik. Es war ein herrlicher, angenehmer Klang. Die Mäuse waren davon ausgesprochen beeindruckt. Sie genossen die Musik und stellten sich vor, von wem sie wohl stammte. Ja, sie dachten gern an den Klavierspieler, den sie nicht sehen konnten, obwohl er ihnen doch so nah sein musste.

Eines Tages machte sich eine besonders wagemutige Maus auf und erklomm die höher gelegenen Teile des Klaviers. Als sie von ihrem Ausflug zurückkehrte, war sie ganz in Gedanken versunken. Sie hatte das Geheimnis der Musik entdeckt: Metalldrähte! Gespannte Metalldrähte verschiedener Länge vibrierten und ließen so die Töne entstehen. So mussten die Mäuse ihren alten Glauben aufgeben: Keine ernst zu nehmende Maus konnte jetzt noch an den unsichtbaren Klavierspieler glauben.

Später sorgte eine andere Forschermaus für weitere Erklärungen. Jetzt waren kleine Hämmerchen das Geheimnis. Die Hämmerchen tanzten und sprangen auf den Metalldrähten. Diese neue Theorie war natürlich ein ganzes Stück komplizierter, aber sie zeigte besonders deutlich auf, in was für einer mechanischen und wissenschaftlichen Welt die Mäuse lebten. Der unsichtbare Klavierspieler wurde endgültig in die Welt der Märchen und Sagen verbannt. Aber der Klavierspieler machte weiter seine wunderschöne Musik.

Glaubensgespräch im Flugzeug

April 20.

Vor einiger Zeit flog ich mit der Jordanischen Fluggesellschaft nach New York. Unterwegs las ich in einem christlichen Buch. Mein Nebenmann war Amerikaner. Er sprach mich auf das Buch an und betonte sehr schnell, dass er an christlicher Literatur nicht interessiert sei. Bald führten wir ein sehr persönli-

ches Gespräch. Er erzählte von seiner Arbeit im Vorderen Orient – acht Monate im Jahr dort und vier Monate Heimaturlaub, den er in seinem Blockhaus in Colorado und bei langen Wanderungen verbringt. Früher einmal war er engagiertes Mitglied einer Baptistenkirche. Dann gingen nacheinander zwei Ehen in die Brüche. Die Kirche wurde ihm zu eng. Ehe und Kirche, so sein Fazit, seien für ihn abgehakt. Trotzdem kam er im Gespräch immer wieder auf Glaubensfragen zu sprechen.
Ich glaube, dieses Phänomen gilt nicht nur für Amerikaner. Menschen haben mit der Kirche, mit dem Glauben oder dem, was sie dafür halten, schlechte Erfahrungen gemacht. Und irgendwann haben sie sich davon befreit. Vielleicht meinten sie mit der Befreiung ihre Kindheit, die Abhängigkeit von Eltern und Schule und Kirche. Auf jeden Fall ist das Thema Glaube erledigt. Erledigt? Es arbeitet eben doch weiter in ihnen! Ihnen ist unbewusst deutlich, dass sie sich der Sache mit Gott stellen müssen.
Wir brauchen wieder Mittel und Wege, um mit all den Menschen, die sich «glaubensgeschädigt» fühlen, einen neuen Zugang zum Glauben zu finden. Wir brauchen den Glauben, der befreit, und nicht den Glauben, der Menschen klein macht und verkrümmt.

Nie wieder!

April
21.

«Glauben ist mir gründlich verdorben worden. Als Kind wurde ich dazu gezwungen, in die Kirche zu gehen. Ich will von Glauben und Kirche nichts mehr wissen.»
«Als ich krank war, kam eine fromme Christin und sagte mir, ich würde nicht intensiv genug glauben, sonst wäre ich längst wieder gesund. Von solchen Frommen war ich schneller geheilt als von meiner Krankheit.»

«Als ich dort zum ersten Mal in die Gemeinde kam, spürte ich sofort die missbilligenden Blicke derer, denen meine Kleidung und meine Haare nicht passten. Ich bin nie wieder dorthin gegangen.» Oft sind es Christen, die es anderen schwer machen, an Gott zu glauben. Oft sind es Christen, die mit ihrer Enge andere vertreiben. Oft sind es Christen, denen die Moral wichtiger ist als die Liebe. Für Menschen, die solche Erfahrungen gemacht haben, kann das bitter sein. Wir können nur hoffen, dass sie auch andere, positive Erfahrungen mit Christen machen.
Allerdings – wem hilft es, seine Verletzungen und schlechten Erfahrungen ein Leben lang zu pflegen? Es führt viele enttäuschte Menschen dazu, sich der Frohen Botschaft von der Liebe Gottes zu verschließen. Sie lassen es nicht dazu kommen, dass sie den Gott kennen lernen, der alle liebt: die unter Lieblosigkeit leiden, die lieblos sind und die, die keine Liebe annehmen wollen.
Zum Glück hat Gott das letzte Wort noch längst nicht gesprochen!

«Strebt nach der Liebe!» (1. Korintherbrief 14, 1)

Der Weg zur Liebe

April 22.

Wir machen Menschen von uns abhängig – und nennen es Liebe. Wir wollen jemanden ändern oder erziehen – und nennen es Liebe. Wir wollen gebraucht werden oder stets im Mittelpunkt stehen – und nennen es Liebe. Wir wollen Recht haben und uns durchsetzen – und nennen es Liebe. Wir wollen Dankbarkeit – und nennen es Liebe.
Es ist ein weiter Weg zu der Liebe, die nicht nur sich, sondern auch den anderen Menschen sieht. Es ist ein weiter Weg zu einer Liebe, die den anderen gelten lässt und ihn groß macht, nicht klein.

Manchen ist dieser Weg zu anstrengend. Manche haben Angst, zu kurz zu kommen oder etwas zu verlieren.
Aber wer diesen Weg konsequent geht, lernt ein völlig neues Leben kennen. Er dringt vor in das Land des Vertrauens und der Gemeinschaft. Er erlebt, dass die Angst kleiner wird und die Freude immer größer.
Wo ich diesen Weg zur Liebe finde? Ich kann nichts anderes tun, als loszugehen und Gott um den richtigen Weg zu bitten – immer und immer wieder.

«Die Liebe hat Geduld. Sie ist gütig und ereifert sich nicht. Sie prahlt nicht und spielt sich nicht auf. Sie verhält sich nicht taktlos, sucht nicht den eigenen Vorteil und lässt sich nicht zum Zorn reizen. Sie ist nicht nachtragend. Sie freut sich nicht, wenn einer Fehler macht, sondern wenn er das Rechte tut.»
(1. Korintherbrief 13, 4-6)

Freunde in der Not

April
23.

Auch Jesus hatte persönliche Vertraute und Freunde. Das ist kein Widerspruch zu der göttlichen Liebe, die er allen Menschen entgegenbrachte. Es ist eher der menschliche Jesus mit menschlichen Empfindungen, der uns hier begegnet. Jesus schwebte nicht auf Wolken und stand nicht über den Dingen, sondern war mittendrin. Mit den Geschwistern Lazarus, Marta und Maria verband ihn eine tiefe Freundschaft. Als Lazarus krank war, ließen seine Schwestern Jesus benachrichtigen: «Herr, dein Freund ist krank.»
Wie gut ist es, im Augenblick der Not und Verzweiflung Freunde zu haben, mit denen ich rechnen kann! Familien und Freunde rücken in solchen Augenblicken enger zusammen und schenken

die wichtige Nähe. Ganz selbstverständlich für die Geschwister gehört auch Jesus dazu. Aber die Nähe Jesu bedeutet für sie noch mehr. Sie erwarten von ihm, dass seine Nähe und Liebe heil machen kann, so wie sie es bei ihm schon manches Mal erfahren haben.
Ich bin froh, dass ich mir in Augenblicken der Verzweiflung der Liebe Jesu sicher sein darf. Seine Liebe kann mich heil machen.

(Johannesevangelium 11, 1-10)

Wenn der Tod kommt

April
24.

Lazarus, ein guter Freund, ist gestorben. Jesus ist zu spät gekommen, um noch helfen zu können. Jetzt wird von ihm erwartet, dass er sich in die Schar der Trauernden einreiht. Die Angehörigen, die Nachbarn und die vielen Freunde haben sich versammelt, sie trauern und beugen sich vor der Macht des Todes. Hier stellt sich die Frage, die wirklich existenziell ist: Was bleibt in diesem Augenblick, im Angesicht des Todes? Was bleibt, wenn ein junger Mensch verunglückt, wenn ein Kind verhungert, der Ehepartner nicht mehr aus dem Krankenhaus zurückkehrt oder der Bruder stirbt? Bleibt jetzt nichts als die Ohnmacht des Lebens vor dem Tod?
Bevor Jesus mit seinen Jüngern zum Dorf des Lazarus aufbricht, sagt er zu ihnen: «Ich freue mich um euretwillen, damit ihr glauben lernt.» Glauben auch noch jetzt, das ist für uns Menschen nicht mehr machbar. Dazu bedarf es des lebendigen Gottes, der unser Leben will und nicht unseren Tod. Jesus rechnet fest damit. Ich will es von ihm lernen.

(Johannesevangelium 11, 11-19)

An die Auferstehung glauben?

April
25.

Schon zur Zeit Jesu gab es sehr unterschiedliche Vorstellungen von dem, was uns nach dem Tod erwartet. Schon damals gab es den Glauben an eine Auferstehung – am Ende der Zeit, am Jüngsten Tag. Auch Marta, deren Bruder Lazarus gerade gestorben war, vertraute darauf.
Dient dieser Glaube nur zur eigenen Beruhigung? Ist Glaube deshalb sinnvoll, weil er die Angst nimmt? Ist Glaube nur eine fromme Erfindung? Wie oft schwanke ich zwischen festem Glauben und großem Zweifel! Darf ich als moderner Mensch noch auf ein Leben nach dem Tod hoffen? Paulus schreibt einmal: «Hoffen wir allein in diesem Leben auf Christus, so sind wir die elendsten unter allen Menschen.»
Jesus zeigte den Trauernden, die von Lazarus Abschied nehmen wollten, in aller Deutlichkeit: Gott ist Herr auch über den Tod. Die Zeugen der Auferstehung des Lazarus erlebten mit, dass der Tod nicht das letzte Wort hat. Und ich kann mich nur auf das verlassen, was in der Bibel überliefert wird.
Gilt die Auferstehung auch für mich? Wird Gott eines Tages mit dem Teufel um mein Leben würfeln? Wie wird er entscheiden? Entschieden ist bereits heute. Gott will, dass ich lebe. Und Jesus sagt: «Ich bin die Auferstehung und das Leben. Wer an mich glaubt, der wird leben, auch wenn er stirbt.» Das Leben mit Jesus beginnt bereits heute. Und dieses Leben kann durch keine Macht der Welt begrenzt werden.

(1. Korintherbrief 15, 19; Johannesevangelium 11, 25)

Ich will Zündstoff

April
26.

Etliche Geschichten von Jesus habe ich schon vor langer Zeit als Kind gehört. Sie sind mir vertraut. Und wenn ich sie heute lese, kommt mir oft in den Sinn: Die kenne ich ja schon auswendig!

Für viele Menschen, die Jesus damals erlebten und seine Botschaft hörten, sah es ganz anders aus. Sie waren von seinen Worten zutiefst getroffen. Sie entdeckten den Zündstoff, der in dieser Lehre liegt. Sie erlebten, wie ihre Vorstellungen und Lebensmaßstäbe umgekehrt wurden.

Auch heute gibt es noch Menschen, die von Jesu Worten umgeworfen werden. Sie spüren, dass da eine Botschaft ist, die für ihr Leben unvergleichbar gut ist. Sie erfahren, dass ihr Denken und Handeln bisher von Angst und Schuld und Sorge bestimmt war und davon befreit werden kann.

Ich will den Zündstoff, den Jesu Botschaft bedeutet, spüren und erfahren. Ich will nicht länger nur schöne Geschichten von ihm erwarten, sondern etwas, was mich umkrempeln kann und mich näher zu Gott und zum Leben bringt.

Jesus, lass mich dein Wort hören als ein lebendiges Wort, das mich begeistert und in Bewegung setzt.

Veränderung zulassen

April
27.

Wenn ein Mensch Christ wird, stellt er mit der Zeit fest, dass sich seine Einstellung verändert:

Es ist langweilig, ausschließlich an mein eigenes Glück zu denken.
Es belastet mich, negativ über andere zu reden.
Es widert mich an, Menschen zu betrügen und zu hintergehen.
Es ist unnötig aufreibend, ständig im Mittelpunkt stehen zu müssen.
Aber es ist aufregend, bei mir und anderen Zeichen des Lebens zu suchen und zu setzen.
Es ist spannend, die Würde in mir und meinen Mitmenschen zu entdecken.
Es ist beglückend, mit anderen zu teilen, ohne sie zu Abhängigkeit und Dankbarkeit bewegen zu wollen. Es tut gut, Gutes zu tun.

«Euer Leben wird als Frucht viele gute Taten hervorbringen, und ihr werdet Gottes Willen immer besser verstehen.»
(Kolosserbrief 1, 10)

Wo ist Gott?

April
28.

Ich suche Gott in Kirchen,
in Vorträgen und klugen Büchern
und wundere mich, dass ich ihn nicht finde.

Gott ist da, wo Menschen hungern,
und da, wo Menschen ihnen Brot geben.
Gott ist da, wo Menschen verfolgt werden,

und da, wo Menschen Frieden schaffen.
Gott ist da, wo Menschen am Ende sind,
und da, wo Menschen Gott neu vertrauen.

Was ist Erfolg?

April
29.

Unsere Zeitschriften und Magazine sind voll von sogenannten Erfolgsgeschichten. Erfolg heißt dort: Karriere und Reichtum. Die Gehälter von Spitzenmanagern werden verglichen und die besten Hotels vorgestellt. Finanzmakler plaudern über ihre Erfolgsgeheimnisse, und jungen Leuten werden die Karrierechancen in verschiedenen Berufen aufgezeigt.
Berichte über Menschen, die auf ihre Karriere verzichten, um sich für Kranke oder Hungernde einzusetzen, sind eine seltene Ausnahme. Wer bewusst auf ein hohes Gehalt verzichtet, um mehr Zeit für seine Familie zu haben, liefert keinen Stoff für eine Erfolgsgeschichte. Wer mit seiner Firma Konkurs macht, weil er nicht wie die Konkurrenz Schmiergelder zahlte, um an Aufträge zu kommen, wird nirgends als Vorbild der Öffentlichkeit präsentiert.
Wie definiere ich Erfolg? Wo sind meine Vorbilder? Welche Lebensziele will ich erreichen oder vermitteln?

«Der Ungerechte ist immer voll Gier, der Gerechte gibt und hält nicht zurück.» (Sprüche 21,26)

Was gehört mir?

April
30.

Wenn jemand einem anderen
die Kleidung stiehlt,
nennen wir ihn einen Dieb.
Sollten wir so nicht auch jeden bezeichnen,
der einen Nackten bekleiden könnte, es aber nicht tut?
Das Brot in deinem Schrank gehört den Hungernden.
Der Mantel, der ungebraucht in deinem Haus hängt,
gehört dem, der ihn braucht.
Die Schuhe, die nutzlos herumstehen,
gehören dem, der keine Schuhe hat.
Das Geld, das du hortest, gehört den Armen.
(Basilius der Große, 330-379)

«Und wenn jemand mit dir rechten will und dir deinen Rock nehmen, dem lass auch den Mantel.»
(Matthäusevangelium 5, 40)

Arbeit und Freizeit

Mai
1.

Gleich am Anfang der Bibel wird davon gesprochen, wie Gott Himmel und Erde schuf. Die Erschaffung der Erde durch Gott wird in sechs Tagen dargestellt, was für ein Zeitraum auch immer das für Gott bedeuten mag. Nach den sechs Tagen heißt es: «Und Gott segnete den siebten Tag und heiligte ihn, weil er an ihm ruhte von all seinen Werken, die Gott geschaffen und gemacht hatte.»
So ist das. Gleich auf der zweiten Seite der Bibel wird ein freier Tag pro Woche garantiert. Arbeit und Freizeit müssen in der richtigen

Balance zueinander stehen. Das Leben darf sich nicht in Arbeit erschöpfen.
Es rächt sich, wenn ich die richtige Balance verfehle. Wenn ich mich überarbeite, so zeigt mir mein Körper, dass ich mich übernommen habe. Wenn ich ohne Arbeit und Aufgabe lebe, fühle ich mich leer und nutzlos.
Aber der Feiertag hat auch eine zweite Bedeutung. Es ist der Tag Gottes. Dieser Tag zeigt mir, dass ich nicht nur lebe, um zu arbeiten. Es gibt mehr als Essen und Trinken, als Arbeiten und Geldverdienen. Dieser Tag erinnert mich an die besondere Würde, Gottes Geschöpf und Kind zu sein und mit ihm Gemeinschaft haben zu können.

(1. Mose/Genesis 2, 2-3; 2. Mose/Exodus 20, 8-11)

Wenn Arbeit zur Sucht wird

Mai
2.

Abhängigkeiten nehmen in unserer Gesellschaft immer weiter zu. Drogen, Alkohol, Essen, Glücksspiel – das sind nur einige Beispiele. Eine große Zahl von Selbsthilfegruppen legt Zeugnis davon ab. Dabei gehören die Menschen in diesen Gruppen noch zu der Minderheit, die ihre Abhängigkeit erkannt hat und an ihrer Überwindung arbeitet.
Mehr und mehr Menschen leiden an Arbeitssucht. Diese «Workaholics» zeigen ähnliche Symptome wie andere Abhängige: Sie vernachlässigen Freundschaften und Familie, setzen ihre körperliche und geistige Gesundheit aufs Spiel, verlieren den Bezug zur Wirklichkeit.

Der Sinn des Lebens besteht für «Workaholics» im Arbeiten. Wenn sie keine Arbeit hätten, hätte ihr Leben keinen Sinn. Ist Arbeit für diese Menschen ein Gott, ein Götze? Können sie ihre Abhängigkeit erkennen? Können «Workaholics» zugleich Christen sein?
Paulus schreibt: «Seht genau zu, wie ihr lebt, nicht als Unweise, sondern als Weise. Und nutzt die Zeit richtig.»

(2. Mose/Exodus 20, 3; Epheserbrief 5, 15-16)

Wie viel kostet die Zeit?

Mai
3.

«Ich habe gehört, Sie verkaufen Zeit?»
«Ja, richtig, wie viel brauchen Sie?»
«Na, ich denke, so zehn Pfund.»
«Tut mir leid, wir verkaufen Zeit nicht nach Gewicht.
Gewicht müssen Sie der Zeit selber geben!»
«Dann möchte ich eben zehn Stunden Zeit kaufen.»
«Die können Sie gern haben.
Wofür möchten Sie diese Zeit verwenden?»
«Zum Lieben und zum Freuen. Wie viel kostet das?»
«Wir geben die Zeit nur im Tausch her.
Geben Sie dafür zehn Stunden,
in denen Sie nicht lieben und sich nicht freuen würden.»
«Das ist aber preiswert!
Dann verstehe ich gar nicht,
dass nicht mehr Menschen kommen, um Zeit zu tauschen.»
«Ja, das verstehe ich auch nicht!»

Leben ist mehr

Mai
4.

Es waren entbehrungsreiche Jahre, aber er wusste, wofür er das alles tat. Manchmal zweifelte er daran, ob er die viele Arbeit, den übergroßen Einsatz durchhalten könnte. Aber er hatte stets sein Ziel vor Augen: Er wollte Abteilungsleiter werden.

Als er endlich das Ziel erreicht hatte, war seine Ehe zerbrochen. Von seinen Kindern hatte er sich entfremdet. Zu den meisten Freunden hatte er den Kontakt verloren. Seine Gesundheit war angeschlagen. Aber jetzt war er Abteilungsleiter.

Ich kann alles haben und nichts sein. Ich kann nach außen hin viel darstellen und innerlich leer sein. Ich kann reich sein und trotzdem arm. Leben ist immer mehr und wichtiger als Geld und Ansehen. Jedes einzelne Leben ist mehr und wichtiger als aller Wohlstand. Der Glaube öffnet mir die Augen für die besondere Würde des Lebens. Ich bete und hoffe, dass ich meine Seele niemals verkaufe.

«Was nützt es dem Menschen, wenn er die ganze Welt gewinnt, dabei aber sein Leben verliert? Ein verlorenes Leben kann man durch nichts zurückkaufen.» (Matthäusevangelium 16, 26)

Mein Terminkalender

Mai
5.

Immer mehr Menschen haben immer vollere Terminkalender. Das gilt für berufliche Verpflichtungen: ein Geschäftsessen, ein Termin im Hafen, die Unterlagen zusammenstellen, ein Gespräch mit einem Bewerber, die Bank, die Werkstatt. Aber das gilt ebenso für den privaten Bereich: die Tennisstunde,

ein Konzertbesuch, Kegeln, die Kinder abholen, eine Wochenendreise, Geburtstag, Besorgungen.
Manche Terminkalender sind so voll, dass nichts dazwischenkommen darf. Der Tag ist verplant, die Woche, der Monat. Wehe, es geschieht etwas Unerwartetes!
Und dann geschieht es tatsächlich. Ich bleibe mit meinem Auto am Straßenrand liegen, obwohl die Zeit doch so drängt. Ich verliere meine Arbeit, und alle beruflichen Termine sind gestrichen. Ich verunglücke schwer und liege im Krankenhaus. Mein Ehepartner oder mein Kind wird krank. Der Terminkalender erscheint mir plötzlich so albern!
Muss ich immer wieder mit der Nase darauf gestoßen werden, dass Leben mehr ist als ein voller Terminkalender? Habe ich überhaupt noch Platz und Lebendigkeit, um spontan zu reagieren – auf einen Hilferuf meiner Mitmenschen, auf eine Sehnsucht in mir, auf ein Zeichen Gottes?

«Lehre uns unsere Tage zählen, dass wir ein weises Herz gewinnen.» (Psalm 90, 12)

Was will ich erreichen?

Mai
6.

Was will ich in meinem Leben erreichen?
Schönheit, die bald vergeht?
Reichtum, der mich innerlich leer lässt?
Glück, das zerbrechen kann?
Ansehen bei Menschen, die mich schon morgen vergessen?

Ich will fragen, was Gott mit meinem Leben vorhat.
Ich will das suchen, was unvergänglich ist.
Ich will dem nachstreben, was mich innerlich ausfüllt.
Ich will der einzigartigen Liebe vertrauen,

die mich niemals enttäuscht.
Ich will dem folgen,
der mich heute und morgen und in Ewigkeit nicht vergisst.

«Trachtet zuerst nach dem Reich Gottes und nach seiner Gerechtigkeit, dann wird euch alles andere dazugegeben.»
(Matthäusevangelium 6, 33)

Auf und Ab

Mai
7.

Wenn ich die Natur beobachte, stelle ich bald fest, dass sie einem regelmäßigen Rhythmus folgt: Im Frühjahr erwacht das Leben, erst zaghaft, dann übermütig und übersprudelnd. Im Sommer erreicht das Wachsen seinen Höhepunkt, das Leben beginnt zu reifen, es hat sich zur Sonne ausgestreckt. Im Herbst ist die Zeit der Ernte. Das Leben hat sein Ziel erreicht. Erste Blätter fallen. Der Abschied ist nahe. Und im Winter macht das Leben eine große Pause, um auszuatmen und neue Kraft zu schöpfen.
Wenn ich mich selbst beobachte, stelle ich auch an mir einen Rhythmus fest. Morgens kann ich oft Bäume ausreißen und am Abend freue ich mich auf die Ruhe. In meiner Jugend war ich stürmischer als heute.
Oft versuchen wir den Rhythmus des Lebens zu überlisten. Wir fliegen im Winter in die Karibik und machen die Nacht zum Tag. Wir arbeiten den Sonntag durch und hören nicht auf das Bedürfnis des Körpers nach Ruhe und Entspannung. Wir planen weit im Voraus, egal, ob das Geplante dann an der Zeit ist oder nicht.
Ich will das Auf und Ab in meinem Leben akzeptieren, die Abwechslung von Lärm und Ruhe, die Freude und die Traurigkeit, das Arbeiten und das Faulenzen.

«Geboren werden hat seine Zeit, sterben hat seine Zeit; pflanzen hat seine Zeit, ausreißen, was gepflanzt ist, hat seine Zeit. Weinen hat seine Zeit, lachen hat seine Zeit; klagen hat seine Zeit, tanzen hat seine Zeit.» (Prediger/Kohelet 3, 2 und 4)

Veränderung

Mai
8.

Manchmal bekomme ich Angst, weil sich um mich herum so vieles verändert. Dinge, die noch vor Jahren als anstößig galten oder sogar verboten waren, gelten heute als selbstverständlich. Gefeierte Vorbilder sind vom Sockel gestoßen oder haben ihren Glanz verloren. Formen der Gemeinschaft und des Zusammenlebens haben sich verändert.

Auch an mir beobachte ich Veränderungen, die mich beunruhigen. Vieles von meiner früheren Begeisterung habe ich verloren. Und ich spüre deutlich, dass mir häufiger als vor Jahren die Kraft und Beweglichkeit fehlen.

Ich versuche, nicht in der Erinnerung stehen zu bleiben oder von alten Zeiten zu schwärmen. Ich will Veränderung akzeptieren und mein Leben den veränderten Umständen anpassen. Ich will beweglich bleiben und neue Möglichkeiten guten Lebens entdecken. Bei allen Veränderungen im Leben bin ich froh, dass eines unveränderlich ist: Gottes Liebe unterliegt keinen Zeit- und Modeströmungen. Er stellt unsere Beziehung niemals in Frage. Auch wenn sich alles verändert, auch wenn mein Glaube schwankt – mit Gott kann ich rechnen. Seiner Liebe darf ich vertrauen.

«Das sichere Fundament, das Gott gelegt hat, kann nicht erschüttert werden. Auf ihm steht geschrieben: Der Herr kennt die, die zu ihm gehören.» (2. Timotheusbrief 2, 19)

Enttäuscht

Mai
9.

Von mir selbst enttäuscht war ich oft.
Dem Bild von mir, das ich erträumte,
das ich verwirklichen wollte,
diesem Bild konnte ich nicht gerecht werden.

Von anderen enttäuscht war ich oft.
Ich hatte sie mir anders gewünscht,
hatte ihnen anderes zugetraut.
Dem Bild, das ich mir von ihnen gemacht hatte,
wurden sie nicht gerecht.

Von Gott enttäuscht war ich oft.
Ich hatte anderes von ihm erwartet,
ich hatte ihn um anderes gebeten.
Ich hatte mir ein Bild von ihm gemacht,
dem er nicht entsprach.

Worauf ich mich denn verlassen kann?
Gott liebt mich,
auch wenn ich von mir enttäuscht bin.
Gott liebt meine Mitmenschen,
auch wenn ich von ihnen enttäuscht bin.
Gott übersteigt mein Denken und meine Vorstellungen.

«Heilig, heilig, heilig ist Gott der Herr, der Allmächtige!»
(Offenbarung 4, 8)

Was ist mir der Glaube wert?

Mai
10.

Was tue ich nicht alles, um ein Ziel zu erreichen, das mir besonders wichtig ist! Ich spare intensiv auf eine große Reise, von der ich schon lange träume. Ich büffele abends und am Wochenende, um eine Prüfung zu bestehen oder beruflich weiterzukommen. Ich scheue weder Kosten noch Zeit und Mühe, um ein großes Fest vorzubereiten, zu dem ich meine Freunde einlade.
Wenn es Gott wirklich gibt und er wirklich das Beste für mein Leben ist – soll ich da nicht bereit sein, alles zu tun oder zu geben, um Gott näher kennen zu lernen und den Weg zu finden, den er mir zeigen will?

Gott, wenn du mich jetzt hörst und wenn du mich liebst, dann will ich dir auch zutrauen, dass du etwas mit mir vorhast. Ich will dafür offen sein.

«Das Himmelreich ist wie ein verborgener Schatz im Acker, den ein Mensch entdeckte und wieder verbarg. Und in seiner Freude verkaufte er alles, was er besaß, und kaufte den Acker.»
(Matthäusevangelium 13, 44)

Ich kann vor Gott weglaufen

Mai 11.

Ich kann so tun, als gäbe es Gott nicht. Ich kann ihn ablehnen. Ich kann ihn beschimpfen und verletzen. Ich kann über ihn lächeln. Ich kann ihn verdrängen und alle Gedanken an ihn ersticken. Ich kann vor ihm weglaufen und mich verstecken. Aber ich kann nicht verhindern, dass er mich liebt. Ich kann nicht verhindern, dass er mich schützt und bewahrt. Ich kann nicht verhindern, dass er mir in jedem Augenblick nahe ist. Ich kann nicht verhindern, dass er mich immer wieder einlädt, das wirkliche Leben zu ergreifen.

«Von allen Seiten umgibst du mich und hältst deine Hand über mir.» (Psalm 139, 5)

Lass mir noch Zeit!

Mai 12.

Jesus, ich möchte dir gern nachfolgen,
aber lass mir noch etwas Zeit!
Erst will ich meinen Vater beerdigen
und dann bin ich bereit für dich.

Weißt du, mein Vater wollte immer,
dass ich den Betrieb übernehme.
Und ich kann ihn doch nicht enttäuschen!
Das würde ihm das Herz brechen.
Aber – wenn er gestorben und beerdigt ist,
dann bin ich frei für dich.

Jesus, du musst mich verstehen!
Ich steck da gefühlsmäßig viel zu tief drin.
Ich kann nicht einfach loslassen.
Du stellst dir das so einfach vor: loslassen und dir nachfolgen.
Aber irgendwann – bestimmt!
Irgendwann!

(Matthäusevangelium 8, 21-22)

Du wartest auf mich

Mai 13.

Du zwingst mich nicht, an dich zu glauben.
Du zwingst mich nicht, dir zu vertrauen.
Du zwingst mich nicht, dir nachzufolgen.

Du zwingst mich nicht, dein Kind zu sein –
auch wenn du mich erschaffen hast
und mich unendlich liebst.

Du stehst da mit offenen Armen und wartest darauf,
dass ich «Vater» zu dir sage
und du mich in deine Arme nehmen kannst.

«Durch den Glauben an Jesus Christus seid ihr Gottes Kinder.»
(Galaterbrief 3, 26)

Abhängig von Gefühlen

Mai
14.

Glaube hat viel mit Gefühlen zu tun, mit meinen tiefsten und verletzlichsten Gefühlen. Glaube unterscheidet sich total von trockener Information, von toten Buchstaben und Ergebnissen der Naturwissenschaft. Und wenn ich zum ersten Mal die Erfahrung mache, dass Glaube für mein Leben wichtig ist, dann sind meine Gefühle gewaltig in Bewegung.
Wenn ich dem Göttlichen begegne, bringt das meine Gefühle durcheinander. Diese Begegnung macht mir Angst und macht mich gleichzeitig unendlich froh. Sie macht mich im selben Augenblick winzig klein und sehr groß. Das bewegt mich, verändert mich und macht mich glücklich.
Aber ich weiß auch, wie unzuverlässig meine Gefühle sind. Nach einem Gefühlshoch kommt meistens ein Tief. Und vielleicht stelle ich meinen Glauben, der eben noch unverrückbar erschien, wieder in Frage. Gefühle kommen und gehen. Muss mein Glaube davon abhängig sein? Wie kann ich im Wechsel der Gefühle meinen Glauben bewahren?
Ich will die Bibel danach befragen, welche Aussagen über den Glauben anderer Menschen sie macht. Ich brauche sowohl mein Gefühl als auch das erklärende Wort, die Ermutigung, die Erinnerung. Ich brauche Worte, auf die ich zurückgreifen kann, wenn die Gefühle schwinden.

«Christus spricht: Himmel und Erde werden vergehen, aber meine Worte vergehen nicht.» (Lukasevangelium 21, 33)

Gott ist anders

Mai
15.

Ich habe wochenlang nicht gebetet und irgendwie kommt es mir jetzt vor, als wäre ich weit, weit weg von Gott. Ich habe einen Menschen, mit dem mich viel verbindet, furchtbar verletzt. Jetzt kann ich mich selbst nicht mehr leiden und mir kaum vorstellen, dass Gott mich noch liebt. Oder ich stecke in tiefen Glaubenszweifeln und weiß nicht, ob es da noch ein Zurück gibt.

Meine Beziehung zu Gott würde nicht von Dauer sein, wenn sie allein von meiner Stärke und Zuverlässigkeit abhängen würde. Enttäuschungen und Zweifel würden meinen Glauben schnell gefährden. Die schönen und interessanten Dinge im Leben, die mir häufig genug wichtiger sind als Gott, würden mich bald von ihm trennen.

Aber zum Glück ist Gott ganz anders als ich. Er hält zu mir, was auch kommen mag. Er steht zu seinem Wort und zu mir. Seine Liebe kann durch nichts in Frage gestellt werden. So kann ich sicher sein, dass Gott sich gerade jetzt über mein Gebet freut und über mein Vertrauen, sei es auch noch so klein.

«Ich bin gewiss, dass weder Tod noch Leben, weder Engel noch Gewalten, weder Gegenwärtiges noch Zukünftiges, weder Hohes noch Tiefes noch irgendeine andere Kreatur uns trennen kann von der Liebe Gottes, die in Jesus Christus ist, unserem Herrn.»
(Römerbrief 8, 38-39)

Wenn Begeisterung nachlässt

Mai
16.

Gottes Wort ist mir nicht fremd. Ich habe es schon oft gehört oder gelesen. An manche Reaktion darauf kann ich mich gut erinnern.

Manchmal war ich total begeistert. Ich war innerlich aufgewühlt und sicher, etwas entdeckt zu haben, was mein Leben völlig umkrempeln würde. Ich machte Pläne mit Gott. Aber – die Begeisterung hielt nur eine bestimmte Zeit an. Dann wurde wieder alles wie vorher.

Manchmal war ich tief getroffen. Ich fühlte mich durchschaut und erkannt. Aber wenn die Betroffenheit nachließ, versäumte ich es meistens, aus dem Gehörten die richtigen Schlüsse für mein Leben zu ziehen.

Manchmal ging Gottes Wort völlig an mir vorbei. Ich dachte an anderes. Ich hörte nur oberflächlich zu. Ich verstand nur, was ich verstehen wollte.

Manchmal war ich glücklich, weil mir in Gottes Wort viel Liebe und Leben begegnete. Mir wurde deutlich, wie sehr ich von Gott geliebt und gewollt bin und wie bei ihm erfülltes Leben möglich ist. Aber der Alltag verwischte auch diese Gefühle.

Ich habe schon vieles von Gott gehört. Heute wünsche ich mir, dass Gottes Wort mich dauerhaft verändert und prägt. Ich wünsche mir, dass ich mich ihm beständig aussetze und so erfahre, was Leben wirklich bedeuten kann – für mich und andere.

(Matthäusevangelium 13, 1-9) 8-9

Hunger nach Leben

Mai
17.

Ich habe Sehnsucht nach einer Liebe,
der ich vertrauen kann.
Ich habe Hunger nach wirklichem Leben.
Ich will mich nicht länger mit
Scheinlösungen und leeren Versprechen
abspeisen lassen.

Gott, wenn du die Liebe bist
und wenn Jesus das Leben ermöglicht,
dann will ich nicht länger warten:
Ich lade dich ein, Herr meines Lebens zu sein.
Danke, dass ich mit dir rechnen darf,
heute und an jedem Tag.

«Christus spricht: Ich bin das Brot des Lebens. Wer zu mir kommt, den wird nicht hungern. Und wer an mich glaubt, der wird nie mehr Durst haben.» (Johannesevangelium 6, 35)

Keine Lebenshoffnung mehr?

Mai
18.

Hans-Günther G. war glücklicher Familienvater und Ehemann, erfolgreich im Beruf, als ihm die Ärzte mitteilten, dass wegen Durchblutungsstörungen beide Beine amputiert werden müssten. So begann ein Leben im Rollstuhl, angewiesen auf die Hilfe seiner Frau. Half ihnen der Glaube? Glaube war

damals kein Thema zwischen ihnen. Aus der Kirche waren sie ausgetreten.
Ich lernte G. Jahre später bei der Beerdigung seiner Tochter kennen. Sie war, gerade 22 Jahre alt, von einem angetrunkenen Täter ermordet worden. Für G., so sah es aus, würde es jetzt keine Lebenshoffnung mehr geben. Das Gegenteil geschah. Er sagt selbst: «In dieser Zeit ist der Glaube für mich konkret geworden. Aus einer privaten Weltanschauung wurde das, was mit meinem Leben zu tun hat, mit meinem Rollstuhl, mit meiner toten Tochter. Ich werde oft gefragt, wie ich so viele Schicksalsschläge überhaupt aushalte. Dann antworte ich, dass ich körperlich spüre, wie Gott mir die Kraft gibt, alles zu tragen und weiterzumachen. Ich bin sicher, meine Tochter eines Tages wiederzusehen. Das Beste hat Gott für uns noch bereit ...»

«Jesus spricht: Ich bin die Auferstehung und das Leben.»
(Johannesevangelium 11,25)

Sie spielen Leben

Mai
19.

Die Werbung zeigt uns täglich neue Bilder von Jugend, Glück und erfolgreichem Leben. Ich merke, wie mich diese Bilder faszinieren: eine lächelnde Margarine-Familie, eine Gruppe junger, fröhlicher Menschen mit einem exotischen Getränk in der Hand, ein gelungenes Abenteuer durch die richtige Versicherung.
Die Werbung benutzt diese Bilder, weil sie einer tiefen Sehnsucht entsprechen. Ich weiß längst, dass diese Sehnsucht durch den Kauf des angepriesenen Produktes nicht gestillt wird. Und ich weiß auch, dass diese Bilder nur «gespielt» und geschickt arrangiert sind.

Die Wirklichkeit sieht anders aus. Die Leere hinter den «gespielten» Bildern dieser Welt wird immer größer. Menschen spielen Leben, statt zu leben. Sie spielen Liebe, statt zu lieben. Sie spielen Glück, statt glücklich zu sein. Das Leben ist nicht zu kaufen. Ich glaube, dass es auf Dauer keine andere Möglichkeit gibt dem Leben zu begegnen, als es an der Quelle zu tun: bei dem, der das Leben erschaffen hat und erhält.

«Jesus sagt: Wer mir nachfolgt, wird nicht in der Finsternis umhergehen, sondern wird das Licht des Lebens haben.»
(Johannesevangelium 8, 12)

Das große Willkommen

Mai
20.

Das ganze Neue Testament ist eine Einladung Gottes an uns Menschen. Es ist ein einziges großes Willkommen. Es zeigt, wie sehr Gott an mir persönlich interessiert ist. Ich werde von ihm nicht übersehen, nicht links liegen gelassen, nicht gering geachtet. Ja, sein Willkommen gilt für alle – auch für Versager, Verlierer, für Flüchtlinge und Obdachlose, für Drogensüchtige und Kriminelle. Und für mich.
Wo Christen zusammenkommen, ob im Gottesdienst oder beim Gospelsingen oder bei einer sozialen Aktion, soll dieses Willkommen Gottes sichtbar werden. Ein Gottesdienst darf niemandem das Gefühl vermitteln: Hier habe ich nichts zu suchen!
Wo Christen zusammenkommen, soll etwas von Gottes «Herzlich willkommen!» zu spüren sein: Ich bin willkommen, ich darf zu Gottes Familie gehören. Ich bin willkommen und soll endlich wissen, wo ich in dieser Welt zu Hause sein darf und gewollt bin – und nicht nur in dieser Welt!

Du bist willkommen, sagt Gott. Und er meint mich. Sag anderen Menschen, dass sie willkommen sind, sagt Gott. Und wieder meint er mich.

«Christus ist gekommen und hat das Evangelium verkündet: Frieden euch, die ihr fern wart, und Frieden denen, die nahe waren.» (Epheserbrief 2, 17)
«Und der Herr sprach zu seinem Knecht: Gehe hinaus auf die Landstraßen und an die Hecken und Zäune und nötige sie hereinzukommen, damit mein Haus voll wird.» (Lukasevangelium 14, 23)

Es gibt Menschen ...

Mai
21.

Es gibt Menschen, die kann ich nicht ausstehen. Es gibt Menschen, in deren Nähe ich mich unwohl fühle. Es gibt Menschen, die jedes Zusammenleben zur Hölle machen können. Es gibt Menschen, die für Geld alles tun und keine Rücksicht nehmen. Es gibt Menschen, die ihre «Freunde» nur danach auswählen, welche Vorteile sie ihnen bringen. Es gibt Menschen, die andere benutzen, hintergehen, erniedrigen, ihnen jede Würde nehmen.
Ich kann nicht verstehen, warum Gott diese Menschen liebt. Ich bin davon meilenweit entfernt. Ich kann nur staunen, wie Jesu Liebe auch für die gilt, von denen ich bestimmt nichts wissen will: Mörder, Betrüger, Angeber. Jesus muss in diesen Menschen etwas angesprochen haben, das nur darauf gewartet hat, sich verändern zu lassen und dem wahren Leben zu begegnen.
Ich will Gott bitten, mir etwas von dieser Liebe zu geben, und darauf vertrauen, dass jeder Mensch die Sehnsucht nach wahrem Leben in sich trägt.

«Ich bin gekommen, um die Sünder zur Umkehr zu rufen, nicht die Gerechten.» (Lukasevangelium 5, 32)

Andere sind schuld

Mai
22.

Es ist heutzutage weithin üblich, die Schuld nicht bei sich selbst zu suchen, sondern bei anderen. Schuld an der Ehekrise ist der Partner oder die Partnerin. Schuld an dem Streit ist die Nachbarin. Schuld an der vergifteten Atmosphäre am Arbeitsplatz ist der Kollege. Schuld an den schlechten Zensuren ist der Lehrer. Schuld an der Umweltverschmutzung ist die Wirtschaft.
Was bringt das Schuld-verschiebe-Spiel? Wahrscheinlich dies: Die meisten Menschen leben weiter wie bisher und vergiften das Zusammenleben – nicht zuerst durch ihre Schuld, sondern durch ihren Unschuldswahn! Und einige wenige, schwache Menschen ziehen sich die Schuld der ganzen Welt an, lassen sich zu Sündenböcken machen und zerbrechen darunter.

«Meister, diese Frau wurde beim Ehebruch auf frischer Tat ertappt. Mose hat uns im Gesetz vorgeschrieben, solche Frauen zu steinigen ... Und Jesus sagte zu ihnen: Wer unter euch ohne Sünde ist, der werfe den ersten Stein!»
(Johannesevangelium 8, 4-5 und 7)

Ein anderer Weg

Mai
23.

Bei Konflikten, so wollen mir einige Leute weismachen, gibt es nur zwei Möglichkeiten: Entweder ich setze mich durch – oder ich verliere. Entweder ich behalte Recht – oder ich bin dem anderen unterlegen. Entweder ich bin oben – oder ich bin unten. Entweder ich – oder der andere.

Jesus zeigte, dass es einen anderen Weg gibt als den von Sieg oder Niederlage. Er zeigte uns den Weg der Liebe. Er machte deutlich, dass Nachgeben nicht Verlieren bedeutet. Er lebte vor, dass es möglich ist, auf andere zu hören, Rücksicht zu nehmen, mitzufühlen – und trotzdem Grenzen zu ziehen und seine eigene Meinung zu vertreten.
Die Liebe, die Jesus lebte, war nicht am Sieg interessiert, sondern an einem guten Miteinander, an Ehrlichkeit und Rücksichtnahme, am Hören und Reden, an mir und an dir.

«Du sollst deinen Nächsten lieben wie dich selbst.»
(Lukasevangelium 10, 27)

Ermutigen statt vergleichen

Mai
24.

Wir alle vergleichen uns immer wieder mit anderen Menschen. Und wir freuen uns, wenn wir erfolgreicher sind und angesehener als andere, wenn wir stärker sind oder besser aussehen, reicher oder intelligenter, zuverlässiger oder beliebter sind.
Der Maßstab Jesu ist anders. Jesus will, dass wir uns über den Erfolg derer freuen, die sonst erfolglos sind. Er will, dass wir andere ermutigen, ihnen helfen, ihnen beistehen. Er will, dass wir endlich aufhören, auf andere herabzublicken, und ihnen statt dessen zu dem verhelfen, was sie zum Leben brauchen.

«Seid barmherzig, wie euer Vater barmherzig ist.»
(Lukasevangelium 6, 36)

Arme reiche Kinder

Mai
25.

Die meisten Kinder in unserem Land verbringen weitaus mehr Zeit vor dem Fernseher als mit ihren Eltern. Und es sind immer Erwachsene, die das zulassen, die das Programm zusammenstellen, die die Werbung entwickeln. Und manche kleine, zarte Kinderseele ist bereits durch die Brutalität, die sie regelmäßig im Fernsehen erlebt, verwirrt oder verletzt oder abgestumpft.
Kinder werden bei uns Opfer eines mörderischen Verkehrs und karrieresüchtiger Eltern, sie werden mit Spielzeug überhäuft und zu Modepuppen gemacht. Arme reiche Kinder!
Zum Glück gibt es Eltern, die ihren Kindern das lebendige Miteinander in einer Familie ermöglichen: spielen statt fernsehen, entdecken statt vorgesetzt bekommen, kreativ sein statt konsumieren, gemeinsam singen statt Musik aus der Konserve.
Zum Glück gibt es auch Eltern, die ihren Kindern ermöglichen, Vertrauen ins Leben zu bekommen statt Angst. Es gibt Eltern, die mit ihren Kindern und ohne Zwang den Gott feiern und zu ihm beten, der Eltern und Kinder liebt, der Liebe und Nähe will statt Brutalität und Isolierung.

«Lasst die Kinder zu mir kommen und hindert sie nicht! Denn Menschen wie ihnen gehört das Reich Gottes.»
(Markusevangelium 10, 14)

Wie ein Kind

Mai
26.

Kinder können spontan sein, wenn man sie lässt. Sie können große Begeisterung entwickeln, wenn man ihnen Raum für diese Begeisterung gibt. Sie können entwaffnend ehrlich sein, wenn man sie nicht daran hindert und ihnen Unehrlichkeit vorlebt. Kinder können sich in eine Sache vertiefen, wenn man sie nicht mit tausend Dingen überhäuft. Kinder können Phantasie entwickeln, Abenteuer erleben, Neues entdecken, staunen – wenn man sie lässt. Und Kinder können dem Leben vertrauen, solange man ihnen nicht zu große Wunden zufügt.
Manchmal möchte ich sein wie ein Kind.

«Wer das Reich Gottes nicht annimmt wie ein Kind, der wird nicht hineinkommen.» (Markusevangelium 10, 15)

Der Geist der Wahrheit

Mai
27.

Damals, als Jesus lebte, hatten die Menschen es weitaus leichter mit dem Glauben, oder? Sie konnten Jesus zuhören, wenn er predigte. Sie konnten mit Menschen sprechen, die durch ihn geheilt worden waren. Sie konnten fragen, sehen und mitgehen. Allerdings, auch damals gab es Menschen, die Jesus nicht vertrauten, die nicht an ihn glaubten und ihm nicht folgten. So eindeutig war die Sache also wohl doch nicht.
Manchmal bin ich unzufrieden mit einem Gott, den ich nicht sehen kann. Manchmal bin ich unglücklich mit einem Glauben, der nicht eindeutig und beweisbar ist. Manchmal wünsche ich mir, Jesus würde noch einmal Mensch werden und zu mir kommen. Manch-

mal, wenn die Spötter sich melden, wäre ich froh, wenn Gott seine Existenz eindeutig bewiese.
Als Jesus sich von seinen Jüngern verabschiedete, wusste er von den Schwierigkeiten, die sie erwarteten. So gab er ihnen ein Versprechen. Er sagte: «Wenn aber jener kommt, der Geist der Wahrheit, wird er euch in die ganze Wahrheit führen.»
Ich vertraue darauf, dass dieser Geist der Wahrheit, der Heilige Geist, tatsächlich wirkt. Ich vertraue darauf, dass er die Frohe Botschaft Jesu immer wieder in mir lebendig macht. Ich bin froh, dass Gott mich mit meinen Zweifeln und Ängsten nicht allein lässt, sondern durch seinen Geist in mir wirkt.

«Keiner kann sagen: Jesus ist der Herr!, wenn er nicht vom Heiligen Geist erfüllt ist.»
(1. Korintherbrief 12, 3; Johannesevangelium 16, 13)

Nicht mehr allein

Mai
28.

Ich möchte nicht wissen, was ohne Pfingsten aus der Sache mit Jesus geworden wäre! Christentum und christlichen Glauben gäbe es heute wohl nicht.
Klar, die Anhänger Jesu waren noch ganz erfüllt von dem, was geschehen war! Jesus, der am Kreuz gestorben war, war nach drei Tagen wieder lebendig, so wie er es vorhergesagt hatte. Sie hatten mit ihm gesprochen, ihn berührt, ihn erlebt. Mehrere Male war Jesus noch bei ihnen. Aber dann kam der Tag, an dem Jesus endgültig von den Jüngern Abschied nahm. Er verließ diese vergängliche Welt und kehrte zurück in Gottes unvergängliche, für uns unsichtbare Welt. Wir sprechen von seiner «Himmelfahrt».
So ließ Jesus die Jünger erst einmal allein. Die waren zwar ziemlich beeindruckt von den Erlebnissen der vergangenen Tage, aber ich

kann mir vorstellen, dass ihre Begeisterung nicht lange gehalten hätte. Die Jünger waren einfache Leute, ohne große Bildung. Und denen hatte Jesus ans Herz gelegt, die Frohe Botschaft weiterzusagen!
Zum Glück ließ Jesus die Jünger nicht lange allein. Wenige Tage nach Himmelfahrt machten plötzlich zahlreiche Menschen die Erfahrung, dass Jesus lebendig und Gott ganz nahe ist. Sie spürten die Kraft des Heiligen Geistes: Sie erlebten das Wunder, dass Gott sie «begeisterte».

«Da kam plötzlich vom Himmel her ein Brausen, wie wenn ein heftiger Sturm daherfährt, und erfüllte das ganze Haus, in dem sie waren.» (Apostelgeschichte 2, 2)

Ins Herz getroffen

Mai
29.

Gott wirkt durch seinen Heiligen Geist, das hören wir zu Pfingsten. Menschen aus verschiedenen Ländern, die an diesem Tag in Jerusalem wegen eines jüdischen Festes versammelt sind, können sich dem Wirken des Geistes nicht entziehen. Die meisten von ihnen hatten wohl noch nie vorher etwas von Jesus gehört. Die meisten von ihnen hätten sich auch kaum von noch so einer klugen oder mitreißenden Predigt überreden lassen, an Jesus als Erlöser zu glauben. Aber an diesem Tag geschieht das für menschlichen Verstand Unfassbare: Dreitausend Menschen werden von dem, was sie hören, mitten ins Herz getroffen. Sie lassen sich taufen. Sie werden Christen.

Gott, das wünsche ich mir auch, dass dein Geist mich wachrüttelt und du in meinem Leben lebendig wirst. Ich bitte dich um neue Erfahrungen mit dir und deiner Frohen Botschaft.

«Die nun, die sein Wort annahmen, ließen sich taufen. An diesem Tag führte der Herr etwa dreitausend Menschen der Gemeinde zu.» (Apostelgeschichte 2, 41)

Pfingsten heute

Mai 30.

Ich will darauf vertrauen, dass der Glaube
und die Bibel keine Museumsstücke sind,
sondern auch für mich und die Menschen
dieser Zeit lebendig werden können.
Ich vertraue darauf, dass Pfingsten
auch heute möglich ist.

Pfingsten kann Wirklichkeit werden ...
... für den, der schon so lange glaubt, wie er zurückdenken kann.
... für den, der vor Jahren den Kontakt zu Gott verloren hat.
... für den, der es vor Schmerzen im Krankenhaus kaum noch aushält.
... für den, der sich selbst nicht mehr mag.
... für den, der nur sich selbst mag.
... für den, der sich nichts zutraut.
... für den, der sich alles zutraut.
... für den, der bereits jede Hoffnung verloren hat.

«Denn aus Gnade seid ihr durch den Glauben gerettet, nicht aus eigener Kraft, Gott hat es geschenkt.» (Epheserbrief 2, 8)

Mich verändern lassen

Mai
31.

Wenn Gott heute noch wirkt und sein Heiliger Geist unter uns lebendig ist, dann sehe ich nicht ein, weshalb ich darauf verzichten sollte. Dann will ich meinen Glauben nicht zurechtbasteln, vielleicht aus ein paar Bibelstellen und etwas fernöstlichem Gedankengut. Ich will Gott selbst wirken lassen. Wenn er etwas mit mir vorhat, dann will ich ihm auch die Möglichkeit geben, mich zu «begeistern» und zu verändern.

Ich will mein Leben vor Gott ausbreiten mit allen Verengungen, Begrenzungen, Verletzungen und Ängsten. Ich will ehrlich sein und mit offenen Karten spielen: Hier bin ich und dies ist mein Leben, dies sind meine Probleme, meine Schwächen, meine Träume, meine Hoffnungen. Ich bitte Gott um seinen Geist, dass er mein Leben erneuert und mich auf einen guten Weg führt.

Ich erwarte nicht, dass Gott sofort alles ändert. Aber ich werde Geduld haben und immer wiederkommen. Ich werde immer wieder mein Leben vor Gott ausbreiten. Ich werde hören. Ich werde Schritte wagen, auch wenn ich einmal umkehren muss. Ich erwarte nicht alles auf einmal. Aber ich erwarte, dass Gott mir nahe ist und mich nach und nach verändert.

«Alle, die sich vom Geist Gottes leiten lassen, sind Kinder Gottes.» (Römerbrief 8, 14)

Was habe ich zu sagen?

Juni
1.

Mein Glaube ist nicht groß. Manchmal sind mir andere Dinge viel wichtiger. Manchmal sind die Zweifel da und oft kann ich mir kaum vorstellen, dass Gott mich wirklich liebt.
Aber dann wird mir plötzlich deutlich, wie sehr ich Gott brauche. Wie oft war ein Wort aus der Bibel für mich wichtig, wie oft spürte ich die Nähe Gottes gerade in schweren Zeiten! Und manches Mal hatte ich den Eindruck, dass Gott mir deutlich Zeichen für mein Leben gibt.
Mein Glaube ist nicht groß. Aber er begleitet mich schon seit einiger Zeit durch mein Leben. Ich weiß, Jesus hat seine Freunde aufgefordert, ihren Glauben nicht für sich zu behalten, sondern an andere weiterzugeben. Ob das auch für mich gilt? Was habe ich schon groß zu sagen?
Vielleicht ist es für andere Menschen eine Hilfe zu erfahren, dass ich zweifle und trotzdem glaube. Vielleicht ermutigt es sie, dass ich nicht perfekt bin und mich trotzdem von Gott geliebt weiß. Vielleicht freuen sie sich, endlich einmal einen ungeschminkten Glauben zu erleben. Vielleicht klingt es aus meinem Mund überzeugender als aus dem Mund eines Pfarrers: Ich bin froh, Christ zu sein.

«Ihr werdet die Kraft des Heiligen Geistes empfangen, der auf euch kommen wird, und werdet meine Zeugen sein.»
(Apostelgeschichte 1, 8)

Die erste christliche Gemeinschaft

Juni
2.

Im Neuen Testament wird kaum etwas über die Kirche als Institution gesagt, nichts über Kirche als Körperschaft öffentlichen Rechts oder Behörde. Aber es begegnen uns konkrete christliche Gemeinschaften.
Die erste christliche Gemeinde entstand zu Pfingsten in Jerusalem, wenige Wochen nach der Auferstehung und der Himmelfahrt Jesu. Für die Christen waren der neu gewonnene Glaube und die christliche Gemeinschaft jetzt die Hauptsache in ihrem Leben. Sie kamen täglich zusammen: Sie hörten und erzählten sich die Frohe Botschaft von Jesus Christus. Sie hatten Gemeinschaft miteinander. Sie feierten das Abendmahl und aßen gemeinsam. Sie beteten zusammen.
Ich weiß, dass heute eine andere Zeit ist als damals. Wir leben nicht in Jerusalem vor fast 2000 Jahren. Aber trotzdem wünsche ich mir für mich und unsere Gemeinden etwas von dieser urchristlichen Begeisterung, der persönlichen Konsequenz und Hingabe und dem selbstverständlichen Miteinander.

«Sie hielten an der Lehre der Apostel fest, an der Gemeinschaft, am Brechen des Brotes und an den Gebeten.»
(Apostelgeschichte 2, 42)

Werbung und Programme

Juni
3.

Wir alle machen sehr unterschiedliche Erfahrungen mit der Kirche. Manchmal lassen wir uns begeistern, erleben beglückende Momente – manchmal sind wir enttäuscht und gelangweilt. Und wir stellen fest, dass nur verhältnismäßig wenige Menschen zu ihrer Gemeinde halten und dort aktiv und regelmäßig mitmachen.

In der Kirche gibt es viele Überlegungen, wie mehr Menschen erreicht werden können. Es gibt die unterschiedlichsten Programme, um Außenstehende anzusprechen. Es gibt Werbung und ansprechende Einladungen, Konzerte, Seminare, Freizeiten und vieles mehr.

Wichtiger aber ist es, dass Christen zusammenkommen – unabhängig von irgendwelchen großen Programmen – und sich über ihren Glauben freuen. Wichtiger ist, dass die befreiende, froh machende Botschaft von Jesus Christus gesagt und vor allem gelebt wird. Wo das geschieht, können wir es getrost Gott überlassen, für das Wachstum der Gemeinde zu sorgen.

«Tag für Tag versammelten sie sich im Tempel, und in ihren Häusern feierten sie voller Freude und mit reinem Herzen das gemeinsame Mahl. Sie lobten Gott und wurden vom ganzen Volk geachtet. Und der Herr fügte täglich ihrer Gemeinschaft weitere Menschen hinzu, die gerettet werden sollten.»
(Apostelgeschichte 2, 46-47)

Alle gemeinsam

Juni
4.

Eine der ersten christlichen Gemeinden außerhalb Jerusalems wurde ungefähr im Jahr 50 in Korinth gegründet, in Griechenland. Paulus, der Gründer der Gemeinde, stand auch in den Jahren danach in regem Briefwechsel mit den Christen von Korinth. Zu manchen der auftauchenden Probleme sagte oder schrieb er ein deutliches Wort.

Da gab es zum Beispiel Christen, die die Gemeinde in verschiedene Klassen einteilten. Mir kommt das sehr bekannt vor, die Geschichte wiederholt sich wohl immer wieder. Es gibt fromme und nicht so fromme, wichtige und unwichtige Christen. Es gibt einige, die Gott näher sind, die christlicher sind als andere. Einige werden als Mitarbeiter gebraucht, andere nicht.

Paulus entfaltet in einem seiner Briefe das Bild vom Leib: Die Gemeinde ist wie ein lebendiger Körper, der aus vielen Teilen besteht. Und jeder Teil des Körpers ist wichtig. Jeder hat eine bestimmte Aufgabe. Auf keinen kann verzichtet werden. Das Auge hat kein Recht, zur Hand zu sagen: «Ich brauche dich nicht!» Ein Leib kann sich keine Uneinigkeit leisten.

So will ich gern christliche Gemeinschaft leben: Jeder, jede ist wichtig. Jeder, jede ist Mitarbeiter oder Mitarbeiterin. Gemeinde darf niemals die Sache eines Pfarrers oder einiger Mitarbeiter oder einflussreicher Persönlichkeiten sein. Sie ist die Sache Gottes, der sie uns Christen gemeinsam anvertraut.

«Wenn irgendein Teil des Körpers leidet, dann leiden alle anderen mit ihm. Und wenn irgendein Teil geehrt wird, freuen sich alle anderen mit.» (1. Korintherbrief 12, 26)

Juni
5.

Der folgende Text stammt von Sören Kierkegaard, dem bekannten dänischen Schriftsteller und Philosophen (1813-1855):

«Die Christen leben wie Gänse auf einem Hof.
An jedem siebten Tag wird eine Parade abgehalten,
und der beredsamste Gänserich steht auf dem Zaun
und schnattert über das Wunder der Gänse,
erzählt von den Taten der Vorfahren,
die einst zu fliegen wagten,
und lobt die Gnade und Barmherzigkeit des Schöpfers,
der den Gänsen Flügel und den Instinkt zum Fliegen gab.
Die Gänse sind tief gerührt, senken in Ergriffenheit die Köpfe
und loben die Predigt und den beredten Gänserich.
Aber das ist auch alles.
Eines tun sie nicht – sie fliegen nicht;
sie gehen zu ihrem Mittagsmahl.
Sie fliegen nicht,
denn das Korn ist gut und der Hof ist sicher.»

Meine Kirche

Juni
6.

Ich wünsche mir eine Kirche ...
... in der jeder Mensch willkommen ist.
... in der alle wichtig und wertvoll sind.
... in der es zu wirklicher Begegnung kommt.
... in der Liebe wichtiger ist als Grundsätze.
... in der wir gemeinsame Träume entwickeln.
... in der wir einige Träume verwirklichen.
... in der es sehr lebendig zugeht.
... in der Menschen einen Glauben kennen lernen, der etwas mit ihrem Leben zu tun hat.

... in der ich weinen darf.
... in der ich lachen darf.
... in der ich bleiben darf, wie ich bin, und trotzdem Veränderung erfahre.
... in der ich nicht klein gemacht werde, sondern groß und frei.

Wo wohnt Gott?

Juni
7.

Gott wohnt in der Kirche, so ist die Vorstellung vieler Menschen. Und sie meinen damit die Kirche, die aus Stein gebaut ist. Wenn sie sonntags zum Gottesdienst gehen, dann ist das so, als würden sie Gott einen Besuch abstatten.
Was für eine absonderliche Vorstellung! Was für eine allzu menschliche Vorstellung! Gott übersteigt unsere Vorstellung und ist immer größer, als wir meinen. Er ist in keinem Kirchengebäude zu Hause, auch wenn wir ihn oft gern dahin verbannen würden.
Wenn Gott überhaupt irgendwo in dieser sichtbaren und vergänglichen Welt «wohnt», dann in den Herzen der Menschen, die ihn aufnehmen und ihm vertrauen, dann in der Kirche, die aus Menschen besteht und nicht aus Steinen.
Um Gott zu begegnen, muss ich in kein Kirchengebäude gehen. Ich kann jetzt, wo immer ich bin, zu ihm beten und sicher sein, dass er mich hört und mir nahe ist. Und wenn Christen sich im Namen Jesu versammeln, dann ist er unter ihnen, egal, ob in der Kirche oder in einer Hütte in einem Elendsviertel oder in der Kantine eines großen Betriebs.

«Ihr seid nun nicht mehr Gäste und Fremdlinge, sondern Mitbürger der Heiligen und Gottes Hausgenossen, erbaut auf den Grund der Apostel und Propheten, da Jesus Christus der Eckstein ist, auf

dem der ganze Bau ineinander gefügt wächst zu einem heiligen Tempel in dem Herrn. Durch ihn werdet auch ihr miterbaut zu einer Wohnung Gottes im Geist.» (Epheserbrief 2, 19-22)

Vorsicht, Baustelle!

Juni
8.

Manchmal habe ich Probleme mit meiner Gemeinde. Manchmal ärgere ich mich und bin unzufrieden. Ich erlebe Gottesdienste, die mit dem wirklichen Leben wenig zu tun haben, und Gemeindegruppen, in denen seit Jahren nur Kaffee getrunken wird. Ich finde, in meiner Gemeinde müsste sich einiges ändern.

Mir fällt wieder das Bild ein, dass Gott in Christen Wohnung nimmt. Jeder Christ in der Gemeinde ist Teil des lebendigen Hauses Gottes. Der ganze Bau wächst zu einem heiligen Tempel. Bei diesem Bild muss ich an eine Baustelle denken: Dort, wo ein Bau entsteht und langsam wächst, ist vieles noch unfertig und provisorisch. Manches von dem, was einmal werden soll, ist heute erst zu erahnen.

Ich will versuchen, auch meine Gemeinde als eine Baustelle zu sehen, in der noch längst nicht alles komplett ist. Ich will mich über jedes Wachstum, jedes Voranschreiten der «Bauarbeiten» freuen. Und ich will fragen, wo mein Platz in diesem Bau ist.

«... erbaut auf den Grund der Apostel und Propheten, da Jesus Christus der Eckstein ist, auf dem der ganze Bau ineinander gefügt wächst zu einem heiligen Tempel in dem Herrn.»
(Epheserbrief 2, 20-21)

Überall Vorurteile

Juni
9.

Alle Menschen sind unterschiedlich. Aber statt die Verschiedenheit als Bereicherung anzusehen, betrachten wir sie häufig als Bedrohung.

Jeder hat seine persönlichen Feindbilder. Einer verachtet Ausländer, ein anderer Kapitalisten, einer verachtet Männer mit langen Haaren, einer «Spießer» oder Intellektuelle oder...

Jesus kannte keine Feindbilder. Er konnte in jedem Menschen das geliebte Kind Gottes sehen. Und wer an Jesus Christus glaubt und bereit ist, sich verändern zu lassen, wird hoffentlich bald feststellen, dass sich alte Feindbilder auflösen.

Unter Christen kann ich lernen, «Feinde» als Freunde zu sehen. Unter Christen kann ich lernen, Andersartigkeit als Bereicherung und Verschiedenartigkeit als Geschenk zu sehen. In meiner Gemeinde kann ich es mir leisten, Feindbilder zu vergessen. Vielleicht gelingt es mir eines Tages auch anderswo.

«Hier ist weder Jude noch Grieche, weder Sklave noch freier Mensch, weder Mann noch Frau. Ihr seid alle eins durch Jesus Christus.» (Galaterbrief 3, 28)

Den bringe ich um

Juni
10.

Bei einem Frühstück in der Nähe von Washington lernte ich Yoachim kennen, einen Juden. Er wurde gegen Anfang des Zweiten Weltkrieges in Polen geboren. Fast seine ganze Verwandtschaft wurde unter Hitler im Konzentrationslager ermordet. Yoachim erzählte, dass bis vor drei Jahren das stärkste Gefühl in seinem Leben der Hass auf alles Deutsche gewesen sei.

Als er eine Zeit lang Vorarbeiter auf einer Bohrinsel war, wurde ihm eine Gruppe deutscher Facharbeiter als Kollegen in Aussicht gestellt. Darauf sagte Yoachim seinem Chef nur: «Wenn einer von denen etwas gegen uns Juden sagt, den bringe ich um!» Yoachim bekam eine andere Gruppe zugeteilt. Damals hätte er nie im Traum daran gedacht, mit einem Deutschen auch nur ein Wort zu wechseln.
Dann jedoch wurde Yoachim Christ. Und sein Hass, wie er mir lächelnd sagte, wurde immer geringer. Jetzt möchte er sogar einmal nach Deutschland reisen, um auch dort Christen zu treffen. Als wir uns verabschiedeten, nahm Yoachim mich in den Arm. Ich war erst der vierte oder fünfte Deutsche in seinem Leben – und ich spürte eindrucksvoll, was Gott aus seinem Hass gemacht hat. Bei Yoachim war Glaube mehr als eine Weltanschauung oder eine neue Moral – es war ein neues Leben.

«Liebe Freunde, wenn Gott uns so sehr geliebt hat, dann sollen auch wir einander lieben.» (1. Johannesbrief 4, 11)

Gottes Wirken zulassen

Juni
11.

Der christliche Glaube ist keine Weltanschauung. Es geht nicht um eine bestimmte Sicht der Welt und des Lebens. Es geht vielmehr um eine Beziehung, um eine Verbindung zu Gott.
Der christliche Glaube ist keine Wissenschaft, kein kulturelles Ereignis. Es geht darum, dass der lebendige Gott mich liebt und mir nahe sein will.
Der christliche Glaube ist nicht der Versuch einiger besonderer Menschen, ihr Leben in den Griff zu kriegen und die Welt zu

verbessern. Es geht darum, Gottes Wirken in meinem Leben zuzulassen und mit seiner Liebe zu rechnen.
Ich bin froh, dass Gott etwas mit mir zu tun haben will und ich mit ihm rechnen darf. Ich bin froh, dass sein Wirken, sein Geist, in mir lebendig sein kann. Ich bin froh, dass Gott etwas mit mir vorhat – obwohl ich mich oft genug dagegen sperre.

Gott, ich möchte deinen guten Geist zulassen in meinem Leben. Ich brauche die Erfahrung, dass du mich veränderst und deine Liebe in mir wächst.

«Der Geist Gottes lässt als Frucht viel Gutes wachsen: Liebe, Freude, Frieden, Geduld, Freundlichkeit, Güte, Treue, Nachsicht und Selbstbeherrschung.» (Galaterbrief 5, 22)

Alle Fähigkeiten den Pfarrern?

Juni
12.

In manchen Gemeinden sieht es so aus, als wären die Gaben und Fähigkeiten von Gott sehr einseitig verteilt worden: an die Pfarrer und vielleicht noch an einige hauptamtliche Mitarbeiter.
Die Bibel zeigt mir ein anderes Gemeindebild. Da sind die Gaben und Fähigkeiten von Gott auf die ganze Gemeinde verteilt. Einige können predigen, andere vorbereiten und planen, einige musizieren, andere zuhören und Anteil nehmen, einige mit Kindern umgehen, andere überzeugend vom Glauben reden.
In einer lebendigen Gemeinde wird es möglich, dass Christen sich gegenseitig helfen, ihre Gaben und Fähigkeiten zu entdecken, weiterzuentwickeln und zum Wohle aller einzusetzen.

«Es sind verschiedene Gaben, aber es ist ein Geist, der sie austeilt. Es sind verschiedene Dienste, aber ein und derselbe Herr gibt den Auftrag dazu. Es sind verschiedene Fähigkeiten, aber ein Gott ist es, der sie ermöglicht.» (1. Korintherbrief 12, 4-6)

Was hat das mit Gott zu tun?

Juni 13.

Ich kann anderen helfen, um dabei selbst ein gutes Gefühl zu haben und auf mich stolz sein zu können. Ich kann Geld für Hungernde spenden, um nicht länger schuldig zu sein an der Not in der Welt. Ich kann eine Aufgabe in der Gemeinde übernehmen, um etwas Sinnvolles mit meiner Freizeit anzufangen. Ich kann andere Menschen vom christlichen Glauben überzeugen, damit Gott mit mir zufrieden ist.

Ich kann das alles und noch viel mehr vollbringen, ohne dass es etwas mit Gott zu tun hat. Gott will eins für mein Leben: Liebe. Alles andere wird daraus folgen.

«. . . und hätte die Liebe nicht, so wäre ich nichts.»
(1. Korintherbrief 13, 2)

Meine Pflicht?

Juni
14.

Pflichterfüllung wird immer noch von vielen Menschen als höchstes Lebensziel genannt. Aber was ist meine Pflicht? Ist es nachahmenswert, wenn jemand sich für seine Firma oder seinen Erfolg aufopfert, aber seine Familie sträflich vernachlässigt? Ist es vorbildhaft, eine Pflicht zu erfüllen, die lebensfeindlich ist und nur einigen wenigen dient, nämlich denen, die ständig an «die Pflicht» erinnern?

Haben die vielen geschriebenen und ungeschriebenen Gesetze und Regeln Macht über mich gewonnen? Ist die Meinung anderer wichtiger für mich als das Leben selbst?

Die Bibel macht an unzähligen Stellen deutlich, dass Regeln und Gesetze keinen Selbstzweck haben. Es geht darum, dass ich in Achtung und Liebe mit meinen Mitmenschen und mir selbst umgehe. Wo immer Leben verhindert, benutzt oder zerstört wird, soll ich wissen: Gott liebt das Leben und lädt mich ein, es auch zu tun. Und dies ist die einzige Pflicht, die ich erfüllen will.

«Das ganze Gesetz ist in dem einen Wort zusammengefasst: Du sollst deinen Mitmenschen lieben wie dich selbst.»
(Galaterbrief 5, 14)

Wer hat Recht?

Juni
15.

Auch unter Christen wird oft darüber gestritten, wer Recht hat. Es geht um das «richtige» Verstehen der Bibel, um den «richtigen» Glauben und das «richtige» Handeln. Es geht um die «richtige» Art, Gottesdienst zu feiern, und darum, woran man einen «richtigen» Christen erkennen kann.

Ich glaube nicht, dass es bei der Frohen Botschaft von Jesus Christus jemals darum geht, Recht zu haben. Ich glaube, es geht allein darum, die Liebe Gottes in meinem Leben zuzulassen und mich selbst auf den Weg der Liebe zu machen.

«Gott ist Liebe. Wer in der Liebe bleibt, der bleibt in Gott und Gott in ihm.» (1. Johannesbrief 4, 16)

Der Weg für mein Leben

Juni 16.

Viele Wege sind eingefahren
und ausgetreten.
Ich will sie nicht deshalb gehen,
weil sie sich bewährt haben
und weil andere sie auch gehen.

Viele Wege sind breit und schön
und bieten keine Hindernisse.
Ich will sie nicht deshalb gehen,
weil sie bequem sind
und keine Mühe und Anstrengung erfordern.

Ich möchte den Weg finden,
der für mein Leben der richtige ist.
Ich will ihn gehen, konsequent,
auch wenn er schmal und mühsam ist
und die Mehrheit andere Wege wählt.

Die besten Jahre

Juni
17.

Wenn ich zurückdenke, so stelle ich fest: Jedes Jahr meines Lebens, jede Phase und jeder Abschnitt, war anders.

In jüngeren Jahren war ich voller Tatendrang. Ich war neugierig auf das Leben und machte oft die Nacht zum Tag. In den mittleren Jahren spürte ich, dass mir die Kräfte nicht unbegrenzt zur Verfügung standen. Ich fragte intensiv nach dem Sinn des Lebens. Ich war zuverlässiger als früher und fürsorglicher. Dann waren die ersten Verschleißerscheinungen nicht mehr zu verbergen. Ich musste nicht mehr, wie früher, stets meine Meinung durchsetzen. Ich lernte zu schweigen. Vielleicht war ich ein wenig weise geworden.
Welches sind die besten Jahre im Leben? Ich glaube, es sind die Jahre, die ich akzeptiere, die ich bewusst lebe und in denen ich mich meines Lebens freue.

«Wenn der Mensch viele Jahre lebt, so freue er sich an ihnen allen!» (Prediger/Kohelet 11, 8)

Ich genieße diese Zeit

Juni
18.

Die kommenden Tage sind die hellsten des ganzen Jahres. Die dunkle Jahreszeit liegt nur wenige Monate zurück. Es kommt mir vor, als hätte mir die Sonne neue Lebensfreude gegeben. Irgendwie ist alles anders, schöner, farbiger. Und auch die Menschen, die mir begegnen, sind in diesen Tagen offener und fröhlicher als sonst.

Ich genieße diese Zeit. Ich sitze abends noch lange vor dem Haus und freue mich zu leben. Ich freue mich, dass Gott diese Welt geschaffen hat und den Sommer dazu.

«Alles, was atmet, lobe den Herrn!» (Psalm 150, 6)

Sonne tanken

Juni
19.

Besonders in unseren Städten erleben wir die verschiedenen Jahreszeiten immer weniger intensiv. Unsere Arbeitsplätze befinden sich hinter Doppelscheiben. Sie werden im Winter beheizt und im Sommer gekühlt. Immer seltener erleben wir bewusst den Wechsel vom Herbst zum Winter, zum Frühling und zum Sommer. Und wenn wir wollen, können wir im Winter an fernen Stränden liegen und im Sommer Ski fahren.
Ich will mich in diesen Tagen bewusst in den Sommer begeben. Ich will Sonne tanken und im Gras liegen. Ich will mich selbst als Teil der Natur erleben. In meinem Leben gibt es Nacht und Tag, Winter und Frühjahr, Sommer und Herbst. Ich freue mich über alle Zeiten, aber am meisten über den jungen Sommer.

«Alles hat seine Stunde. Für jedes Geschehen unter dem Himmel gibt es eine bestimmte Zeit.» (Prediger/Kohelet 3, 1)

Ein Reisesegen

Juni
20.

Viele sind wieder unterwegs in dieser Zeit, zu Fuß oder mit der Bahn, mit dem Fahrrad, dem Auto, dem Schiff oder Flugzeug. Sie erkunden ihre nähere Umgebung oder ferne Länder. Sie suchen Kontakt zu anderen Menschen oder wollen sich am Sandstrand erholen.
In einem alten irischen Reisesegen heißt es:
Möge der Weg dir freundlich entgegenkommen,
der Wind niemals gegen dich stehen,
Sonnenschein dein Gesicht bräunen,
Wärme dich erfüllen.
Der Regen möge deine Felder tränken;
und bis wir uns beide wiedersehen,
halte Gott dich schützend in seiner großen Hand.

Ein Wagnis eingehen

Juni
21.

Ich leide oft genug darunter, wie verplant meine Zeit ist. Ein Termin folgt auf den anderen, eine Verpflichtung löst die andere ab. Es gibt Zeiten, da komme ich mir wie in einem Räderwerk vor, hilflos den Zwängen des Alltags ausgeliefert. Im Urlaub soll es anders sein. Im Urlaub will ich die Möglichkeit nutzen, meine Zeit frei einzuteilen und keinem festen Programm nachzujagen. Im Urlaub will ich versuchen, den ganzen Ballast, die ganze Routine hinter mir zu lassen. Im Urlaub will ich Gewohntes loslassen und Neues kennenlernen. Ich will das Abenteuer eingehen, ohne die alltäglichen Hilfsmittel auszukommen, ohne Fernseher und Fahrstuhl, ohne Wecker und Stundenplan. Ich will unbekannte Wege gehen, andere Menschen erleben und neue Fragen stellen. Ich will die alten Vorurteile und Sicherheiten loslassen. Vielleicht wird es möglich, dass auch mein Glaube von Zwängen und Vorurteilen frei wird. Vielleicht wird Glaube wieder ein spannendes Abenteuer, das nicht nur eine Stunde am Sonntag ausmacht. Vielleicht erlebe ich Glauben wieder als Wagnis – das Wagnis, ganz mit Gott zu rechnen und auf ihn zu hören.

«Die Füchse haben ihre Höhlen und die Vögel ihre Nester; der Menschensohn aber hat keinen Ort, wo er sein Haupt hinlegen kann.» (Lukasevangelium 9, 58)

Fremde Menschen

Juni
22.

Im Urlaub habe ich die Möglichkeit, andere Menschen kennen zu lernen. Wenn ich weit fahre, kann ich sehr fremdartigen Menschen begegnen. Vielleicht bin ich im Urlaub offener für diese Begegnung. Vielleicht lasse ich mich auf fremde Sitten ein, erlebe eine Hochzeitsfeier mit Einheimischen, kann ein paar Fischer in ihrem Boot begleiten, kaufe auf dem Markt ein, helfe mit bei der Heuernte oder höre den alten Frauen beim Singen zu.
Im Urlaub wird es mir vielleicht möglich sein, Menschen mit den Augen Jesu zu sehen. Jesus sah nicht Schwarze oder Weiße, nicht Arbeitslose, nicht Analphabeten, nicht Arme oder Reiche, sondern er sah in ihnen die Menschen, die sich nach Liebe sehnten. Und diese Menschen sprach er an und lud sie ein, Gottes Liebe zu erfahren.
Diese Erfahrung muss sich nicht auf meinen Urlaub beschränken. Ich hoffe, dass mein Urlaubsbild vom Menschen nicht bald verblasst. Ich hoffe, dass ich dann auch die Menschen in meiner Stadt, in meiner Nachbarschaft, in meinem Dorf mit den Augen

Jesu sehen kann. Ich hoffe, dass ich in ihnen Menschen erkenne, die sich nach Liebe sehnen und so eine Liebe suchen, wie Jesus sie schenken kann: eine Liebe, die auch in schweren Zeiten trägt.

«Als Jesus weiterging, sah er einen Mann namens Matthäus am Zoll sitzen und sagte zu ihm: Folge mir nach!»
(Matthäusevangelium 9, 9)

Zeit zum Nachdenken

23. Juni

Im Urlaub habe ich Zeit, meinen Gedanken nachzuhängen. Ich kann Fragen nachgehen, vor denen ich sonst ausweiche oder die ich bei meinen vielen Beschäftigungen gar nicht zulasse. Ich kann fragen nach dem Warum und Wohin meines Lebens. Ich kann fragen, was wichtig ist und was wirklich zählt.
Manches, was mich sonst belastet oder überfordert, ist jetzt weit weg. Manches, was sonst schrecklich wichtig erscheint, ist jetzt so unbedeutend. Ich beginne zu lächeln über Dinge, die mich sonst nächtelang nicht loslassen. Jetzt habe ich losgelassen.
Die Zeit im Urlaub hilft mir, die Gewichte in meinem Leben neu zu verteilen.

«Das Leben ist wichtiger als die Nahrung und der Leib wichtiger als die Kleidung.» (Lukasevangelium 12, 23)

Abstand von mir selbst

Juni
24.

Im Urlaub kann ich Abstand gewinnen – von Problemen und Pflichten, aber auch von Menschen. Abstand kann den Blick erweitern. Abstand kann neue Wege aufzeigen. Abstand kann heilsam sein.

Abstand brauche ich auch von mir. Abstand kann mir helfen, mich selbst kritischer, realistischer, menschlicher zu sehen. Er kann mir helfen, mich nicht ständig um mich selbst zu drehen. Er kann mir helfen, mich zu befreien von meiner Arbeitssucht, meiner übertriebenen Eitelkeit, meiner Empfindlichkeit, meiner Überheblichkeit oder von meinen Selbstzweifeln.

Abstand brauche ich, um Erfahrungen mit Gott machen zu können. Gott redet zu mir vor allem dann, wenn ich für ihn frei bin, frei von Lärm, frei von Pflichten, frei von mir selbst. Und gerade durch die Nähe Gottes finde ich neu zu mir. Ich habe mich nicht selbst verloren, sondern neu gewonnen.

«Und Jesus zog sich an einen einsamen Ort zurück, um zu beten.»
(Lukasevangelium 5, 16)

Gott schenkt mir Zeit

Juni
25.

Gott schenkt mir Zeit. Immer wieder durfte ich – zumindest im Rückblick – diese Erfahrung machen. Auch wenn ich mich selbst manchmal «im Griff der Zeit» befinde: Gott gibt mir Zeit als Geschenk, als Möglichkeit zu leben und zu wachsen. Gott will nicht, dass ich keine Zeit habe. Er will nicht, dass ich der Zeit hinterherlaufe.

Gott schenkt mir jeden Tag neu 86.400 Sekunden Zeit. Es ist Zeit zum Arbeiten und zum Ausruhen, zum Lachen und zum Weinen, Zeit für Gott, Zeit für meine Familie, für Freunde und für Fremde, und es ist Zeit für mich selbst.
Im Urlaub kann mir das Geschenk der Zeit wieder deutlich werden, wichtig und lebendig. Ich kann die Zeit bewusst leben, genießen, nutzen. Ich darf mich über jede Sekunde freuen. Und ich kann einen neuen Umgang mit der Zeit lernen.

«Der Besitzer eines Weinbergs sagte zu seinem Weingärtner: Jetzt komme ich schon drei Jahre und sehe nach, ob dieser Feigenbaum Früchte trägt. Aber jedesmal finde ich nichts. Hau ihn ab! Was soll er weiter dem Boden seine Kraft nehmen? Der Weingärtner erwiderte: Herr, lass ihn dieses Jahr noch stehen. Ich will den Boden um ihn herum umgraben und düngen. Vielleicht trägt er doch noch Früchte.» (Lukasevangelium 13, 7-9a)

Das Leben liegt vor mir

Juni
26.

Ich bin zum Leben geschaffen.
Das Leben liegt vor mir voller wunderbarer Möglichkeiten.
Viele Türen stehen für mich weit offen.
Das Leben gehört mir, es ist ein großes Geschenk an mich.
Eine Liebesbeziehung ist mir in die Wiege gelegt.
Ich darf das Leben lieben.

Liebhaber des Lebens
gehen voller Vertrauen auf das Leben zu.
Sie sind ein Leben lang unterwegs.
Sie haben ein sicheres Gefühl für alles Lebendige.
Sie spüren instinktiv, was das Leben fördert und schützt.

Liebhaber des Lebens sind dem Grund des Lebens,
dem großen Liebhaber des Lebens, ganz nah.
Sie freuen sich auf Begegnungen
mit anderen Liebhabern des Lebens.
Da ist kein Raum für Angst,
und alle Leere ist schnell ausgefüllt.
Da ist kein Raum für Langeweile,
weil das Leben nie langweilig ist.
Das Leben liegt vor mir. Es braucht viele Liebhaber.

Kein blindes Schicksal

Juni
27.

Ich bin froh,
nicht an ein blindes Schicksal
glauben zu müssen
oder an eine seelenlose Natur,
denen ich mein Leben zu «verdanken» habe.
Der Glaube an einen Schöpfergott,
der mich gewollt hat und noch will,
gibt meinem Leben eine besondere Würde.
Die Vorstellung von einer ordnenden Hand,
die hinter allem Leben steht,
zeigt mir meinen Platz und meine Aufgabe,
Leben zu schützen und zu fördern.
Die Überzeugung, dass ein liebender Gott
seine ganze Liebe gibt, um Leben zu schaffen,
hilft mir, Leben und Liebe als Einheit zu sehen.

Wenn Liebe Leben schafft,
dann ist die Liebe auch die Kraft, die Leben erhält.
Liebe führt nicht zu Selbstverleugnung,
sondern zu Selbstannahme.

Liebe führt nicht zur Kapitulation vor dem Mitmenschen,
sondern zur gemeinsamen Gestaltung des Lebens.
Liebe führt nicht zur Zerstörung unserer Welt,
sondern zu ihrer Bewahrung.
Liebe ist mehr als etwas Gefühl,
mehr als etwas für romantische Stunden zu zweit.
Liebe ist Anfang des Lebens und seine einzige Zukunft.

Gottes Schöpfung

Juni
28.

Jede Reise, jede Wanderung, jeder Ausflug, sogar jeder Spaziergang ermöglicht mir die Begegnung mit der Schöpfung Gottes. Ich will diese Möglichkeit nutzen, so oft wie möglich. Ich darf die Welt mit meinen Füßen begehen. Ich spüre den Sand, das Gras, die Felsen unter mir. Ich darf die Schöpfung mit meinen Händen begreifen, die Rinde einer alten, mächtigen Eiche, eine zarte Blüte, einen interessant geformten Stein. Ich darf tief einatmen, die klare Luft im Wald oder die würzige Luft am Meer. Ich spüre den Regen auf meiner Haut und erlebe, wie er meinen Körper hinunterrinnt. Ich merke, dass ich noch lebendig bin, ein Teil der Schöpfung, die mich umgibt.
Ich sehe mit meinen Augen die Wunder der Schöpfung. Ich erblicke die Berggipfel in der Ferne und winzige Ameisen, die meinen Weg kreuzen. Ich sehe ein wildes Moorgebiet, das wir Menschen glücklicherweise noch nicht trockengelegt haben. Ich freue mich über Bäche und Wälder und schroffe Felsen.
Ich begegne der Schöpfung und damit auch dem Schöpfer, dem ich mich ganz nahe weiß. Und ich erkenne diese Schöpfung als Geschenk und als Aufgabe, die es zu bewahren gilt. Ich danke Gott, dass ich all das erleben darf – seine gute Schöpfung!

«Herr, wie zahlreich sind deine Werke! Mit Weisheit hast du sie alle gemacht, die Erde ist voll von deinen Geschöpfen.»
(Psalm 104, 24)

Mit Gott auf Reisen

Juni
29.

Wenn ich für längere Zeit verreist bin, kommt irgendwann der Punkt, an dem ich einiges vermisse. Vielleicht ist es mein bequemes Bett, der Blick über die Altstadt, die gewohnten Einkaufsmöglichkeiten. Vor allem aber sind es Menschen, die ich vermisse. Schmerzhaft spüre ich die Trennung von Freunden und Familie. Der Preis jeder Reise ist die Trennung von Menschen und von meiner Heimat.
Es ist gut zu wissen, dass Reisen nicht bedeuten muss, von Gott getrennt zu sein. Von ihm muss ich mich nicht verabschieden, er ist nicht weit von mir entfernt. Ganz im Gegenteil erfahre ich, dass mir seine Nähe gerade in der Ferne wichtig und deutlich wird. Gerade wenn meine kleine Welt, wenn meine gewohnte Sicherheit verschwunden ist, wird mir mein Glaube besonders wichtig.

«Von allen Seiten umgibst du mich und hältst deine Hand über mir.» (Psalm 139, 5)

Wege finden

Juni
30.

Wenn ich im Urlaub auf Reisen bin, muss ich manchmal lange nach einem bestimmten Weg suchen. Ich studiere die Landkarte, halte Ausschau nach Hinweis- und Straßenschildern. Gerade wenn ein Reiseziel etwas abseits liegt, ist es oft schwer, den richtigen Weg zu finden.
Auf Reisen meinen Weg zu suchen, das macht beweglich. Ich bekomme mit der Zeit einen immer besseren Blick für die richtigen Abzweigungen, für Straßen und Zufahrten. Richtig zu reisen will gelernt sein.
Diese Beweglichkeit, diesen Blick für den richtigen Weg, brauche ich nicht nur im Urlaub. Der Weg zu den Herzen meiner Mitmenschen ist auch keine stark befahrene Hauptstraße. Es ist ein oft sehr schwieriger, schwer zu findender Weg. Ich muss lernen, auf Hinweise zu achten und die richtigen Zugänge zu sehen. Ich will einen Blick bekommen für die Wege zu meinen Mitmenschen.
Ich will auch daran arbeiten, Wege zu mir selbst zu finden und zu gehen. Ich will mich besser kennen lernen und die Lebensmöglichkeiten und Gaben entdecken, die Gott mir geschenkt hat.

Gott, bitte zeig mir Wege, die zum Leben führen. Zeig mir Wege zu den Herzen meiner Mitmenschen und Wege zu mir selbst.

«Sieh, ob ich auf bösem Wege bin, und leite mich auf ewigem Wege.» (Psalm 139, 24)

Wofür im Urlaub Zeit ist

Juli
1.

Urlaub ist Zeit, um . . .
. . . mich selbst wieder
für das Leben zu öffnen.
. . . nicht länger an den Wundern
der Schöpfung vorbeizugehen.
. . . Menschen näher kennen zu lernen.
. . . neue Wege zu suchen und zu gehen.
. . . endlich die wichtigen Fragen meines Lebens zu stellen.
. . . innerlich und äußerlich zur Ruhe zu kommen.
. . . Träume zu träumen.
. . . Träume zu verwirklichen.
. . . Abenteuer zu erleben.
. . . Gott in meinem Leben reden zu lassen.

«Geh auf den Wegen, die dein Herz dir sagt, zu dem, was deine Augen vor sich sehen.» (Prediger/Kohelet 11, 9)

Am Ende meines Urlaubs

Juli
2.

Ich sitze am frühen Abend auf der Terrasse eines kleinen Ferienhauses in Italien, den Blick auf die Weinberge und die untergehende Sonne gerichtet. Brot, Käse, ein Glas Wein, das ist unsere einfache, kleine Mahlzeit. Ein Mann auf einem alten Traktor fährt auf dem Feldweg an uns vorbei, sein Feierabend wird gleich beginnen. Er winkt herüber.
Ich sitze da und schaue auf die rote Sonne, die gleich am Horizont verschwinden wird. Ein Gefühl von völliger Harmonie und unendlichem Glück erfüllt mich. Aber ich weiß auch, dass der Abend bald

vergangen sein wird. Es ist unser letzter Abend hier. Morgen geht es wieder nach Hause. Morgen abend wird der Mann auf dem Traktor uns nicht mehr zuwinken können. Ob ich noch einmal hier sitzen werde, um der untergehenden Sonne zuzuschauen? Ob ich einmal zurückkehren werde? Die Zeit ist vorbei. Urlaub bedeutet immer auch Abschied. Die schöne Zeit vergeht so schnell. Mir wird deutlich: So wie dieser Urlaub wird auch mein Leben vergehen.
Ich wollte doch nur Urlaub machen, und jetzt denke ich über die Vergänglichkeit nach. Ich bin traurig glücklich. Ich nehme eine Sehnsucht mit aus diesem Urlaub nach einem Leben in Frieden und Geborgenheit. Ich weiß, in dieser Welt wird sich diese Sehnsucht immer nur für ein paar kurze Glücksmomente erfüllen. Aber mein Vertrauen zu Gott sagt mir, dass meine und unsere Sehnsucht eines Tages bei ihm zum Ziel kommen wird.

«Die Welt und alles, was Menschen in ihr haben wollen, ist vergänglich. Wer aber tut, was Gott will, wird ewig leben.»
(1. Johannesbrief 2, 17)

Meine Lebensreise

Juli
3.

Jeder Urlaub, jede Reise muss gut vorbereitet werden. Ich hoffe, dass diese Tage gelingen und – im guten Sinne – unvergesslich bleiben. Ich hoffe, dass ich diese Tage gut nutze, zum Erholen, zum Begegnen, zum Auftanken, zum Orientieren.
Auch die Reise meines Lebens, so hoffe ich, wird einen guten Verlauf nehmen. Ich hoffe, dass ich mein Leben nutze für wunderbare Abenteuer und für liebevolles Miteinander mit Gott, mit meinen Mitmenschen, mit mir selbst – und mit Gottes Schöpfung. Ich bin dankbar dafür, dass ich meine Lebensreise antreten durfte. Mein Glaube, wie zerbrechlich er mir auch manchmal erscheint,

soll mich auf der weiteren Reise begleiten und mir die Richtung weisen.

«Der Herr hat meine Reise gelingen lassen.»
(1. Mose/Genesis 24, 56)

Auch am Ende der Welt

Juli
4.

«Herr, du kennst mich ganz genau.
Egal, ob ich sitze oder aufstehe, du weißt es.
Und du verstehst mich.
Egal, ob ich gehe oder liege, du bist bei mir.

Du kennst jedes Wort, das ich rede –
schon bevor ich es nur denke.
Du umgibst mich von allen Seiten
und hältst deine Hand über mir.
Ich kann nur staunen, dass das so ist.
Begreifen kann ich es nicht!

Herr, ich weiß, dass ich vor dir nicht weglaufen kann.
Wenn ich zum Himmel emporfliegen würde:
Du bist längst da.
Wenn ich mich wie ein Toter vergraben lassen würde:
Du bist auch da.
Und wenn ich bis ans Ende der Welt käme:
Auch dort würde deine Hand mich leiten und schützen.
Und wenn ich in die Finsternis flüchten würde,
so würde es stets hell um mich sein,
wenn nur du bei mir bist.
Bei dir ist die Finsternis wie Licht
und die Nacht wie der Tag.»
(Psalm 139, 1-12)

Auf dem Weg

Juli
5.

Herr, unser Gott und Gott unserer Väter,
möge es dein Wille sein,
uns in Frieden zu leiten,
unsere Schritte
auf den Weg des Friedens zu richten
und uns wohlbehalten zum Ziel unserer Reise zu führen.
Behüte uns vor aller Gefahr,
die uns auf dem Weg bedroht.
Bewahre uns vor Unfall und vor Unglück,
das über die Welt Unruhe bringt.

Segne die Arbeit unserer Hände.
Lass uns Gnade und Barmherzigkeit
vor deinen Augen finden;
Verständnis und Freundlichkeit bei allen, die uns begegnen.
Höre auf die Stimme unseres Gebetes.
Gepriesen seist du, o Gott, der du unser Gebet erhörst.
(Altes jüdisches Reisegebet)

Meine Abhängigkeiten

Juli
6.

Meine Abhängigkeiten werden mir oft deutlich vor Augen geführt: Die Angst vor der Zukunft nimmt mir manchmal den Atem. Eine schwere Krankheit ist in der Lage, alles andere in meinem Leben unwichtig erscheinen zu lassen. Eine Verletzung durch einen Menschen, der mir nahe steht, kann so tief gehen, dass mein Verhältnis zu ihm zerbricht. Meine moralischen

Maßstäbe können mir wichtiger sein als Liebe und Menschlichkeit.
Die Bibel zeigt den Weg aus meinen Abhängigkeiten. Dieser Weg hat etwas mit Freiheit und Gelassenheit zu tun: Ich muss als Christ nicht mehr ein Gefangener meiner Ängste sein, meiner Krankheiten, Verletzungen und moralischen Maßstäbe. Ich habe die größte Würde geschenkt bekommen – ein Kind Gottes zu sein und kein Gefangener.
Das ist schwer zu glauben! Ich habe mich so an meine Abhängigkeiten gewöhnt. Gott allein kann mir diesen Glauben schenken. Gott allein kann mir den Weg aus der kaputtmachenden Abhängigkeit zur Würde der Freiheit zeigen.

«Alle, die sich vom Geist Gottes leiten lassen, sind Kinder Gottes.» (Römerbrief 8, 12-17)

Heute will ich leben

Juli
7.

Sich selbst das Leben und die Freude am Leben zu verbieten und zu verbauen – das ist die Tendenz, die sich wie ein roter Faden durch das Leben vieler Menschen zieht. Begründungen dafür finden diese Menschen immer: Zuerst sind sie zu jung, um dieses zu tun, und dann halten sie sich für zu alt, um noch jenes zu wagen. Dieses tut man nicht und jenes schickt sich nicht. Dieses ist zu anstrengend und jenes viel zu gefährlich. Zuerst träumen sie noch von der Zukunft, und wenn die Träume ausbleiben, dann «erinnern» sie sich wehmütig an die Vergangenheit.
Ich will damit aufhören, mir mein Leben selbst zu verbauen. Ich will mich über jeden neuen Tag freuen und ihn als Gottes Geschenk annehmen. Ich will in Freiheit entscheiden, welche der vielen Le-

bensmöglichkeiten ich ergreifen werde. Ich will mein Leben leben, und zwar heute.

«Ein Mensch, der viele Jahre lebt, freue sich an ihnen allen.»
(Prediger/Kohelet 11, 8)

Mich selbst verwirklichen

Juli
8.

Seit Jahren besteht ein großes Interesse von unzähligen Menschen, sich selbst besser kennen zu lernen. Eine Flut von Büchern verspricht, endlich den «Weg zum Ich» aufzuzeigen. Seminare und Selbsterfahrungsgruppen haben das Ziel, die wirklichen Bedürfnisse und Wünsche freizulegen. Und bestimmt ist es für viele Menschen gut, in sich hineinzuhören und mehr über sich zu erfahren.

Es besteht aber die große Gefahr, in mir selbst gefangen zu werden. Wenn ich nur noch der Frage nachgehe, was ich will und wie ich mich verwirklichen kann, und wenn ich auch die Antworten nur von mir und meinen tiefsten Seelengründen erwarte, dann bin ich für mich die einzige und letzte Instanz.

Die Bibel berichtet oft von der Begegnung des Menschen mit dem Göttlichen. Diese Begegnung kann mich von Ängsten und Zwängen und auch von mir selbst befreien. Es tritt ein neuer Standpunkt in mein Leben – einer, der sich nicht in mir befindet, sondern außerhalb von mir. Es muss sich nicht mehr alles um mich drehen. Ich muss nicht länger getrennt sein von Gott, dem Urgrund des Lebens. Ich darf leben!

«Herr, du hast mich erforscht, und du kennst mich.»
(Psalm 139, 1)

Diese Sorgen!

Juli 9.

Ich kann mir so viele Gedanken und Sorgen um mein Leben machen, dass ich dabei völlig versäume zu leben. Ich kann mir sämtliche Gefahren der Zukunft ausmalen, dass ich darüber die Gegenwart vergesse. Ich kann mich nachts schlaflos hin- und herwälzen, weil mich die Schatten des morgigen Tages bedrohen – und bin am nächsten Tag so müde und zerschlagen, dass der Tag zum Albtraum wird. Ich kann so sehr in meinen Planungen aufgehen, dass ich gar nicht dazu komme, sie auszuführen.

Jesus sagt nichts gegen sinnvolles Planen und Vorbereiten. Aber er will mich befreien von sinnlosen Sorgen. Er will mich dazu befreien, jetzt und heute richtig und sinnvoll zu leben.

«Quält euch nicht mit Gedanken an morgen. Der morgige Tag wird für sich selber sorgen. Ihr habt genug zu tragen an der Last von heute.» (Matthäusevangelium 6, 34)

61

Von Gott beschenkt

Juli 10.

Wie oft sind Menschen enttäuscht über Christen, die zwar fromm reden, aber nicht so handeln! Wie oft sind Menschen enttäuscht über mich, wenn ich Forderungen stelle und Maßstäbe setze, sie aber selbst nicht erfülle und einhalte!

Sicher – wenn ein Mensch Christ wird, muss er dafür keine «Leistung» erbringen. Er wird von Gott beschenkt. Und oft werden die,

die erst kurze Zeit Christen sind, von ihren Mitmenschen überfordert: «Du willst Christ sein und verhältst dich so unchristlich?» Wenn ich Christ werde und Gott meinen Vater im Himmel nennen darf, dann geschieht das, weil Gott mich liebt. Ich werde beschenkt. Aber Gott will, dass ich nicht dabei stehen bleibe, von ihm Geschenke zu empfangen. Er will, dass ich mich ändere. Er will, dass ich mich von ihm ändern lasse.
So wie ein Obstbaum oder ein Weinstock Frucht bringt, so soll auch ein Christ Frucht bringen. Gott verspricht, das möglich zu machen. Sein Geist will in mir wirken und Veränderung bewirken.

«Die Frucht des Geistes ist . . .» (Galaterbrief 5, 22)

Liebe ist die Überschrift

Juli
11.

Wenn mich der Glaube verändert, wenn mich Gott verändert, was wird dann mit mir geschehen? Werde ich ein besserer Mensch, ein ganz besonderer Mensch? Werde ich ein besserer Christ, vielleicht ein geachteter oder sogar bewunderter Christ?
Ich kenne meine Neigung, immer in einem guten Licht erscheinen zu wollen. Und da ist die Gefahr groß, mich so zu verhalten, wie andere es von mir erwarten. Aber das ist kein Maßstab für Christlichkeit!
Wenn ich vom Geist Gottes verändert werde, so geht es – mit einem Wort – um Liebe. Liebe ist die Überschrift für alle anderen Eigenschaften, Gaben und Verhaltensweisen im Leben eines Christen.
Ohne Liebe wäre alles andere nichts wert. Von Christen, die nicht von der Liebe geleitet werden, haben wir alle die Nase voll. Großer

Einsatz, freundliches Lächeln, gute Ratschläge und häufige Hilfsangebote – ohne Liebe wirkt das eher abstoßend.
Die erste und wichtigste Frucht des Geistes ist die Liebe. Alles andere kann erst danach kommen und darf nur Hand in Hand mit der Liebe auftreten.

«Die Frucht des Geistes ist Liebe . . .» (Galaterbrief 5, 22)

Grund zur Freude

Juli
12.

Wenn Gott mich prägt und verändert, werde ich erfahren, was tiefe Freude ist. Ich werde nicht mehr hinter all den Angeboten herlaufen müssen, die mir Glück und Freude versprechen. Ich werde nicht mehr überall suchen und probieren müssen aus lauter Angst, etwas zu versäumen. Ich werde Freude erfahren und Freude erleben, weil ich sie an der Quelle aller Freude bekomme, bei Gott.
Allerdings: Auch wenn Gott mich prägt, bleibe ich ein Mensch. Auch dann wird es Augenblicke geben, in denen ich Freude in meinem Leben vermisse. Auch dann werde ich mir und anderen die Freude verderben. Ich will mir da nichts vormachen. Ich will weder mich noch andere dadurch unter Druck setzen, dass ich so tue, als gäbe es im Leben eines Christen nur Freude. Aber ich weiß, dass ich Grund zur Freude habe. Ich werde seltener in Tiefs und Depressionen verfallen. Ich werde häufiger andere mit meiner Freude anstecken. Ich werde erleben, dass die Freude in mir wächst.

«Die Frucht des Geistes ist Liebe, Freude . . .» (Galaterbrief 5, 22)

Frieden schließen

Juli
13.

Viele Menschen verbreiten Unfrieden, weil sie selbst keinen inneren Frieden haben. Ich möchte gern Frieden schließen. Ich möchte Frieden schließen mit meiner Vergangenheit. Ich möchte Frieden schließen mit meinen Niederlagen und Enttäuschungen. Ich möchte Frieden schließen mit meinen unerfüllten Sehnsüchten. Ich möchte Frieden schließen mit meiner verletzten Eitelkeit.

Ich wünsche mir inneren Frieden, um Frieden stiften zu können. Ich möchte die Hand zum Frieden reichen, und zwar allen Menschen, mit denen ich im Unfrieden lebe. Ich möchte Menschen dazu bringen können, ihre Feindschaft zu beenden.

Ich möchte dazu beitragen, dass wir Frieden mit der Natur schließen, statt sie weiter zu zerstören und auszubeuten. Und ich möchte dabei mitwirken, dass Friede zwischen unterschiedlichen Völkern, Rassen und Glaubensrichtungen möglich wird.

Eine Voraussetzung zum Friedensstifter erfülle ich: Ich habe erlebt, dass Gott mit mir Frieden schließt und mir seinen Frieden schenkt.

«Die Frucht des Geistes ist Liebe, Freude, Friede . . .»
(Galaterbrief 5, 22)

Geduld aufbringen

Juli
14.

Ich bin heilfroh, dass Gott solche Geduld hat mit mir, mit den Menschen, mit dieser Welt. Dieser Geduld verdanke ich mein Leben und meinen Glauben. Dieser Geduld, da bin ich sicher, können wir es verdanken, dass diese Welt noch existiert – trotz aller Kriege und Atombomben, trotz aller üblen Geschäfte.

Ohne die grenzenlose Liebe Gottes wäre seine Geduld nicht verständlich.
Ich hoffe, dass auch ich geduldiger werde. Ich hoffe, dass ich mir gegenüber Geduld aufbringe und nicht gleich bei jedem Hindernis aufgebe. Ich will damit rechnen, dass es auch in meinem Leben viele gute Entwicklungsmöglichkeiten gibt.
Ich hoffe, dass ich gegenüber meinen Mitmenschen geduldiger werde. Ich hoffe, dass ich sie mehr als bisher mit den Augen der Liebe sehe und ihre guten Seiten und Ansätze erkenne. Ich hoffe, dass ich ihnen Zeit und Raum zubillige, sich weiterzuentwickeln und innerlich zu wachsen.
Aber eines will ich nicht: Ich will nicht Geduld mit Schläfrigkeit verwechseln. Ich will nicht über alles hinwegsehen und ständig die Augen zudrücken. Ich will dann Ungeduld zeigen, wenn sich Menschen nur durch sie zum Aufwachen und Handeln bewegen lassen.

«Die Frucht des Geistes ist Liebe, Freude, Friede, Geduld …»
(Galaterbrief 5, 22)

Bitte recht freundlich!

Juli
15.

«Freundlichkeit» begegnet mir oft. Menschen sind freundlich, wenn sie mir etwas verkaufen wollen. Sie sind freundlich, wenn sie mich zu etwas überreden wollen. Sie sind freundlich, wenn sie glauben, mit Freundlichkeit etwas erreichen zu können. Solche falsche Freundlichkeit entlarvt sich oft selbst, wenn sie ihr Ziel nicht erreicht und dann plötzlich ihr wahres Gesicht zeigt.
Ich wünsche mir echte, ungekünstelte Freundlichkeit. Ich wünsche mir Freundlichkeit, die dem anderen von Herzen zugetan ist, die

sein Wohl will, und nicht nur das eigene, die Mut macht, statt zu entmutigen, die groß macht, statt niederzudrücken. Ich wünsche mir Freundlichkeit, die zuverlässig ist und hält, was sie verspricht. Wie viel Freundlichkeit wünsche ich mir? So viel wie möglich! Aber nicht so viel, dass ich nicht mehr in der Lage bin, mich und andere zu verteidigen und ehrlich meine Meinung zu sagen. Lieber will ich einmal unfreundlich erscheinen, als unehrlich zu sein.

«Die Frucht des Geistes ist Liebe, Freude, Friede, Geduld, Freundlichkeit ...» (Galaterbrief 5, 22)

Auf der Seite des Guten

Juli 16.

Seit es Menschen gibt, gibt es den Kampf zwischen Gut und Böse. Und jeder von uns ist in diesen Kampf vielfältig verstrickt, als Täter und als Opfer. Menschen leben in Angst voreinander, weil sie nicht sicher sind, ob die anderen es gut mit ihnen meinen. Kollegen wissen nicht, ob die anderen ehrlich zu ihnen sind. Alte Menschen haben Angst, wenn es an der Tür klingelt.
Ich will mich eindeutig auf die Seite des Guten stellen. Ob mir das immer gelingt? Ich will meinen Mitmenschen mit Güte begegnen. Ich will ihnen gegenüber ehrlich sein. Ich will von Gott lernen, die Würde der anderen zu sehen und zu bewahren.

«Die Frucht des Geistes ist Liebe, Freude, Friede, Geduld, Freundlichkeit, Güte ...» (Galaterbrief 5, 22)

Das Geschenk des Glaubens

Juli
17.

Glaube ist nicht machbar. Er kann nicht befohlen oder garantiert werden. Er kann nicht festgehalten werden.

Ich kann gewisse Voraussetzungen für den Glauben schaffen: Ich kann mich auf die Suche machen. Ich kann versuchen, mich für Gott zu öffnen. Ich kann das Gespräch mit Christen suchen. Und doch – wenn ich zu glauben beginne, wenn ich den Glauben selbst erlebe, dann erfahre ich ihn wie ein Wunder, wie etwas Unerwartetes, wie Licht im Dunkeln. Ich erfahre ihn als Geschenk.

Was mache ich aus dem Geschenk des Glaubens? Wird es mir bald wieder unwichtig werden zwischen den vielen faszinierenden Angeboten, die mir täglich begegnen? Wird mein Glaube bald von Zweifeln aufgefressen? Vergesse ich Erfahrungen mit dem Glauben, mit Gott, wenn die Schwierigkeiten und Sorgen kommen oder wenn sich der Alltag mit seinen stets wiederkehrenden Pflichten und Abläufen meldet?

Gott will, dass mein Glaube, mein Vertrauen zu ihm wächst. Er will ermöglichen, dass aus der ersten Begeisterung ein tragfähiger Grund meines Lebens wird. Er will in mir wirken – durch sein Wort, durch andere Christen, durch die Gemeinde. Er will wirken durch seinen guten Geist.

«Die Frucht des Geistes ist Liebe, Freude, Friede, Geduld, Freundlichkeit, Güte, Glaube . . .» (Galaterbrief 5, 22)

Mut für den Weg

Juli
18.

Die Geschichte des Christentums ist zu manchen Zeiten eine Geschichte der Gewalt gewesen. Fremde Völker wurden mit Gewalt «bekehrt», sogenannte christliche Grundsätze mit Gewalt durchgesetzt. Verschiedene christliche Richtungen bekämpften sich gegenseitig mit Waffengewalt, nicht nur im schrecklichen Dreißigjährigen Krieg.
Dabei wird als eine Gabe des Heiligen Geistes die Sanftmut bezeichnet. Christlich ist also nicht die Gewalt gegen Andersdenkende, sondern die friedliche Auseinandersetzung, die Freundlichkeit auch gegenüber den Feinden. Christen sind aufgefordert, in Liebe miteinander umzugehen und Geduld zu üben, statt im Zorn oder voller Hass etwas zu tun, was andere verletzt oder entwürdigt.
Sanftmut ist nichts für «Weichlinge». Sanftmut kann bedeuten, gegen den Strom zu schwimmen. Sanftmut heißt, die Liebe auch gegen Widerstände durchzuhalten. Sanftmut heißt, die Hoffnung, dass Gott auch im anderen Menschen das Gute schaffen will, niemals aufzugeben. Sanftmut ist meistens der niedrige, schmale und schwierige Weg. Sanftmut ist etwas für Menschen, die sich von Gott viel Mut für den Weg der Liebe schenken lassen.

«Die Frucht des Geistes ist Liebe, Freude, Friede, Geduld, Freundlichkeit, Güte, Glaube, Sanftmut . . .» (Galaterbrief 5, 22)

Der Weg zur Freiheit

Juli
19.

Abhängig werden können wir von vielem, sei es vom Alkohol, vom Glücksspiel, von der Arbeit. Und letztlich sind die meisten von uns abhängig von einem bestimmten Lebensstil, vom Luxus, vielleicht vom Fernsehen, vom guten Essen, vom Autofahren.
In manchen Familien kommt sich ein Besucher wenig willkommen vor, weil ununterbrochen der Fernseher läuft. Viele Menschen stürzen sich in die Arbeit, weil sie ihren Lebensstandard steigern wollen. Und andere kommen nicht aus dem Haus zu anderen Menschen vor lauter Bequemlichkeit.
Wer frei sein will für das Leben, muss versuchen, Abhängigkeiten zu vermeiden. Wer frei sein will für die Not seiner Mitmenschen, kann nicht nur daran denken, den eigenen Lebensstandard zu steigern. Wer frei sein will für Gott, kann nicht gleichzeitig gutes Essen als das größte Glück ansehen.
Enthaltsamkeit ist heute kein beliebtes Wort. Aber es ist ein Schlüsselwort für die Freiheit, offen zu sein für das Leben. Enthaltsamkeit kann mir Erfahrungen ermöglichen, die mir als abhängigem Menschen nie möglich wären. Gott helfe mir zu dieser Freiheit.

«Die Frucht des Geistes ist Liebe, Freude, Friede, Geduld, Freundlichkeit, Güte, Glaube, Sanftmut, Enthaltsamkeit.»
(Galaterbrief 5, 22)

Der neue Weg

Juli
20.

Der Glaube, von dem die Bibel spricht und zu dem Jesus mich einlädt, hat etwas mit Bewegung zu tun, mit einem Weg, den ich gehe. Glauben heißt unterwegs sein.
Viele Menschen sind mit ihrem Leben zum Stillstand gekommen. Sie sind abgestumpft und unbeweglich. Sie pflegen ihre Verletzungen und sind an ihre Angst gekettet.
Glaube hat mit einem Weg zu tun. Und Jesu erste Einladung zielt auf diesen Weg hin. Jesus lädt mich ein, meinem Weg eine neue Richtung zu geben. «Kehrt um und glaubt an das Evangelium!»
Ist es das, was ich will? Ist es das, was ich brauche: Nicht mehr an lebensfeindlichen Angewohnheiten kleben, sondern bei Gott die Freiheit des Lebens finden?

(Markusevangelium 1, 15)

Die neue Richtung

Juli
21.

«Kehrt um», sagt Jesus, «und glaubt an das Evangelium!» Das kann meinem Leben eine neue Richtung geben. Und diese neue Richtung ist mehr als «Versuch mal was Neues!»
Sie ist auch mehr als ein Befehl oder Wunsch, den ich zwar nicht verstehe, aber dennoch befolge.
«Kehrt um», sagt Jesus, «und glaubt an das Evangelium!» Das Evangelium, die Frohe Botschaft, kann meinem Leben auf Dauer eine neue Richtung geben. Das Evangelium kann mir ermöglichen, mein Leben zu ändern und meinen Weg zu gestalten.

Das Evangelium gibt meinem Leben neuen Wert: Wenn Gott mich liebt, brauche ich mich nicht länger selbst zu verachten. Wenn Gott mir eine Zukunft gibt, brauche ich nicht länger verzweifelt an meiner Zukunft zu arbeiten. Ich darf aufrecht meinen Weg gehen. Das Evangelium gibt mir neue Werte. Nicht mehr zur schnellstmöglichen Befriedigung muss mein Weg führen, nicht mehr zu Reichtum und Anerkennung. Ich kann eine andere Richtung einschlagen, auf Jesus blicken, der den Weg mit mir geht – und dem ich oft am Wegrand begegne, hungrig, nackt, gefangen, krank.

(Markusevangelium 11, 15; Matthäusevangelium 25, 35-36)

Sind Christen auf dem Weg?

Juli
22.

«Kehrt um», sagt Jesus, «und glaubt an das Evangelium!» Ganz klar, so denke ich erst einmal, diese Aufforderung wendet sich an Menschen, die noch keine Christen sind.
Aber bei einigem Nachdenken beginne ich zu zweifeln. Sind wir Christen wirklich unterwegs zum Leben? Gehen und leben wir aus der Freude über das Evangelium? Mir kommen Gottesdienste in den Sinn, in denen nur alte Formeln wiederholt werden, aber kein Leben und keine Bewegung zu spüren ist. Mir fallen Menschen ein, die den christlichen Glauben als oberflächliche Tünche über ihrem kaputten Leben tragen. Ich denke an Christen, die tapfer ihre Verletzungen, Ängste, Probleme, Abhängigkeiten tragen, statt sie endlich loszulassen. Und ich denke an mich selbst, meine innere Trägheit, Selbstgefälligkeit, meinen Egoismus.
«Kehrt um!» Diese Aufforderung meint in besonderer Weise alle Christen. Gott hat etwas Besonderes mit uns vor. Gott will durch

uns auch andere Menschen begeistern und einladen. Gott will, dass wir auf dem Weg sind, um auch andere in Bewegung setzen zu können.
Angelus Silesius sagte einmal: «Blüh auf, gefrorner Christ, der Mai ist vor der Tür, du bleibest ewig tot, blühst du nicht jetzt und hier.»

(Markusevangelium 1, 15; Matthäusevangelium 5, 13)

Ein Weg ohne Sicherheiten?

Juli
23.

Jesus mutet mir eine Menge zu! Je mehr ich seine Worte ernst nehme, umso stärker empfinde ich diese Zumutung. Immer wieder bin ich herausgefordert, in Frage gestellt, auf den Weg geschickt.
Jesus mutet mir zu, einen neuen Weg zu gehen und ihm allein dabei zu vertrauen. Er sagt mir nicht einmal, was mich auf diesem Weg erwartet. Er macht mir nur deutlich, dass es der Weg zum Leben ist.
Ja, oft weiß ich gar nicht, welchen Weg ich jetzt gehen soll. Soll ich dies tun oder jenes? Soll ich diese Entscheidung treffen oder jene? Er gibt mir keine Sicherheit mit auf den Weg und will trotzdem, dass ich ihm vertraue. Vielleicht ist das der Weg? Vielleicht heißt mein Weg, Jesus ganz zu vertrauen? Vielleicht ist das meine neue Richtung, dem Reich Gottes Raum zu geben?
Manchmal weiß ich nicht, wohin es geht. Dann kann ich nur wie Petrus sagen: «Herr, wohin sollen wir gehen? Du hast Worte des ewigen Lebens.»

(Matthäusevangelium 6, 33; Johannesevangelium 6, 68)

Meine Wanderung

Juli 24.

Ich muss es manchmal auch wortwörtlich tun: wandern. Beim Wandern lasse ich gewohnte Sicherheiten los, meine vertraute Umgebung, die Wohnung, das Auto, meine Reichtümer und Erfolge.

Ich gehe hinaus aus der Gefangenschaft in die Freiheit. Ich gehe hinaus von dem übervollen Schreibtisch und der Küche, in der sich das schmutzige Geschirr stapelt. Ich gehe hinaus aus meinem überladenen Terminplan, der mich stets festhalten will. Ich gehe hinaus und bin offen für Neues – für das Abenteuer des Lebens, für die Freiheit des Glaubens.

Ich gehe hinaus und spüre, wie ich Jesus auch im Wandern näher bin und seine Wege nachgehe. Ich gehe und mir kommt ein Psalmwort in den Sinn: «Weise mir, Herr, deinen Weg, dass ich wandle in deiner Wahrheit.» Ich gehe hinaus und lasse zu, dass mein Leben ein Wandern wird. «Zu Gottes Wanderschaft bist du vorbestimmt», so sagt es Werner Bergengruen einmal. Ich bin ein Wanderer.

(Psalm 86, 11)

Der Weg in ein neues Land

Juli 25.

Die Geschichte des Volkes Israel mit seinem Gott beginnt mit Abraham. Es ist eine Wandergeschichte.

So fing es an: «Gott sprach zu Abraham: Geh aus deinem Vaterland und von deiner Verwandtschaft und aus deinem Vaterhaus in ein Land, das ich dir zeigen will. Und ich will dich zu einem großen Volk machen und dich segnen.»

Welche Sicherheiten hatte Abraham? Welche Garantien besaß er? Abraham hatte nur ein Versprechen Gottes. Und dieses Versprechen war verbunden mit dem Weg, auf den er sich machen sollte. Hätte er sich nicht auf den Weg gemacht, so hätte er die Erfahrung mit Gott nicht gemacht. Der Weg des Abraham war der Beginn einer langen Geschichte Gottes mit seinem Volk.
Ich frage nach Sicherheiten. Ich will Garantien. Ich will genau wissen, womit ich rechnen kann und was mich erwartet. Jedoch – auf den Weg machen kann ich mich nur im Vertrauen auf Gott. Ich kann das wahre Leben nur erwandern, ich kann neues Land nur Schritt für Schritt kennen lernen.
Ich würde es mir gern anders wünschen – am warmen Kamin, im Sessel, warten, bis das Leben zu mir kommt. Irrtum! Ich muss mich auf den Weg machen, wie Abraham, unterwegs im Vertrauen auf den Segen Gottes.

(1. Mose/Genesis 12, 1-2)

Der Weg durch die Wüste

Juli
26.

Lange Zeit nach Abraham lebten die Israeliten als Sklaven in Ägypten. Da bekamen sie Sehnsucht nach dem Land, das Gott ihnen versprochen hatte, nach dem gelobten Land. Und Gott beauftragte Mose, das Volk in die Freiheit zu führen. Es begann eine vierzigjährige Wanderschaft durch die Wüste. Die Stimmung der Israeliten schwankte in dieser Zeit ständig. Einmal waren sie voller Jubel und vertrauten ganz auf Gott. Dann wieder murrten sie über die Anstrengungen auf der Wanderschaft, über den Hunger und die Ungewissheit. «Wären wir doch in Ägypten geblieben!», klagten sie manches Mal. Und die Fleischtöpfe in Ägypten, nach denen sie sich sehnten, sind noch heute ein geflü-

geltes Wort. Es kam vor, dass sie eben noch alle Hoffnung auf Gott setzten und im nächsten Augenblick andere Sicherheiten suchten, denen sie vertrauen konnten. Sogar ein goldenes Kalb schien ihnen einmal vertrauenswürdiger zu sein als Gott.
Wahrscheinlich ist meine Geschichte, ist unsere Geschichte ganz ähnlich. Meine Wanderung im Vertrauen auf Gott wird immer wieder unterbrochen, und dann suche ich mir andere Sicherheiten. Goldene Kälber kenne ich genügend in meinem Leben.
Die Wanderung der Israeliten wurde fortgesetzt, immer wieder. Und nur so konnten die Möglichkeiten Gottes erfahren, nein erwandert werden. Es ist ein weiter Weg zum neuen Land.

(2. Mose/Exodus 16, 1-3; Psalm 106)

Warnung vor dem Weg

Juli
27.

Auch die drei Weisen aus dem Morgenland machten sich auf den Weg. Ob sie zwischendurch an ihrem Weg zweifelten? Ich könnte sie gut verstehen! Vielleicht hatten sie noch die Warnungen und Vorbehalte ihrer Freunde im Ohr: Wollt ihr für eine leere Hoffnung alle Entbehrungen auf euch nehmen? Ihr werdet enttäuscht wieder zurückkehren, wenn ihr überhaupt überlebt! Bleibt doch hier, statt alles aufzugeben und euch lächerlich zu machen!
Wenn ich mich auf den Weg mache, auf Bequemlichkeit und Sicherheit verzichte, Gottes Stern mehr vertraue als den menschlichen Sternen und Sternchen, dann darf ich nicht erwarten, dafür Applaus zu bekommen. Wenige werden mich beglückwünschen. Wenige werden mich verstehen.

Aber nur so wird es möglich, dass meine Hoffnung keine leere Hoffnung bleibt. Nur unterwegs lerne ich zu vertrauen. Den Weg zum Leben kann ich nur erwandern.

(Matthäusevangelium 2, 1-11)

Unterwegs ohne festes Quartier

Juli
28.

Maria und Josef hatten die lange, beschwerliche Wanderung von Nazareth nach Bethlehem gerade hinter sich, als Jesus geboren wurde. Und wenige Tage später wanderten die Eltern mit dem Kind nach Jerusalem zum Tempel. So erfuhr Jesus schon am Anfang seines Lebens, was es heißt, unterwegs zu sein.
Später wanderte Jesus selbst durch das Land, er predigte und heilte unterwegs. Einmal sagte er von sich: «Die Füchse haben Gruben und die Vögel unter dem Himmel haben Nester; aber der Menschensohn hat nichts, wo er sein Haupt hinlege.»
Ich stelle mir vor, Jesus hätte irgendwo in Jerusalem oder Nazareth ein Eigenheim gehabt. Er hätte abends über seinen Papieren gesessen und Finanzierungsmodelle verglichen. Und wenn schon mal unterwegs, hätte er im Hotel übernachtet, mit Voranmeldung und Frühstück zwischen sieben und neun. Und irgendwo hätte er ein Büro gehabt, wo seine Mitarbeiter Briefe beantwortet hätten und wo er montags zu sprechen gewesen wäre.
Ich weiß, das ist eine unsinnige Vorstellung. Jesus war auf dem Weg. Aber das gilt eben nur für Jesus, oder?

(Matthäusevangelium 8, 20)

Mit Jesus auf dem Weg

Juli 29.

Viele Menschen, denen Jesus unterwegs begegnete, nahmen seinen Ruf zur Umkehr ernst. Sie ließen sich in Bewegung setzen. Etliche von ihnen wanderten mit Jesus durch das Land – einige davon sind uns als seine Jünger bekannt.

Am Beispiel Jesu lernten sie, was es heißt, unterwegs zu sein und auf Gott zu vertrauen. Sie erfuhren, dass ein Mensch dann aufhört zu leben, wenn er nur noch sich selbst sieht und sich alles um das eigene Leben dreht. Jesus sagte: «Wer mir nachfolgen will, der verleugne sich selbst und nehme sein Kreuz auf sich und folge mir. Denn wer sein Leben um meinetwillen verliert, der wird es finden.»

Die Jünger ließen sich auf den Weg mit Jesus ein. Sicher – sie standen immer in der Gefahr, zu ihren fragwürdigen Sicherheiten zurückzukehren und den Weg zu verlassen. Sie verstanden Jesus oft falsch. Aber sie gingen mit ihm.

Ich frage mich, was es für mich bedeuten würde, mich mit Jesus auf den Weg zu machen.

(Matthäusevangelium 16, 24-25)

Zwei Meilen gehen

Juli 30.

Was kann das bedeuten und bewirken, dass ich auf dem Weg bin, in Bewegung, unterwegs? Ich werde von Abhängigkeiten befreit werden und von Verletzungen und Ängsten erlöst. Ich werde neue Erfahrungen machen, von denen ich heute noch gar nichts ahne. Ich werde neue Maßstäbe gewinnen und

Menschen werden mir grundsätzlich wichtiger und wertvoller sein als Dinge.
Viele Verzweifelte, Ratlose und Suchende leiden darunter, dass sie gerade in ihrer Angst und ihrer Suche allein sind. Wer hat denn heute noch die Zeit und Bereitschaft, sich auf solche Menschen einzulassen? Jesus sagt: «Wenn dich jemand nötigt, eine Meile mitzugehen, so geh mit ihm zwei.» Da ist so ein Mensch, der in seiner Verzweiflung grob wird, aufdringlich wird. Alle seine Bitten sind überhört worden. Außer ein paar guten Ratschlägen hat er nichts bekommen. Aber er braucht keine Ratschläge, er braucht einen Menschen, der mit ihm geht, der seine Werkzeuge liegen lässt, seinen Rasen wachsen lässt und sich mit ihm auf den Weg macht. Unterwegs stört sie nichts, belastet sie nichts, sie haben Zeit und sind frei füreinander.
Ich werde befreit, mit anderen Menschen unterwegs zu sein. Und wenn ich denke, das kann ich in einer Stunde abhaken, dann sollte ich lieber mit zwei Stunden rechnen oder drei oder einem Jahr. Nur Menschen, die auf dem Weg sind, können sagen: Ich bin so frei.

(Matthäusevangelium 5, 41)

Vollbepackt auf dem Weg

Juli 31.

Zu Hause stapelte sich
mein kostbarster Besitz.
Berge von Sorgen füllten die Regale.
Meine Ängste fanden sich in allen Ritzen.
Vorurteile lauerten gleich hinter der Tür.
Und ich stand stolz in jeder Vitrine.

Als ich mich auf den Weg machte,
wollte ich auf meinen Besitz nicht verzichten.

Vollgepackt trat ich die Wanderung an.
Aber schon bald musste ich Ballast ablegen.
Jedes Stück, das auf dem Weg zurückblieb,
war mir ans Herz gewachsen. Es tat weh.
Doch die Last wurde leichter
und mit jedem Schritt wurde ich freier.

Der Weg nach Hause

August 1.

Christen sind unterwegs in dieser Welt, weil sie dort nicht zu Hause sind. «Wir haben hier keine bleibende Stadt, sondern die zukünftige suchen wir.»

Nicht diese sichtbare, vergängliche Welt soll Christen zur Heimat werden, sondern Gottes unsichtbare, ewige Welt. Wer sich hier zu häuslich einrichtet und seine Hoffnung nur in diese Welt setzt, ist mit seinem Leben und Denken in dieser Welt gefangen.

Ich will mich befreien lassen aus meiner Ichbezogenheit, aus meinem Grübeln und Sorgen, aus meinen Verletzungen und meiner Angst. Ich will mich befreien lassen, um aufstehen zu können, in Bewegung zu geraten und mich von Jesus dahin senden zu lassen, wo er mich braucht.

(Hebräerbrief 13, 14)

Die Feinde des Lebens

August 2.

Es gibt viele Feinde des Lebens: Angst, Enge, Leere, Abhängigkeit gehören zu ihnen. Alle Feinde des Lebens haben eines gemeinsam: Sie machen mich unfrei. Sie drücken mich nieder. Sie treiben mich in die Flucht vor mir selbst. Sie treiben mich in die Arbeit, in die Isolation, in den Sarkasmus oder den Alkohol. Sie bringen mich dazu, verzweifelt dem Leben nachzujagen – am Leben vorbei.

Die Bibel zeigt, dass Leben trotz aller Feinde und aller Hindernisse möglich ist. Der Geist des Lebens, der Geist Gottes kann mich aufrichten und mir meine Freiheit zurückgeben. Er macht mir Mut, eine neue Richtung für mein Leben einzuschlagen und Veränderungen zuzulassen, er macht Enge weit, füllt Leere aus und befreit mich – wenn ich dazu bereit bin – von Abhängigkeiten.

Ich wünsche mir, dass dieser Geist mein Leben bestimmt.

«Wo der Geist des Herrn ist, da ist Freiheit.»
(2. Korintherbrief 3, 17)

Nicht beherrschen lassen

August 3.

Ich will mich nicht
von den Göttern unserer Zeit beherrschen
lassen.
Mein Leben ist mir zu schade,
um es in Unfreiheit zu verbringen –
abhängig von den Normen unserer Luxusgesellschaft,
von Angeboten und Idealen,
die immer nur einigen wenigen «dienen».

Ich will mich an den einen Gott halten,
den Gott der Liebe und der Freiheit,
der das wirkliche Leben ermöglicht
für alle, die danach suchen.

«Du sollst keine anderen Götter haben neben mir.»
(2. Mose/Exodus 20, 3)

Ich nenne es Freiheit

August 4.

Gott, ich laufe immer wieder
vor dir weg.
Ich meine ohne dich zurechtzukommen.
Ich nenne es Freiheit
und meine in Wirklichkeit
meine Bequemlichkeit und Überheblichkeit.
Ich achte deine Gebote gering
und weise deine Liebe zurück.

Doch wenn alles schief gegangen ist,
wenn ich verzweifelt über mich selbst bin
und spüre, wie die Leere in mir wächst –
dann komme ich zu dir und bitte dich um deinen Segen.
Ich will nicht wieder warten, bis ich am Ende bin.
Jetzt brauche ich dich,
jetzt will ich zu dir kommen und deine Liebe erfahren.
Herr Gott, erbarme dich!

«Vernimm, o Herr, mein lautes Rufen, sei mir gnädig und erhöre mich!» (Psalm 27, 7)

Verlorene Kinder?

August
5.

Einer der bekanntesten Texte der Bibel ist das Gleichnis vom verlorenen Sohn. Jesus erzählte dieses Gleichnis, um damit unser Verhältnis zu Gott und seine Liebe zu uns zu verdeutlichen. «Ein Mensch hatte zwei Söhne», heißt es da. Und mit dem Menschen ist Gott gemeint, mit den Söhnen wir alle, Männer und Frauen.

Es gibt erschreckend viele Eltern, die eines ihrer Kinder als verlorenen Sohn oder als verlorene Tochter bezeichnen. Die Tochter mit dem unehelichen Kind hat von ihren Eltern Hausverbot erhalten. Der Sohn, der einen künstlerischen Beruf ergriffen hat, statt den elterlichen Betrieb zu übernehmen, ist für seine Eltern «gestorben». Die Tochter bekam nach dem großen Streit zu hören, dass sie sich erst entschuldigen müsse, bevor die Eltern wieder Kontakt mit ihr aufnehmen würden. Und der Sohn, der jetzt in einer anderen Stadt wohnt, bekommt alle Briefe ungeöffnet zurückgeschickt.

Bestimmt haben nicht nur Töchter und Söhne Schuld, wenn die Beziehung zwischen Kindern und Eltern abgebrochen ist. Oft müssen sich Kinder von ihren klammernden oder übermächtigen Eltern befreien.

Gott lässt uns Freiheit. Er lässt uns die Entscheidung, ja oder nein zu ihm zu sagen. Gott schenkt Leben und unzählige Möglichkeiten und überlässt uns, was wir daraus machen. Aber eines tut er immer: Er liebt uns!

(Lukasevangelium 15, 11)

Was er will

August
6.

Der jüngere Sohn, den wir im Gleichnis Jesu so gern als den verlorenen Sohn bezeichnen, will sein Erbe ausgezahlt bekommen. Dabei lebt der Vater noch und erfreut sich wahrscheinlich bester Gesundheit.
Der Vater fragt nicht nach. Er schäumt nicht vor Empörung. Er erzählt nicht, was er alles für seine Söhne getan hat. Er verbietet nicht. Er gibt nicht unaufgefordert Ratschläge. Er gibt dem Sohn, was der will.
So zeichnet Jesus unseren himmlischen Vater in diesem Gleichnis. Gott ist nicht derjenige, der uns eigene Wege unmöglich macht. Er hält uns nicht gefangen. Er verweigert uns nicht seine vielfältigen Gaben. Er fällt die Entscheidungen nicht für uns. Er lässt uns die Freiheit, über unser Leben selbst zu entscheiden.

«Und der jüngere Sohn sagte zu dem Vater: Vater, gib mir den Teil der Erbschaft, der mir zusteht. Da teilte der Vater seinen Besitz unter ihnen auf.» (Lukasevangelium 15, 12)

Gott lässt es zu

August
7.

Jesus erzählt, dass der Vater seinem Sohn das Erbe auszahlt. Ist das klug vom Vater? Viele Eltern würden ihren Kindern gern alle schmerzhaften Erfahrungen ersparen. Sie fällen wichtige Entscheidungen für die Kinder, und oft reagieren die Kinder darauf mit Aggression – oder aber mit Angepasstheit und Selbstaufgabe.

Gott, so macht Jesus deutlich, lässt es zu, dass wir unsere eigenen Erfahrungen machen, ja, dass wir uns gegen ihn richten oder sogar unser eigenes Leben gefährden. Gott lässt uns entscheiden, wie wir leben wollen.
Gott lässt es zu, wenn wir nichts mehr von ihm wissen wollen. Er steht uns nicht im Weg, wenn wir ihn als Einengung ansehen und uns von ihm «befreien» wollen. Er lässt uns die Richtung wählen, in die wir zu gehen wünschen. Er lässt uns gehen – wenn es sein muss, bis zum Ende der Welt.
So erzählt Jesus vom himmlischen Vater, der seine Kinder liebt.

«Und nach wenigen Tagen sammelte der jüngere Sohn alles zusammen und zog in ein fernes Land.» (Lukasevangelium 15, 13)

Gott ist weit weg

August
8.

Heute lebe ich, so sagen viele Menschen, und das allein zählt. Heute lebe ich und heute will ich das Leben genießen! Heute mache ich, was mir Spaß bringt. Heute nehme ich alles mit, was das Leben bietet. Heute kaufe ich mir die Welt, ich kaufe mir die schönsten Frauen, ich kaufe mir Freunde und lasse kein Vergnügen aus.
Heute lebe ich, so sagen viele Menschen, und sie haben Recht. Heute lebe ich – und ich will wirklich leben, echt leben, ich will lebendig sein. Wirkliches Leben ist viel mehr, als mich für kurze Zeit zu betäuben und Liebe zu kaufen. Wirkliches Leben ist viel mehr, als den leeren Angeboten des Todes nachzulaufen. Wirkliches Leben ist mehr.

«Dort führte er ein zügelloses Leben und verprasste sein ganzes Vermögen.» (Lukasevangelium 15, 13)

Welch ein Irrtum!

August
9.

Eben noch war er ganz «oben», so erzählt Jesus vom verlorenen Sohn. Und kurze Zeit später erleidet er einen tiefen Fall. Das Geld ist verprasst. Eine Hungersnot ist ausgebrochen. Er hat nichts mehr zu essen. Eben noch oben, jetzt ganz unten.

Was kostet die Welt, so fragen wir. Und wir machen unsere Pläne ohne Gott, wir tun so, als könnten wir das Leben im gekauften Vergnügen finden, im Alkohol, im Verreisen, im Arbeiten, in der Karriere! Wir machen unsere Pläne, selbstbewusst, so als würden wir ewig leben und «oben» sein – und plötzlich ist die Gesundheit kaputt, plötzlich ist der Ehepartner gestorben, plötzlich sind wir arbeitslos, plötzlich stehen wir fassungslos vor den Scherben unseres Lebens und müssen feststellen, dass alle Pläne hinfällig sind. Wir schauen zurück. Die Zeit, in der das Leben ein unendlicher Spaß zu sein schien, liegt weit zurück: War ich das damals? So war ich?

Wir suchen das Leben bei den Göttern des Todes. Welch ein Irrtum!

«Als er alles durchgebracht hatte, begann eine große Hungersnot in jenem Land, und es ging ihm sehr schlecht.»
(Lukasevangelium 15, 14)

Ich werde es schon schaffen

August
10.

Freunde, die wir kaufen müssen, sind ebenso schnell wieder verschwunden, wie sie gekommen sind. Weh uns, wenn wir mit Freunden rechnen müssen, die käuflich sind! Jesus beschreibt den «freien Fall» des verlorenen Sohnes. Der muss sich in seiner Not so erniedrigen, dass er sich einem Menschen aufdrängt, der ihn schließlich für sich arbeiten lässt: Er darf die Schweine hüten. Jesus wusste, was seine Zuhörer dabei empfanden. Das Hüten der als unrein geltenden Schweine war so ziemlich das Letzte, was ein Jude sich vorzustellen in der Lage war. Tiefer konnte niemand fallen! Oder?

Ich denke, der Sohn war immer noch nicht davon überzeugt, ein verlorener Sohn zu sein. Vielleicht dachte er noch: Ich finde schon einen Ausweg. Ich werde es irgendwie schaffen. Wenn erst einmal die Hungersnot vorbei ist, geht es mit mir wieder aufwärts. Schließlich habe ich schon Arbeit gefunden! Wenn ich nur will, schaffe ich es bestimmt!

Wie viele Menschen stehen vor den Scherben ihres Lebens und wollen es sich nicht eingestehen!

«Und er ging zu einem Bürger jenes Landes und drängte sich ihm auf. Der schickte ihn auf seine Felder, um die Schweine zu hüten.»
(Lukasevangelium 15, 15)

Tief fallen

August
11.

Wie tief kann ein Mensch fallen? Oder anders gefragt: Wie tief muss ein Mensch fallen, bevor er bereit ist, schonungslos die Bilanz seines Lebens zu ziehen und dann umzukehren, um einen neuen Weg zu gehen?
Unglaublich viele Menschen sind unglaublich tief gefallen oder gesunken. Sie sind in Beziehungen gefangen, die sie kaputtmachen. Sie trinken, sie essen, sie arbeiten ohne jedes Maß und zerstören damit das Leben in sich und in ihren Familien. Sie lassen sich von der Werbung unsinnige Produkte verkaufen, um sich Glück und Liebe einzuhandeln. Sie vernachlässigen sich selbst, ihre tiefen Sehnsüchte und ihre Träume vom Leben, und folgen den Göttern des Todes. Wie tief müssen sie fallen?
Es ist interessant, dass vor allem Menschen, die ganz unten waren, der Einladung Jesu folgten. Sie lebten nicht mehr in der Illusion, ihr Leben allein in den Griff zu bekommen. Sie spürten deutlich die Sehnsucht nach einem neuen, heilen Leben in sich. Bei Jesus haben sie es gefunden.
Wie tief muss ein Mensch fallen?

«Und er hätte gern seinen Hunger mit den Futterschoten gestillt, die die Schweine fraßen. Aber selbst das verwehrte man ihm.»
(Lukasevangelium 15, 16)

Außer sich

August
12.

Er war nicht nur «außer Landes», er war auch «außer sich». Er stand neben sich. Er kannte sich selbst nicht mehr. Er war nicht mehr ehrlich zu sich. Er machte sich etwas vor.
Er war nicht nur von seiner Heimat getrennt, er hatte sich vom Leben entfernt. Er hatte das Leben am falschen Ort gesucht und schaute jetzt in das Gesicht des Todes. Sein eigenes, wahres Gesicht traute er sich schon lange nicht mehr anzusehen. Hätte er dort noch Leben entdeckt?
«Da ging er in sich . . .» Er kann sich endlich wieder selbst gegenübertreten. Er sieht sich, wie er wirklich ist – ohne die Fassade, die er in der Vergangenheit aufgebaut hat. Er sieht seine Situation nicht mehr verklärt durch die Brille der Unwahrheit. Er erkennt sein ganzes Elend. Er macht sich nicht länger etwas vor.
Beim ersten Schritt der Anonymen Alkoholiker (AA) aus ihrer Sucht in ein neues Leben heißt es: «Wir gaben zu, dass wir dem Alkohol gegenüber machtlos sind und unser Leben nicht mehr meistern konnten.»

«Da ging er in sich . . .» (Lukasevangelium 15, 17)

Ich kann vergleichen

August
13.

Erst wenn ich mir offen und schonungslos verdeutlicht habe, wie mein Leben heute aussieht, bin ich in der Lage zu vergleichen. Wenn ich aufgehört habe, mir Illusionen zu machen und mich selbst zu betrügen, bin ich offen für positive Lebensbilder.

Jetzt kann ich mir ausmalen, wie mein Leben aussehen könnte. Ich kann gute Träume zulassen. Ich kann mir vorstellen, wie ein Leben ohne Alkohol oder übermäßiges Essen oder Arbeiten aussehen könnte, ohne Hass oder Selbstmitleid oder was immer mir die Luft zum Atmen genommen hat. Vielleicht kann ich mich wie der verlorene Sohn zurückerinnern an die Zeit, als mein Leben noch anders aussah. Vielleicht kann ich mir von anderen positive Bilder zeigen lassen. Ich kann mir das andere, das wirkliche Leben gar nicht deutlich genug ausmalen! Ich kann mir die neue Liebe zum Leben, das Vertrauen in Gott, die innere Freiheit und Leichtigkeit, die neuen Möglichkeiten gar nicht intensiv genug vorstellen!
Und wenn ich schonungslos vergleiche und mir ein neues positives Lebensbild deutlich vor Augen stelle, dann ist ein entscheidender Schritt dazu getan, nicht länger verloren zu sein.

«Da ging er in sich und sagte: Wie viele Tagelöhner hat mein Vater, die Brot im Überfluss haben, und ich komme hier vor Hunger fast um!» (Lukasevangelium 15, 17)

Eine Entscheidung fällen

August 14.

Wenn ich mir deutlich gemacht habe, wie mein jetziges Leben aussieht, kann ich Vergleiche ziehen zu dem Leben, das ich mir wünsche und vorstelle.

Und dann? Ich kann es tun wie die meisten anderen Menschen: Ich kann mein schweres Los beklagen. Ich kann den vielen verpassten Möglichkeiten nachweinen. Ich kann neidisch auf die blicken, die meine Probleme nicht haben. Ich kann von der Vergangenheit schwärmen, von besseren Zeiten. Ich kann mir Leid tun. Ich kann darüber schimpfen, dass mir niemand hilft.
Auf diese Weise wäre der verlorene Sohn aus dem Gleichnis Jesu wirklich und endgültig zu einem verlorenen Sohn geworden. Er

wäre die Schweine, die er hüten musste, nicht mehr losgeworden. Aber er reagierte anders: Er fällte eine Entscheidung.
Ich kann die Entscheidung treffen, alles loszulassen, was mich daran hindert zu leben, und mich auf den guten, schweren Weg zum Leben machen.

«Ich will mich aufmachen und zu meinem Vater gehen. Ich will ihm sagen: Vater, ich habe mich gegen den Himmel und gegen dich versündigt. Ich verdiene es nicht mehr, dein Sohn zu sein. Mache mich zu einem deiner Tagelöhner!» (Lukasevangelium 15, 18-19)

Eigentlich

August
15.

«Das ist kein Leben hier bei den Schweinen! Ich komme fast um vor Hunger und darf nicht einmal etwas vom Schweinefutter essen. Dabei könnte ich es gut haben! Bei meinem Vater könnte ich mich satt essen und ein erfülltes Leben haben. Eigentlich müsste ich nach Hause zurückkehren. Eigentlich müsste ich ein neues Leben beginnen. Eigentlich müsste ich die Konsequenzen ziehen. Eigentlich ...»
Eigentlich müsste ich endgültig Abschied nehmen von Dingen und Zuständen, die mich krank machen. Eigentlich müsste ich loslassen, was mich abhängig macht. Eigentlich müsste ich Ordnung in mein Leben bringen. Eigentlich müsste ich mir mehr Zeit für meine Familie nehmen. Eigentlich müsste ich mich aus ungesunden Verstrickungen lösen. Eigentlich müsste ich endlich einmal nein sagen. Eigentlich müsste ich mich auf den Weg zu meinem himmlischen Vater machen. Eigentlich ...
Es hilft nur eins: Ich muss es tun.

«Und er machte sich auf den Weg zu seinem Vater.»
(Lukasevangelium 15, 20)

Kehr um zum Leben!

August 16.

Kehr um zum Leben, so ungefähr lautet kurzgefasst die Botschaft Jesu. Und der verlorene Sohn, der längst nicht mehr verloren ist, hat den entscheidenden Schritt getan. Er hat das alte, kaputte «Leben» hinter sich gelassen.
Am Ziel seines Weges steht eine ungeheuer beglückende Erfahrung: Der Vater, die Liebe selbst, nimmt ihn ohne Vorbehalte auf. Er nimmt ihn in die Arme, ohne irgendwelche Bedingungen zu stellen. Ja, der Vater hat bereits gewartet und gehofft, der Sohn würde zurückkehren. Seine Entscheidung, den Sohn in Liebe anzunehmen, stand bereits ein für alle Mal fest. Der Sohn ist zu Hause. Das Leben hat ihn wieder.
Kehr um zum Leben, das Leben wartet auf dich! So etwa könnte die Botschaft für alle lauten, deren Leben voller Angst oder Abhängigkeit oder Unordnung ist. Und wenn ich den Schritt wage, so ist es ein Schritt der Heimkehr zu dem, der mir das Leben geschenkt hat, der auf mich gewartet hat und mich unendlich liebt.

«Und er machte sich auf den Weg zu seinem Vater. Der sah ihn schon von weitem kommen, und voller Mitleid lief er ihm entgegen, fiel ihm um den Hals und küsste ihn.» (Lukasevangelium 15, 20)

Beim Namen nennen

August 17.

«Was ich getan habe, tut mir Leid!» Wir wissen, wie wichtig so ein Satz sein kann. Ein neuer Anfang ist nur möglich, wenn wir über die Vergangenheit nicht leichtfertig hinweggehen. Die dunklen Teile unseres Lebens, die wir vertuschen und verschweigen, werden uns für immer verfolgen. Wir können dann

hoffen, von ihnen frei zu werden, wenn wir sie vor uns und anderen zugeben und beim Namen nennen. Die Beichte kann so ein Weg zur Freiheit werden.
Der Sohn, verloren und wiedergefunden, spricht seine Schuld aus. Er versucht nichts zu verschweigen oder zu beschönigen.
Beim fünften Schritt der Anonymen Alkoholiker aus ihrer Sucht in ein neues Leben heißt es: «Wir gaben Gott, uns selbst und einem anderen Menschen gegenüber unverhüllt unsere Fehler zu.»

«Vater, sagte der Sohn, ich habe mich gegen den Himmel und gegen dich versündigt. Ich verdiene es nicht mehr, dein Sohn zu sein.» (Lukasevangelium 15, 21)

Die volle Würde

August 18.

Eigentlich wollte der Sohn im Gleichnis Jesu seinen Vater nur darum bitten, als Tagelöhner bei ihm arbeiten zu dürfen. Jetzt kommt alles ganz anders. Die gute Kleidung, der Ring am Finger, die Schuhe – das alles sind deutliche Zeichen dafür, dass er wieder als Sohn aufgenommen wird. Es wird keine Einschränkung gemacht und keine Probezeit vereinbart. Der Heimgekehrte erhält seine volle Würde als Sohn zurück.
Ich bin froh, einem Gott vertrauen zu dürfen, den Jesus mit diesem liebenden Vater vergleicht. Ich bin froh, mit einem Gott rechnen zu dürfen, der auf mich wartet und mich in seine Arme schließen will. Ich bin «heilfroh», Tochter oder Sohn dieses Gottes sein zu dürfen und darin meine unzerstörbare Würde als Mensch zu besitzen.

«Aber der Vater rief seine Diener: Schnell, holt die beste Kleidung für ihn, steckt ihm einen Ring an den Finger und bringt ihm Schuhe!» (Lukasevangelium 15, 22)

Das Leben gefunden

August 19.

Eben noch vegetierte er zwischen den Schweinen dahin, jetzt wird seinetwegen ein fröhliches Fest gefeiert. Eben noch lief er vor dem Leben weg, jetzt begegnet er dem Leben in seiner ganzen Fülle. Eben noch suchte er das Leben bei falschen Freunden und oberflächlichem Vergnügen, jetzt hat er das Leben gefunden an dem Ort, wo die Liebe lebt.

Ich will nicht zwischen den Schweinen leben, und mir tut es weh, wenn Menschen meinen, nur dort sei ihr Platz und es gäbe keinen Ausweg für sie. Das Gleichnis vom verlorenen und wiedergefundenen Sohn ist eine Ermutigung, mit dem Leben zu rechnen – ohne Einschränkung. Es ist eine Ermutigung, mich dem Gott des Lebens anzuvertrauen und seine Liebe zu erfahren.

Für mich soll es nicht länger das Gleichnis vom verlorenen Sohn heißen. Es ist das Gleichnis vom liebenden Vater.

«Holt das gemästete Kalb und schlachtet es! Wir wollen essen und ein fröhliches Fest feiern. Denn dieser mein Sohn war tot und ist wieder zum Leben gekommen. Er war verloren und ist wiedergefunden. Und sie fingen an, fröhlich zu sein.» (Lukasevangelium 15,23-24)

Bei mir beginnen

August 20.

Wenn ich Schwierigkeiten im Zusammenleben mit anderen Menschen habe, frage ich meistens, was mit diesen Menschen wohl nicht in Ordnung ist. Haben sie ein zu ausgeprägtes Geltungsbewusstsein oder leiden sie unter Kontaktschwierigkeiten?

Bevor Jesus anfing, zu den Menschen zu gehen und die Frohe Botschaft der Liebe Gottes zu verbreiten, zog er sich erst einmal für sechs Wochen in die Wüste zurück. Das ist der Ort, an dem jeder Mensch schnell auf sich selbst zurückgeworfen ist. Dort in der Einöde zeigt sich deutlicher als sonst die eigene Persönlichkeit mit all ihren Besonderheiten. Jesus begegnete sich selbst und seinen sonst verborgenen Eigenschaften. Wie würde er reagieren, wenn er tagelang nichts gegessen hätte? Welche Sehnsüchte nach Macht und Ansehen würden in ihm aufsteigen? Zu welchen Wundertaten würde er die Kraft Gottes gebrauchen oder missbrauchen?

Jesus lernte sich in der Wüste schonungslos kennen. Er setzte sich den Verführungen und Anfechtungen des Lebens aus. Er lernte mit ihnen umzugehen und seinen eigenen Weg zu gehen, nicht den, den die Umstände ihm nahelegten. Und erst danach ging er zu den Menschen, um mit ihnen zu leben, zu reden, zu hören, zu feiern.

Ich will mir einen Ort, eine Zeit, eine Wüste suchen, wo ich mich so kennen lernen kann, wie ich wirklich bin. Ich will mir ungeschminkt gegenübertreten und meine Stärken und Schwächen erfahren. Und dann will ich mich auf meinen persönlichen Weg zu und mit den anderen Menschen machen.

(Matthäusevangelium 4, 1-11)

Ein paar Tage Zeit

21. August

Ab und zu ein paar Tage Zeit,
um mit mir allein zu sein –
mit mir und Gott, mit meinen geheimsten
Sehnsüchten und Träumen,
das brauche ich.

Ab und zu ein paar Tage Zeit, um Bilanz zu ziehen,
um mich schonungslos zu fragen,
ob ich eigentlich noch lebe, wirklich lebe.

Ab und zu ein paar Tage Zeit,
um mich richtig kennen zu lernen, wieder oder ganz neu,
um meine geheime Werteskala zu entdecken
und meine Tricks, mich durchs Leben zu mogeln.

Ab und zu ein paar Tage Zeit,
um zu Gott und zu mir selbst zu finden,
um seine und meine Gegenwart aushalten zu können,
ab und zu ein paar Tage,
bevor ich zurückkehre zu den Menschen,
bereit, mein Leben mit ihnen zu leben und zu teilen.

Ich trau mich nicht

August 22.

Natürlich, irgendwie glaube ich schon an Gott. Irgendwie ist er mir schon wichtig. Aber manchmal habe ich den Eindruck, dass ich nicht wirklich Platz für ihn in meinem Leben geschaffen habe. Am deutlichsten spüre ich das, wenn ich mit anderen Menschen zusammen bin. Oft reicht eine ironische Frage oder ein kritischer Blick aus – und ich traue mich nicht, davon zu reden, dass ich auf der Suche nach Gott bin und mir einen festen Glauben wünsche.
Eine Frau, von der die Bibel berichtet, beeindruckt mich sehr. Sie ließ sich weder durch spöttische Bemerkungen noch durch kritische Blicke davon abbringen, Jesus ihre Dankbarkeit und ihr Vertrauen auf sehr direkte Weise zu zeigen: Als Jesus mit seinen Jüngern bei einem Pharisäer zu Besuch war, kam sie herein und ging

direkt auf Jesus zu. In ihrer Hand hielt sie eine ungeheuer wertvolle, gut duftende Salbe. Sie küsste seine Füße und salbte sie voller Ehrfurcht.
Die meisten der Anwesenden waren sprachlos. Einer schrie: «Verschwendung! Die teure Salbe!» Und der Gastgeber fragte: «Warum lässt du so etwas zu?»
Jesus aber wandte sich der Frau zu. Sie hatte ihre Liebe und Dankbarkeit ihm gegenüber auf wunderbare Weise ausgedrückt, auf ihre persönliche Art. Sie hatte nicht auf die kritischen Blicke geachtet und sich nicht von ihrem Vorhaben abhalten lassen. Er sagte zu ihr: «Dein Glaube hat dir geholfen; gehe hin in Frieden.»

(Lukasevangelium 7, 36-50)

Irgendwann

August 23.

Nichts sagen,
nur weil andere es von mir erwarten!
Nichts tun, nur weil man es hier so tut!
Nichts glauben,
nur weil die Mehrheit es glaubt!
Nichts aufgeben, nur weil andere es mir einreden wollen!
Nichts versprechen, nur um anderen zu gefallen!
Nichts unterlassen,
nur weil einige die Nase rümpfen oder darüber lachen!
Nichts zulassen,
nur weil wir ja doch nichts dagegen tun können!
Nichts tun, womit ich mich selbst verrate!
So müsste ich leben, echt und authentisch!

Irgendwann, irgendwann werde ich es versuchen,
irgendwann – oder heute!

Lauter Originale

August
24.

Jeder Mensch ist ein Original, ein einzigartiges Geschöpf, von Gott mit viel Liebe geschaffen. Die Bibel drückt es so aus: «Gott schuf den Menschen zu seinem Bilde, zum Bilde Gottes schuf er ihn.» Eine ungeheure Würde, die in jedem Menschen liegt, ist damit ausgedrückt.
Jeder ist ein Original, von Gott unendlich geliebt. Und wenn ich danach frage, wie ein Zusammenleben mit anderen Menschen aussehen kann, so gibt es nur eine Antwort: Zuerst einmal muss ich bereit sein, mir die Augen und das Herz für die besondere Würde öffnen zu lassen, die jeder Mensch in sich trägt. Ich muss bereit sein, sie mir bei meinen Kindern zeigen zu lassen, meinen Verwandten, meinen Kolleginnen, meinen Feinden.
Gern würde ich dies auslassen. Gern würde ich selbst entscheiden, wie würdig und liebenswert jeder Mensch ist. Aber damit würde ich aus jedem Zusammensein, jeder Gemeinschaft Gott ausklammern. Er würde seinen Segen verweigern. Er würde seine geliebten Menschen von mir entwürdigt sehen.
Ich will meinen Mitmenschen so begegnen, wie Jesus es gezeigt hat: als Menschen, die wertvoll sind und denen Gott Würde verliehen hat.

«Gott schuf den Menschen nach seinem Bild.»
(1. Mose/Genesis 1, 27)

Unendlich wertvoll

August 25.

Es gibt keine Rangfolge bei Gott,
wertvoll, wertvoller, am wertvollsten.
Es gibt keinen Unterschied darin,
wie Gott seine Liebe verteilt,
ungeliebt, etwas geliebt, sehr geliebt,
überaus geliebt.

Jeder Mensch ist für Gott ein wunderbares Original,
unendlich wertvoll und so sehr geliebt,
dass er das Leben seines Sohnes für diesen Menschen gab.

Mich nicht leben lassen

August 26.

Wenn es im Zusammenleben Schwierigkeiten gibt, so ist es oft der leichteste Weg, sich zurückzuziehen. Und tatsächlich – viele Menschen ziehen sich von allem zurück, was sie nicht kennen, was neu oder anders ist, was sie herausfordern oder in Frage stellen könnte. Manche «ganz Fromme» sehen es gar als ihre Aufgabe an, der Welt völlig zu «entfliehen» und nur unter ihresgleichen zu sein. Wenn Jesus das auch getan hätte, bräuchte ich jetzt nicht weiterzulesen.

Vor allem Menschen, die kein gesundes Selbstbewusstsein besitzen, müssen vor jeder Auseinandersetzung Angst haben. Aber je mehr ich wachse, geistig und geistlich, je mündiger und reifer ich werde, umso mehr bin ich in der Lage, mich auf andere Menschen einzulassen. Sie stellen keine ständige Bedrohung mehr für mich dar. Ich lasse mich nicht mehr von ihrer Art und ihren Argumenten «wegschwemmen».

Ich wünsche mir die innere Sicherheit und Gelassenheit, dass ich offen auf andere hören kann, ohne dass mein inneres Gleichgewicht aus den Fugen gerät. Ich wünsche, dass ich mir von niemandem aufzwingen lasse, wie unser Miteinander, unsere Gespräche und Auseinandersetzungen auszusehen haben.

«Wir sollen nicht mehr unmündige Kinder sein, ein Spiel der Wellen, hin und her getrieben von jedem Widerstreit der Meinungen, dem Betrug der Menschen ausgeliefert, der Verschlagenheit, die in die Irre führt.» (Epheserbrief 4, 14)

Grenzen setzen

August
27.

Jesus war nicht immer nur nett und freundlich zu den Menschen. Er ging nicht immer auf ihre Vorstellungen ein. Er war nicht immer und nicht für jeden zu sprechen. Er ließ sich nicht jedes Gesprächsthema aufdrängen. Er war nicht bereit, sinnlos Zeit zu vertun.
Jesus setzte Grenzen. Er konnte sehr deutlich nein sagen. Er brachte Gespräche auf den Punkt. Er beendete Gespräche. Er ließ Menschen stehen und ging fort. Er entschied selbst, ob er mit Menschen reden, streiten oder feiern wollte.
Ohne Grenzen bin ich schnell leer. Ohne Grenzen bin ich schnell überfordert. Ohne klare Grenzen ist gute Gemeinschaft nicht möglich.
Ich will herausbekommen, wie weit ich meine Grenzen stecken kann oder wie eng ich sie ziehen muss. Ich will meine Grenzen gegen andere deutlich machen und verteidigen, um innerhalb der Grenzen wunderbare Möglichkeiten zur Begegnung nutzen zu können.

«Und Jesus ließ sie stehen und ging weg.»
(Matthäusevangelium 16, 4)

Liebe, die nein sagen kann

August 28.

Oft verwechsle ich
Liebe mit Nachgiebigkeit,
Güte mit Schwäche
und Glauben mit freundlichem Lächeln.
Und ich merke nicht,
wie ich zu einem Zerrbild meiner selbst werde.
Meine Liebe wird ausgenutzt,
meine Güte milde belächelt
und mein Glaube nicht ernst genommen.

Gott, ich bitte dich um einen Glauben,
der mein ganzes Leben verändert,
um Güte, die weiß, was sie will,
und um Liebe, die auch einmal nein sagen kann.

Auf jede Gewalt verzichten

August 29.

Die Gewalt hat viele Gesichter. Und die körperliche Gewalt ist nicht immer die schlimmste Form. Gerade im Zusammenleben von Menschen, die sich «gut vertraut» sind, begegnet uns Gewalt auf andere Weise: Menschen werden durch Liebesentzug bestraft. Sie werden erpresst: «Ohne dich kann ich nicht leben!» Sie werden unter moralischen Druck gesetzt: «Das ist nichts als deine Pflicht und Schuldigkeit!» Men-

schen werden tyrannisiert, gedemütigt, hintergangen und betrogen.
Zuneigung und Liebe kann ich mir niemals mit Gewalt verschaffen. Mit lautem Schreien kann ich niemanden überzeugen. Auf psychologischen Terror kann ich keine Freundschaft gründen. Durch Druck erreiche ich weder menschliche Nähe noch Offenheit.
Wirklich gelingen kann Gemeinschaft nur, wenn ich auf jede Form von Gewalt verzichte. Blühen und wachsen wird sie dann, wenn wir sie uns in gegenseitiger Achtung in aller Freiheit schenken.
Wenn ich nicht auf Gewalt verzichten will, werde ich im Grunde meines Herzens stets ein einsamer Mensch sein.

«Freuen dürfen sich alle, die auf Gewalt verzichten; denn Gott wird ihnen die Erde zum Besitz geben.»
(Matthäusevangelium 5, 5)

Den Kindern ein Beispiel sein

August 30.

Auch einem Kind kann ich nur mit Respekt begegnen. Es besitzt eine Würde als geliebtes Geschöpf Gottes. Aber ein Kind braucht auch deutliche Grenzen, die ihm von seinen Eltern gesetzt werden. Innerhalb dieser Grenzen kann es über einen großen, mit den Jahren wachsenden Freiraum verfügen, in dem es sich freuen und entwickeln kann.
Viele Eltern trauen sich nicht, konsequent Grenzen zu ziehen. Dafür erschweren sie dem Kind das Leben, indem sie seinen Freiraum durch eine Unzahl von Ermahnungen, nicht wahr gemachten Androhungen und durch Meckereien ausfüllen. So hat das Kind

gar nichts: weder eindeutige Grenzen noch einen großen, schönen Freiraum.
Die beste Erziehung, die Eltern ihren Kindern innerhalb des Freiraums schenken können, ist die Erziehung durch das eigene Vorbild. Kinder haben ein gutes Gespür dafür, ob die Eltern selbst die Ideale verwirklichen, die sie ihnen zu vermitteln versuchen.

Paulus schreibt: «Nehmt mich zum Vorbild, wie ich Christus zum Vorbild nehme.» (1. Korintherbrief 11, 1)

Kinder erwachsen werden lassen

August
31.

«Deine Kinder sind nicht deine Kinder, sie kommen durch dich, aber nicht von dir, und obwohl sie bei dir sind, gehören sie dir nicht. Du kannst ihnen deine Liebe geben, aber nicht deine Gedanken, denn sie haben ihre eigenen Gedanken. Denn das Leben geht nicht rückwärts und verweilt nicht beim Gestern. Du bist der Bogen, von dem deine Kinder als lebende Pfeile ausgeschickt werden ...» (Arabische Weisheit).
Nicht jedes Kind hat gute Fürsprecher, wenn die Eltern «klammern», das Kind daran hindern, eigene Erfahrungen zu machen und eigene Wege zu gehen, wenn Erwachsene Kinder klein machen oder überversorgen, ihre Freunde aussuchen, den Beruf festlegen und Dankbarkeit einklagen.
Jesus sagte einmal zu Menschen, die sich nicht lösen können: «Wer zu mir kommt und nicht Vater und Mutter, Frau und Kinder, Brüder und Schwestern, ja sogar sein Leben gering achtet, der kann nicht mein Jünger sein.»

Einmal muss jeder Mensch den Schritt zum Erwachsensein machen, weg von allen Abhängigkeiten von anderen, ja, auch von der Abhängigkeit, nur für mich selbst leben zu wollen. Je später ich erwachsen werde, umso schwerer und schmerzhafter für alle ist der Schritt dahin.

(Lukasevangelium 14, 26)

Du bist Gottes Kind

September
1.

Du bist Gottes Kind,
ein Kind des Lebens,
und wenn ich voller Stolz sage:
«Du, mein Kind!»,
dann nicht, weil du mir gehörst!

Du bist Gottes Kind,
ein Kind des Lebens,
und wenn ich voller Glück sage: «Du, meine Liebste!»
oder «Du, mein Liebster!»,
dann nicht, weil du mein Eigentum bist,
über das ich verfügen kann.

Du bist Gottes Kind,
geboren zur Freiheit,
und Nähe ist immer ein Geschenk
und Liebe eine freie Entscheidung.

Probleme zulassen

September
2.

Probleme gehören zum Leben, egal, ob ich das wahrhaben will oder nicht. Und sie gehören erst recht zu jedem Zusammenleben. Immer, wenn sich Menschen näher kennen lernen, müssen sie mit Problemen rechnen. In jedem Gespräch, jeder Begegnung warten Probleme, Missverständnisse und Konflikte.

Ich kann mit Problemen, die sich in der Beziehung zu meinen Mitmenschen ergeben, unterschiedlich umgehen:

1. Ich kehre sie unter den Tisch. Ich übergehe sie. Ich ignoriere sie. Ich schiebe sie weg. Aber jetzt haben sie die Möglichkeit, zu wachsen wie ein Krebsgeschwür. Probleme, die übergangen werden, können jedes Miteinander zerstören.
2. Ich überbewerte sie. Ich mache aus einem kleinen Problem eine große Sache. Ich rede über nichts anderes. Ich klage an. Ich verteile Schuld. Ich vergesse über einem Problem die guten, positiven Seiten einer Beziehung. Ich steigere mich in ein Problem so sehr hinein, dass es mich und uns überfordert.
3. Ich gehe sinnvoll und kreativ mit einem Problem um. Ich rede offen darüber, ohne dem Problem einen zu großen Raum zu geben. Ich begegne dem anderen in Liebe und Freundschaft, auch wenn wir unterschiedlicher Meinung sind. Ich höre auf den anderen Menschen, ohne mich selbst aufzugeben. Und jede Beziehung gewinnt durch Probleme und Schwierigkeiten, die wir gemeinsam gemeistert haben.

«Seid klug wie die Schlangen und ohne Falsch wie die Tauben.»
(Matthäusevangelium 10, 16)

Ein Fremder

September
3.

Ich treffe ihn im Fahrstuhl.
Ich habe ihn nie vorher gesehen.
Er mustert mich kritisch.
Er macht einen mürrischen Eindruck.
Er ist abweisend und unfreundlich.
Er spricht kein einziges Wort mit mir.
Nicht mal «Guten Morgen!» oder
«Ich wünsche noch einen angenehmen Tag!»
Solche Leute wie der können einem
den ganzen Tag verderben.

Er trifft mich im Fahrstuhl.
Er hat mich nie vorher gesehen.
Ich mustere ihn kritisch.
Ich mache einen mürrischen Eindruck.
Ich bin abweisend und unfreundlich.
Ich spreche kein einziges Wort mit ihm.
Nicht mal «Guten Morgen!» oder
«Ich wünsche noch einen angenehmen Tag!»
Solche Leute wie ich können einem
den ganzen Tag verderben.

Streiten lernen

September
4.

In jeder Ehe und Familie, jeder Nachbarschaft, Freundschaft und Gemeinschaft gibt es Meinungsverschiedenheiten und Streit. Manchmal ist Streiten sogar notwendig, um Probleme erkennen, angehen und lösen zu können.

Aber auch Streiten muss gelernt werden, das ist mir klar. Ich habe noch viel zu lernen. Ich muss lernen, meine Unzufriedenheit nicht ständig hinunterzuschlucken, sondern klar auszusprechen. Ich muss lernen, anderen zuzuhören. Wirklich zuhören will ich und nicht schon in Gedanken eine Antwort überlegen und zu einem «Gegenschlag» ausholen. Ich muss lernen, nach dem zu fragen und zu spüren, was vielleicht unausgesprochen der wahre Grund für den Streit ist. Und ich muss lernen, mich nicht selbst hinreißen zu lassen und Zorn und Ärger stets weiterzuschüren.
Und noch etwas muss ich lernen: Jeder Streit braucht ein Ende, ein wirkliches, endgültiges Ende – und das sollte lieber heute als morgen sein.

«Versündigt euch nicht, wenn ihr in Zorn geratet, und versöhnt euch wieder miteinander, bevor die Sonne untergeht, sonst bekommt der Teufel Macht über euch.» (Epheserbrief 4, 26-27)

Die Meinung sagen

September 5.

Christen streiten nicht,
haben wir gelernt.
Und so sind wir Duckmäuser geworden,
die milde lächelnd
ihre Vorbehalte runterschlucken,
um hinter dem Rücken,
im kleinen, vertrauten Kreise,
nur unter uns, versteht sich,
Gift zu versprühen
und gewaltige Feindbilder aufzubauen.

Christen streiten nicht, haben wir gelernt,
und wir schauen uns ganz lieb in die Augen
und denken bei uns:

Einmal werd ich dir die Meinung sagen!

Und immer noch gibt es Christen, die glauben,
sie könnten in einer Gemeinde leben,
ohne sich die Meinung zu sagen,
die eigene, ehrliche Meinung.

Vergebung lernen

September 6.

Ein Grund, sich über andere aufzuregen, lässt sich in jeder Gemeinschaft finden, auch in der besten. Ich werde nicht nur gut behandelt, und ich bin zu anderen nicht nur freundlich und rücksichtsvoll. Ich hätte oft Grund, mich über andere zu ärgern, und die hätten Grund, sich über mich zu ärgern. Ich könnte es ihnen heimzahlen, und sie könnten es mir heimzahlen. Wir könnten manchen dauerhaften Kleinkrieg beginnen.
Die Bibel blickt nicht in diese negative Richtung. Sie fragt nicht nach Rache und Rechthaberei, sondern nach Heilung und Vergebung. Sie fragt danach, wie ein Problem überwunden werden kann. Sie will dazu ermuntern, eine zerstörerische Verhaltensweise in Zukunft zu vermeiden. Sie sucht nach Wegen, wie aus einem Gegeneinander ein Miteinander werden kann.
Wenn ich mitten in schwierigen Problemen, in Streit und Auseinandersetzung, in persönlicher Enttäuschung und Verletzung stecke, will die Bibel mir einen heilsamen Blick nach vorn schenken.

«Vergeltet Böses nicht mit Bösem und beantwortet Beleidigung nicht mit Beleidigung! Im Gegenteil, segnet!» (1. Petrusbrief 3, 9)

Meine eigenen Fehler sehen

September 7.

Alle anderen haben und machen Fehler. Sie nehmen sich zu wenig Zeit für mich oder sind furchtbar rechthaberisch. Sie denken immer nur an die Vergangenheit und sind nicht offen für meine guten Vorschläge. Sie sind unzuverlässig oder übergenau und pedantisch. Sie streiten bei jeder Gelegenheit oder kriegen ihren Mund nicht auf. Sie sind langweilig oder völlig überdreht.

Fehler finde ich bei den anderen. Und ich sammle ihre Fehler wie andere Leute Briefmarken. So gibt es immer Gesprächsstoff. Gemeinschaftsfähig allerdings bin ich erst, wenn ich auch meine eigenen Fehler erkenne. Vielleicht muss ich es trainieren, meine Fehler zu sehen, denn ich bin es ja überhaupt nicht gewohnt. Ich habe meine Augen oft vor den eigenen Fehlern verschlossen.

Wenn ich meine Fehler – wenigstens einige – entdecke und merke, wie schwer es ist, daran zu arbeiten und etwas zu ändern, dann werde ich bald spüren: Ich gewinne mehr und mehr Verständnis für meine Mitmenschen mit ihren kleinen und großen Fehlern.

«Warum siehst du den Splitter im Auge deines Bruders, aber den Balken in deinem Auge bemerkst du nicht? Zieh zuerst den Balken aus deinem Auge, dann kannst du versuchen, den Splitter aus dem Auge deines Bruders herauszuziehen.»
(Matthäusevangelium 7, 3 und 5)

Aus meinen Fehlern lernen

September 8. Wenn ich etwas falsch mache, kann ich daraus lernen. Ich kann versuchen, es beim nächsten Mal besser zu machen. Ich kann fragen, warum ich so gehandelt habe und nicht anders. Ich kann mich besser kennen lernen und feststellen, dass ich vieles falsch, aber auch vieles richtig mache.

Schuldig werde ich nicht dadurch, dass ich etwas falsch mache, sondern dadurch, dass ich nicht dazu stehe. Schuldig werde ich erst dadurch, dass ich etwas verdrehe und vertusche. Schuldig werde ich, wenn ich stets andere Menschen oder die Umstände als Entschuldigung anführe. Und eines Tages muss ich vielleicht feststellen, dass mein Leben nichts weiter war als eine einzige, große Lüge.

Nicht in der Vergangenheit bleiben

September 9. Wenn ich in meinem erwachsenen Sohn immer noch zuerst das kleine Kind von damals sehe, wird ein gleichberechtigtes Miteinander unmöglich. Wenn ich bei einem Besuch von Freunden immer noch den Ärger darüber spüre und pflege, dass sie vor Jahren einen geplanten gemeinsamen Urlaub abgesagt haben, wird der Besuch eine Enttäuschung werden. Wenn ich bei einem Ausflug mit Verwandten immer nur von früheren Ausflügen

schwärme, die natürlich viel schöner waren, dann sollte ich mir und uns diesen Ausflug ersparen.
Ich kann alte Verletzungen und Vorurteile pflegen, in Erinnerungen schwelgen, Ängste und Enttäuschungen wachhalten. Ich kann an alten Bindungen und eingefahrenen Verhaltensweisen festhalten. In allen Fällen verbaue ich mir und den Menschen, mit denen ich zu tun habe, neue gemeinsame Erfahrungen.
Gott ist ein Gott der Liebe und der Freiheit. Ich will mich von ihm befreien lassen von den Lasten meiner Vergangenheit. Ich will mir für Gemeinschaft und Begegnung eine neue Offenheit schenken lassen. Ich will vorurteilsfrei und ohne Angst mit Menschen zusammen sein und mich mit ihnen auf Neues einlassen.

«Ein anderer aber, einer seiner Jünger, sagte zu ihm: Herr, lass mich zuerst heimgehen und meinen Vater begraben! Jesus erwiderte: Folge mir nach; lass die Toten ihre Toten begraben!»
(Matthäusevangelium 8, 21-22)

An ihren Sprüchen sind sie zu erkennen

10. September

Viele Menschen haben Angst vor allem Neuen. Sie kleben an der Vergangenheit, an alten Vorurteilen, und lassen keine neuen Erfahrungen zu. Zu erkennen sind diese Menschen meistens schon an ihren Sprüchen, zum Beispiel:
Das haben wir immer so gemacht!
Die ändert sich nie!
Einmal gelogen, immer gelogen!
Das geht sowieso nicht!
Davon verstehst du nichts!

Das ist unmöglich!
Das habe ich früher schon einmal versucht!
Vertraue nie einem ...!
Alle ... sind kriminell!
Ich kann das nicht!
Ja, ja, die gute alte Zeit!
Da weiß ich, was ich hab!

Zuhören lernen

September 11.

Die meisten Menschen können besser reden als zuhören. Zuhören bedeutet für sie höchste Anspannung. Reden dagegen können sie, vielleicht sogar ohne Unterbrechung, lange und ausgiebig.

Reden kann mir helfen, eine Sache klarer zu sehen und weiterzukommen. Menschen allerdings, die ständig reden und immer wieder dasselbe reden, treten auf der Stelle. Sie nutzen nicht die Möglichkeit, beim Reden, beim Formulieren, beim Kämpfen um Worte neue Aspekte einer Sache zu erkennen, deutlicher zu sehen und innerlich Schritte nach vorn zu machen. Sie nutzen auch nicht die Möglichkeit, Reaktionen und Ansichten ihrer Zuhörer aufzunehmen und zu verarbeiten. Sie reden nicht, sie plappern, sie wiederholen ihre Vorurteile, ihre Ängste, ihre einseitigen Wahrnehmungen. Sie treten auf der Stelle.

Zuhören kann mir helfen, meinen Blick zu erweitern. Ich stelle fest, dass die Welt nicht nur aus mir und meinen Problemen besteht. Zuhören bedeutet auch, von mir wegzusehen. Und es hilft mir, meine eigene Geschichte in einem anderen Licht zu sehen.

Übrigens: Viele meinen, gute Zuhörer zu sein. Dabei denken sie beim «Zuhören» nur darüber nach, was sie gleich antworten, erwidern oder hinzufügen können. Gute Zuhörer gibt es viel zu selten. Und wirklich gute Redner sind die, die am besten zuhören können.

«Gibt einer Antwort, bevor er gehört hat, so ist es Torheit und Schande für ihn.» (Sprüche Salomos 18, 13)

Am anderen interessiert sein

September 12.

Ich kann andere Menschen dadurch missbrauchen, dass ich sie als Mülleimer benutze. Ich überfalle sie mit meinen Problemen, ich langweile sie mit meinen Geschichten – und meistens sind es alte Geschichten, die ich immer wieder aufwärme. Ich benutze diese Menschen, um mich abzureagieren, um mich zu produzieren, um nicht allein zu sein.
Natürlich darf ich mit meinen Erlebnissen und Problemen zu anderen gehen. Natürlich darf ich abladen. Aber das darf nicht so aussehen, dass ich diese Menschen nur benutze und an ihnen persönlich nicht interessiert bin. Menschen, die stark genug sind, werden sich das auch nicht lange gefallen lassen. Sie werden sich von mir befreien – wie auch immer das aussehen mag.
Eine Beziehung zu einem Menschen kann ich nur aufbauen, wenn er auch für mich interessant wird. In jeder Beziehung ist eine gewisse Form von Gleichberechtigung wichtig. Aber leider gibt es immer mehr Menschen, die andere nur benutzen.

«Jeder Freund sagt: Ich bin dein Freund. Doch mancher Freund ist nur dem Namen nach Freund.» (Jesus Sirach 37, 1)

Mich in dich hineinversetzen

September
13.

Es geschah vor einigen Jahren auf einer Gemeindefreizeit. Wir hatten in der ersten Woche schöne, gemeinsame Tage. Durch die Bibelarbeiten, so war der Eindruck, waren wir innerlich gewachsen. Wir machten eindrucksvolle Wanderungen und hatten viel Spaß.

Gegen Ende der ersten Woche begann eine Krise. Es ging dabei um das Programm für die folgenden Tage. Zwei Gruppen mit unterschiedlichen Vorstellungen hatten sich gebildet und ein tiefer Graben tat sich zwischen ihnen auf. Die Gruppenmitglieder standen sich nach kurzer Zeit, nach heftigen Wortgefechten und Angriffen, wie erbitterte Feinde gegenüber.

Da schlug jemand ein «Spiel» vor und alle ließen sich darauf ein. Einen Nachmittag lang tauschten alle, die sich einer der beiden gegnerischen Gruppen angeschlossen hatten, ihre Rolle. Die einen vertraten die Meinung der Gegner und umgekehrt. Es war ja nur ein «Spiel».

Doch das Spiel hatte Konsequenzen. Alle, die sich in die jeweils andere Meinung hineinversetzt hatten, hatten am Abend Verständnis für die andere Gruppe. Sie sahen, dass auch die anderen auf ihre Weise Recht hatten. Und bevor die Nacht begann, war ein guter Kompromiss für die letzten Tage der Freizeit gefunden.

Alt und jung

September
14.

Folgender Text aus Ägypten ist über 3000 Jahre alt: «Die Jugend achtet das Alter nicht mehr, zeigt bewusst ein ungepflegtes Aussehen, sinnt auf Umsturz, zeigt keine Lernbereitschaft, ist ablehnend gegen überkommene Werte ...»
Der Generationskonflikt ist keine Erfindung unserer Zeit. Die Kinder und Jugendlichen waren selten so brav und folgsam, wie Eltern sich das erträumten. Und die Älteren gaben jungen Menschen schon immer Anlass zu Kritik, weil sie am Alten und Gewohnten hängen.
Im Leben jedes Menschen muss es unterschiedliche Phasen geben. Es gibt Phasen der kritischen Betrachtung aller übernommenen Werte, Phasen des Fragens und Suchens, des Lernens, des Arbeitens, des Nachdenkens, des Festhaltens und Abschiednehmens. Jede Familie, jede Beziehung, jede Gemeinschaft ist darauf angewiesen und lebt davon, dass verschiedene Menschen in verschiedenen Phasen voneinander lernen und sich gegenseitig akzeptieren. Gerade die Vielfalt ist hier auch Reichtum.
Jede Gemeinschaft, jede Gesellschaft, jede Kirchengemeinde wird arm und armselig, wenn alle Interessengruppen und Altersgruppen nur noch isoliert bestehen, wenn nur noch Gleichdenkende zusammen sind – Komplizen derselben Lebensweise.

«... der soll das Herz der Väter bekehren zu den Söhnen und das Herz der Söhne zu ihren Vätern ...» (Maleachi 3, 24)

Die verschiedenen Generationen

September
15.

Auf der Geburtstagsfeier hatten sich alle, Alt und Jung, gemeinsam an die Kaffeetafel gesetzt. Aber schon nach wenigen Minuten zogen sich die Kinder in eines der Zimmer zurück. Dort waren sie unter sich.

Die Erwachsenen regten sich für einen kurzen Augenblick auf wegen der nicht aufgegessenen Reste, die auf den Kindertellern lagen, aber sie waren zugleich ganz froh über die plötzlich eingekehrte Ruhe. Und die nächsten Stunden verbrachten die Erwachsenen im Wohnzimmer und plauderten angeregt.

In vielen Kirchengemeinden nimmt der Trend zu, dass die einzelnen Altersgruppen unter sich sind. Die Senioren versammeln sich dienstags und donnerstags, die jungen Ehepaare mittwochs, die Jugendlichen und Kinder in ihren speziellen Gruppen. Selbst Gottesdienste werden oft nur von einer bestimmten Gruppe (meist älterer) Erwachsener besucht. Für Jüngere werden spezielle Jugendgottesdienste angeboten.

Wo gibt es noch Orte, an denen sich die verschiedenen Generationen treffen, wo sie miteinander feiern, singen, spielen, diskutieren, fragen, beten? Wo gibt es Orte, wo wir aufeinander hören und voneinander lernen, wo wir aufeinander zugehen? Wir brauchen solche Orte!

Freundschaften pflegen

September
16.

Freundschaften darf ich genießen. Ich darf mich an einer Freundschaft freuen, an Zuwendung und Nähe, Aufmunterung und Hilfe. Freundschaft tut gut. Aber ich muss eine Freundschaft auch pflegen. Im Alltagsstress ist es leicht möglich, den Kontakt zu einer Freundin zu verlieren. Bei den vielen Verpflichtungen, die ich habe, kann eine Freundschaft unbemerkt einschlafen.

Manchmal darf ich erleben, dass Freundschaft mich aufbaut und trägt. In meiner Trauer war es eine wunderbare Überraschung, als du plötzlich in der Tür standest. Bei der Wohnungsrenovierung war es eine wichtige Hilfe, dass du eine Woche dabei warst und angepackt hast.

In manchen Zeiten bin ich allein für die Pflege einer Freundschaft verantwortlich. Wenn du dich in deiner Verzweiflung zu Hause verkriechst, kannst du damit rechnen, dass ich mich melde. Wenn du vor lauter Arbeit nicht mehr weiterweißt, biete ich meine Hilfe an.

Ich bin dankbar für meine Freundinnen und Freunde. Ich will meine Freundschaften nicht leichtfertig aufs Spiel setzen. Ich will sie fördern und pflegen.

«Für einen treuen Freund gibt es keinen Kaufpreis, und unbezahlbar ist sein Wert.» (Jesus Sirach 6, 15)

Gastfreundschaft üben

September
17.

Wenn ich nicht bereit bin, meine Zeit, meine Erfahrungen, meinen Besitz zu teilen, wird jede Beziehung nur zu einem Nehmen meinerseits, nicht zu einem Geben. Jede Beziehung wird so misslingen.
Ein besonderes Beispiel für das Teilen ist die Gastfreundschaft: Wir öffnen unser Haus für Gäste, wir teilen unseren Feierabend und unser Essen und Trinken. Auch wenn der Teppich schmutzig und der Wein ausgetrunken wird – unsere Tür steht offen.
Allerdings – beim Thema Gastfreundschaft scheiden sich die Geister. «Zu Hause will ich meine Ruhe!» oder «Wir sind schließlich kein Hotel!» hören wir – vielleicht umso häufiger, je «besser» es den Menschen geht.
Es gibt die beglückende Erfahrung: Teilen und Gastfreundschaft machen die Herzen weit und lebendig. Sie bereichern jede Gemeinschaft um eine neue Dimension.

«Seid gastfrei zueinander, ohne euch zu beklagen.»
(1. Petrusbrief 4, 9)

Gastfreundschaft bedeutet teilen

September
18.

Gastfreundschaft
bedeutet teilen:
meine Wohnung, mein Essen und Trinken,
meine Gedanken, meine Zeit
und ein Stück von meinem Leben.

Ich teile mit anderen und mache sie dadurch reicher:
reicher an Erfahrungen, reicher an Erinnerungen,
reicher an Liebe und Freundschaft, reicher an Leben.

Und das Beste daran:
Ich selbst werde durch das Teilen nicht ärmer!
Durch jedes Teilen wird mein Herz weiter und ich beginne,
etwas von dem wahren Reichtum zu verstehen,
der niemals vergeht.

Alle Lebensbereiche teilen

September 19.

Lachen und sich freuen, weinen und traurig sein, das sind eindeutige Lebenszeichen. Sie zeigen, dass wir noch lebendig sind. Menschen, die das nicht mehr können, sind bereits zu Lebzeiten tot. Menschen, die solche Lebenszeichen bei sich oder anderen unterdrücken und verbieten, zerstören Leben. Gemeinschaft heißt, Leben und Lebenszeichen mit anderen zu teilen. Es bedeutet: Ich lasse mich durch die Fröhlichkeit anderer anstecken und verzichte darauf, ständig zur Ernsthaftigkeit erziehen zu wollen. Ich begleite Menschen in ihrer Trauer und verschließe mich nicht vor ihrem Schmerz. Ich behalte mein Glück nicht für mich allein, sondern lasse andere daran teilhaben. Ich schlucke meine Angst nicht hinunter und ziehe mich, wenn ich traurig bin, nicht von allen Menschen zurück, sondern nehme Trost und Nähe gern an, solange sie mich nicht einengen und bedrängen.

Und ich werde feststellen, dass Wunden, an denen ich nicht allein leiden muss, viel schneller heilen. Ich werde spüren, dass Freude erst richtig schön ist, wenn wir uns gemeinsam freuen können.

«Freut euch mit den Fröhlichen und weint mit den Traurigen!» (Römerbrief 12, 15)

Das Liebesdreieck

September 20.

Das «Liebesdreieck» zeigt mir, was ich für mein Leben brauche: Es ist wichtig, dass ich mich von Gott geliebt weiß, von anderen Menschen und von mir selbst. Und es ist wichtig, dass ich Gott liebe, meine Mitmenschen und mich selbst. Lebenskrisen hängen oft damit zusammen, dass mein Liebesdreieck deformiert ist. Wer nur für andere lebt, nur für seine Familie zum Beispiel, wird eines Tages vor den Trümmern seines Lebens stehen – und es sich selbst vielleicht nicht einmal eingestehen. Wer sein Leben Gott weihen will und dabei nicht die Menschen neben sich sieht, geht am Leben vorbei. Und wer nur sich selbst sieht (von wirklicher Liebe kann da nicht die Rede sein), wird bald ein innerlich einsamer und armseliger Mensch sein.
Ich will mich ab und zu selbst fragen und überprüfen, ob mein Liebesdreieck noch richtig «in Form» ist.

«Du sollst den Herrn, deinen Gott, lieben von ganzem Herzen, von ganzer Seele, von allen Kräften und von ganzem Gemüt, und deinen Nächsten wie dich selbst.» (Lukasevangelium 10, 27)

Ist das Liebe?

September 21.

Sie hat nie an sich gedacht.
Sie hat nur an sich gedacht.
Er lebte nur für seine Firma.
Er tat alles für die Kirche.
Aus lauter Liebe konnte sie nicht loslassen.
Er arbeitete bis zum Umfallen.
Sie ließ keine christliche Veranstaltung aus.
Sie opferte sich für ihre Familie auf.
Er verließ seine Familie, um sich selbst zu verwirklichen.
Sie las täglich stundenlang in frommen Schriften und hatte keine Zeit für ihre Mitmenschen.

Wenn ich nur mich oder nur eine bestimmte Person oder nur Gottes Gesetze liebe, dann sollte ich besser nicht von Liebe sprechen.

Wir nennen es Liebe

September 22.

Wir wollen einen Menschen besitzen – und nennen es Liebe. Wir wollen jemanden nach unseren Vorstellungen ändern oder erziehen – und nennen es Liebe. Wir wollen stets gewürdigt werden und im Mittelpunkt stehen – und nennen es Liebe. Wir wollen Recht haben und uns durchsetzen – und nennen es Liebe. Wir wollen unsere Vorstellungen und Ideale sofort verwirklicht sehen – und nennen es Liebe.
Es ist ein weiter Weg zu einer Liebe, die den anderen gelten lässt und ihn groß macht, nicht klein, die sein Wohl will und nicht nur das eigene. Manchen Menschen ist dieser Weg zu anstrengend.

Manche haben Angst, etwas zu verlieren oder zu kurz zu kommen. Aber wenn wir diesen Weg konsequent gehen, eröffnet sich eine neue Dimension von Beziehung, von Gemeinschaft und Miteinander. Wenn wir diesen Weg gehen, wird die Welt für uns und andere lebenswerter.
Wir müssen selbst entscheiden, ob wir den Weg der Liebe gehen wollen. Und doch liegt es nicht allein in unserer Hand: Wir empfangen die Liebe immer als Geschenk – als Gottesgeschenk.

«Die Liebe hat Geduld. Sie ist gütig und ereifert sich nicht. Sie prahlt nicht und spielt sich nicht auf. Sie verhält sich nicht taktlos, sucht nicht den eigenen Vorteil und lässt sich nicht zum Zorn reizen. Sie ist nicht nachtragend. Sie freut sich nicht, wenn einer Fehler macht, sondern wenn er das Rechte tut.» (1. Korintherbrief 13, 4-6)

Phantasie für andere

September 23.

«Was du nicht willst, dass man dir tu, das füg auch keinem andern zu!» So lautet ein altes, bekanntes Sprichwort, das das Zusammenleben der Menschen regeln will. Es versucht die Menschen voreinander zu schützen. Wer sich an diese Anweisung hält, wird seinen Mitmenschen nicht schaden. Er wird sich zurückhalten. Und Zurückhaltung kann manchmal sehr gut und wichtig sein.
Jesus will mehr von uns als negative Abgrenzung. Er formuliert das Sprichwort anders, positiv: «Alles nun, was ihr wollt, dass euch die Leute tun sollen, das tut ihnen auch!»
Jesus lädt ein, unser Zusammenleben kreativ zu gestalten: Ich versuche mich in meinen Mitmenschen hineinzudenken. Ich lasse mich auf das Abenteuer ein, den anderen kennen zu lernen und zu fragen, wie ich ihm gerecht werden kann. Ich setze meine Phantasie

ein, um ihm Freude zu bereiten. Ich höre auf ihn, bevor ich handle. Und wenn ich in guter Absicht etwas für ihn tue, was ihm gar nicht gefällt, dann halte ich ihn nicht für undankbar. Ich höre genau hin. Ich versuche ihn zu verstehen. So wie ich es mir im andern Fall auch wünschen würde.

(Matthäusevangelium 7, 12)

Luxus statt Liebe

September 24.

Wir alle stehen fassungslos davor, wenn Eltern ihre Kinder vernachlässigen, ihnen Liebe vorenthalten und sie statt dessen mit Spielzeug und Luxusartikeln überhäufen. Zeit, Nähe, Liebe sind durch nichts zu ersetzen. Kinder wissen das noch nicht. Sie spielen das Spiel vom Luxus mit und fordern mehr und mehr. Die Freude an den Geschenken währt allerdings von Mal zu Mal kürzer.

Kinder wissen das noch nicht, aber sie ahnen etwas in ihrem Unterbewusstsein. Sie versuchen den Eltern Zeit, Nähe und Liebe abzutrotzen. Sie machen auf ihre Weise auf sich aufmerksam, um beachtet zu werden. Und auch Bestrafung ist eine Form von Beachtung, die das Kind erfährt – sie ist immer noch besser als Missachtung. Kinder ahnen das. Und doch ist die Gefahr groß, dass sie eines Tages teure Geschenke mit Liebe verwechseln.

Erwachsene sollten es besser wissen. Und trotzdem spielen viele das Spiel weiter. Sie gönnen sich etwas, weil sie sich dadurch als wertvoller empfinden. Sie leben über ihre finanziellen Verhältnisse, obwohl sie in Wirklichkeit Sehnsucht nach Beachtung und Liebe haben. Und eines Tages verwechseln sie Besitz mit Liebe.

Jesus deckt diese menschliche Tendenz auf. Er weist darauf hin, dass die Liebe Gottes und die meiner Mitmenschen durch nichts ersetzt werden kann – auch wenn ich wie ein vernachlässigtes Kind immer mehr und mehr Geschenke anzuhäufen versuche.

«Sammelt euch nicht Schätze hier auf der Erde.»
(Matthäusevangelium 6, 19)

Der Feind bleibt auf der Strecke

September 25.

Es sind etliche Forderungen Jesu an mich in der Bibel überliefert, die meine schreckliche Selbstgerechtigkeit eigentlich wegblasen müssten. Eine davon lautet: «Liebt eure Feinde und bittet für die, die euch verfolgen, damit ihr Kinder eures Vaters im Himmel seid!» Das ist wie ein Schlag ins Gesicht. Wer kann denn von sich behaupten, dieser Forderung gerecht zu werden? Wer kann da anders vor Gott stehen als mit leeren Händen?

Und doch – erledigt ist die Forderung der Feindesliebe dadurch für mich nicht. Sie bleibt bestehen als ständige Herausforderung. Sie zeigt mir einen Weg für meine Weiterentwicklung. Sie zeigt mir ein Ziel, dem ich mich zu nähern versuchen darf.

Und wenn ich mich diesem Ziel nur einen Schritt nähere, ist dann der andere noch wirklich mein Feind? Und wenn ich mich zwei oder drei Schritte nähere, ist dann die Feindschaft nicht schon überwunden? Müssen da nicht sämtliche Feindbilder und Feindschaften schon nach wenigen Schritten auf der Strecke bleiben? Das wäre revolutionär! Das wäre wahnsinnig! Ob Jesus das so radikal meint? Hoffentlich nicht, oder?

(Matthäusevangelium 5, 44-45)

Mit leeren Händen

September
26.

Ich versuche mit meinen Mitmenschen gut auszukommen. Ich wünsche mir, liebevoll und rücksichtsvoll zu sein. Ich tue alles, damit mein Leben und das meiner Familie gelingt. Ich versuche mich gegen alles zu wehren, was Leben zerstört. Ich bin gewohnt, für mich zu sorgen. Ich habe gelernt, hart zu arbeiten. Ich versuche gesund zu leben. Kann ich mehr tun?
Manchmal muss ich feststellen, dass ich mit meinen eigenen Möglichkeiten am Ende bin. Dann sehe ich meine Grenzen erschreckend deutlich. Manchmal weiß ich nicht mehr weiter.
Ich bin froh, dass ich dann nicht so tun muss, als sei alles in Ordnung. Ich bin dankbar, dass ich mir meine Ratlosigkeit und Hilflosigkeit eingestehen und meine ganze Hoffnung auf Gott setzen darf. Es ist gut, dass ich mit leeren Händen kommen und alles von Gott erwarten darf.

«Herr, heile mich, so werde ich heil, hilf mir, so ist mir geholfen; denn du bist meine Hoffnung, o Herr!» (Jeremia 17, 14)

Gesund leben

September
27.

Ich versuche regelmäßig etwas für meine Gesundheit zu tun. Ich versuche mich gesund und ausgewogen zu ernähren. Ich versuche mich ausreichend zu bewegen. Ich versuche den richtigen Rhythmus zu finden zwischen Arbeit und Freizeit, Anspannung und Entspannung. Ich versuche es wirklich – aber oft bleibt es beim Versuch. Dann falle ich über Süßigkeiten

her oder mache eine unsinnige Diät, dann nehme ich das Auto, statt die Strecke zu gehen, und ich arbeite wieder viel zu lange.
Ich setze meine Gesundheit aufs Spiel durch eine falsche Lebensweise. Und ich weiß genau, dass nicht nur mein Körper gepflegt werden will, sondern auch mein innerer Mensch, mein Geist und meine Seele. Es gibt keine Gesundheit ohne Liebe, ohne Hoffnung, ohne Freude und Spaß, ohne Vertrauen und Geborgenheit. Auch wenn ich mir selbst gegenüber nicht ehrlich bin, kann ich nicht gesund sein. Und jede Form von übertriebener Angst und von Enge macht ebenfalls krank.
Ein fröhlicher, liebevoller Glaube ist immer noch der beste Weg zu einer Gesundheit, die mein ganzes Leben umfasst. Ob mir diese Medizin zu einfach ist?

«Ich wünsche, dass es dir in allen Dingen gut geht und du gesund bist, so wie es deiner Seele gut geht.» (3. Johannesbrief 2)

Ich bin so einsam

September
28.

«Bist du allein, von allen Menschen verlassen, dann geh in die Stadt – downtown!», so hieß es in einem bekannten Schlager. Aber wer diesen Ratschlag befolgt, wird feststellen, dass er sich dort, im Lichtermeer der großen Stadt, wahrscheinlich noch einsamer fühlt als vorher.
Immer mehr Menschen leiden unter Einsamkeit. Sie können mit sich selbst nichts anfangen, weil sie sich nicht wirklich kennen, mögen und lieben. Sie können auch mit Gott nichts anfangen, weil sie von ihm nur eines wollen: dass er durch sein göttliches Eingreifen ihre Einsamkeit überwinde. Sie können mit anderen Menschen nichts anfangen, weil sie Angst vor Nähe und Angst vor der Andersartigkeit des anderen haben.

Jesus lebte die Liebe und liebte das Leben. Und Liebe kennt keine Angst. Er hatte keine Angst vor Nähe und keine Angst davor, dass Menschen anders waren als er – vielleicht besonders fromm, selbstgerecht, aufdringlich, egoistisch, verzweifelt, kaputt. Aber er wusste genau, wann er selbst es nötig hatte, sich in die Einsamkeit zurückzuziehen. Dort konnte er es gut aushalten, mit sich selbst und mit Gott. Dort konnte er Liebe auftanken und Gott an sich wirken lassen.
Ich möchte die Erfahrung machen, mit mir und mit Gott nicht einsam sein zu müssen. Ich will Gott nicht um Menschen bitten, die mir Abwechslung bringen, sondern um Liebe. Alles Weitere wird sich finden.

«Jesus ging hinaus an einen einsamen Ort.»
(Lukasevangelium 4, 42)

Ich leide unter der Ungerechtigkeit

September
29.

Ich leide unter der Ungerechtigkeit in dieser Welt. Ich leide darunter, dass Kinder verhungern müssen. Ich leide, weil Krieg ist und Menschen ihr Leben oder ihre Familie oder ihre Heimat verlieren. Ich leide, wenn Wälder gerodet werden und Vögel bei einer Ölpest qualvoll verenden.
Ich leide? Die verhungernden Kinder leiden! Die vergewaltigten Frauen im Krieg leiden! Die Bäume und Vögel leiden! Die Flüchtlinge leiden! Ich leide?
Wer kann etwas gegen das Leid in dieser Welt tun? Die sterbenden Kinder? Die sterbenden Wälder? Oder die Kriegstreiber? Die Ausbeuter?

Ich leide. Das zeigt, dass ich nicht abgestumpft bin, dass ich die Schreie der Hungernden und Sterbenden noch höre und dass ich mehr sehe als mein eigenes Leben, meinen eigenen Vorteil, meine eigene Ruhe. Wie lange muss ich noch leiden, bis ich erkenne, dass ich es bin, der oder die etwas gegen das Leid in dieser Welt tun kann und tun soll? Das hat doch alles keinen Sinn? Es hat einen Sinn, denn so werde ich Mensch und so wird diese Welt menschlicher.

«Wenn du den Hungrigen sättigst und dem Elenden hilfst, dann wird dein Licht in der Finsternis aufgehen und dein Dunkel wird sein wie der helle Tag.» (Jesaja 58, 10)

So menschlich!

September 30.

Christen wollen gern stark im Glauben sein, sie wollen geistlich wachsen und Gott mit dem, was sie tun, gefallen. Die Bibel zeigt aber sehr deutlich, dass Wachstum meistens da geschieht, wo Menschen scheitern, wo sie schwach sind, wo sie Fehler machen, wo sie Dummheiten begehen. Das alles ist menschlich! Und durch Fehler können wir lernen, aus Enttäuschungen können wir Konsequenzen ziehen, durch Misserfolge können wir wachsen.

Es ist schade, dass in christlichen Gemeinden so oft ein Drama daraus gemacht wird, wenn jemand einen Fehler begeht oder am Ziel vorbeischießt. Da wird öffentlich verurteilt oder – noch schlimmer – hinter dem Rücken getuschelt, da wird sich entrüstet oder der wahre Glaube in Frage gestellt. Wäre es nicht viel angemessener, aus Fehlern eine Feier zu machen und zu sagen: Bravo, ein Fehler, daraus können und wollen wir alle etwas lernen!?

«Lasst uns wahrhaftig sein in der Liebe und in allem wachsen zu ihm hin, der unser Haupt ist: Christus.» (Epheserbrief 4, 15)

Wenn Gott menschlich wird

Oktober 1.

Viele Menschen fühlen sich klein und minderwertig. Sie haben Schwierigkeiten, etwas mit dem Satz anzufangen: «Alle Menschen sind unendlich wertvoll.» Sie betrachten sich selbst als elend, schwach, faul, gierig. Sie finden sich «schrecklich menschlich».

Zum Glück hat Gott viel Geduld mit uns Menschen. Was tat Gott, um uns zu zeigen, dass wir wertvoll sind? Was tat er, um zu verdeutlichen, dass es gut ist, menschlich zu sein? Ganz einfach: Gott wurde in Jesus selbst Mensch.

Und Jesus hatte sogar am Tag vor seiner Kreuzigung noch viel Geduld, scheint mir. Er gab seinen Freunden etwas zur Erinnerung mit auf den Weg, etwas zum Mitmachen und Nachmachen. Was das war? Es war keine theoretische Abhandlung und es handelte sich um keine Meditationsübung. Es gab ein Essen, ein Essen zum Nachmachen. Als er den Jüngern das Brot reichte, sagte er: Das ist mein Leib, mein Körper, mein Fleisch. Fast so, als wollte er ausrufen: Versteht ihr endlich, dass Gott Mensch geworden ist? Dann nehmt doch auch für euch das Menschsein von ganzem Herzen an!

Und als er ihnen den Wein reichte, spielte er noch einmal auf sein Menschsein an, auf seine Sterblichkeit, seine Angst und Schmerzen: Das ist mein Blut. Und wir können ergänzen: Das tat ich für euch Menschen, weil ich euch sehr liebe und ihr mir unendlich wertvoll seid.

(Lukasevangelium 22, 14-20)

Leben oder Besitz

Oktober
2.

Die Frucht der Weisheit ist Friede,
die Frucht des Reichtums ist Müdigkeit.
(Sprichwort)

«Geht hinein durch die enge Pforte.
Denn die Pforte ist weit und der Weg ist breit,
der zur Verdammnis führt,
und es sind viele, die auf ihm hineingehen.
Eng ist die Pforte und schmal ist der Weg,
der zum Leben führt,
und es sind wenige, die ihn finden.»
(Jesus)

Es ist kein Geschenk,
was du dem Armen aus deinem Besitz gibst.
Es ist das, was ihm gehört.
(Ambrosius)

(Matthäusevangelium 7, 13-14)

Erntedankfest

Oktober
3.

Gott, ich danke dir
für die Sonne
und den Regen,
für Bäume und Blumen und alle Früchte,
an denen ich mich satt essen darf.

Ich danke dir für meine Gaben und Fähigkeiten,
für das Lachen, die Musik, die Freude,
für jede gute Gemeinschaft
und alles, was mich glücklich macht.

Gott, ich danke dir für deine große Liebe,
die mein Herz weit macht,
damit ich andere sättigen kann
und mich über ihr Glück freue.

«Danket dem Herrn, denn er ist freundlich, und seine Güte währet ewig.» (Psalm 118, 1)

Aus Gottes Hand

Oktober 4.

Auch wenn Menschen mir so etwas einreden wollen: Glauben heißt nicht, mir selbst und anderen alles Schöne und Angenehme verbieten zu müssen. Ganz im Gegenteil! Ich darf an einen Gott glauben, der mein Leben bereichern und erfüllen will. Ich darf einem Gott vertrauen, der mein Leben reich segnen will. Mein Glaube zeigt mir, dass Liebe und Freude, Glück und Zufriedenheit Geschenke aus Gottes Hand sind. Den Menschen, der mich liebt, und den Menschen, der mich braucht, kann ich aus Gottes Hand nehmen, den Sonnenuntergang und das Gebirge im Urlaub, die Knospe im Frühling und die leckere Mahlzeit. Gott, ich freue mich und danke dir!

«Es ist ein Glück für den Menschen, wenn er essen und trinken kann und sich gütlich tut bei seiner Mühsal. Doch auch das, sah ich, kommt aus der Hand Gottes. Denn wer kann essen und wer genießen ohne ihn?» (Prediger/Kohelet 2, 24-25)

In der Hölle wird nicht geteilt

Oktober 5.

Gott will von niemandem sinnlose Opfer. Wer meint, opfern an sich mache ihn zu einem besonders guten Christen, irrt zutiefst. Gott erwartet nur sinnvolle Opfer, die etwas Gutes bewirken. Wenn ich auf etwas verzichte, was mich träge oder abhängig macht, dann kann dieses Opfer mir größere Freiheit ermöglichen. Wenn ich Geld opfere für Menschen, die in Not sind, so beschäftige ich mich mit der Frage der Not und des Leids in dieser Welt, und außerdem wird – hoffentlich – mit diesem Geld geholfen.

Teilen bedeutet oft ein Opfer. Wenn ich meine Wohnung teile, meine Zeit, mein Geld, mein Essen, dann sieht es im ersten Augenblick so aus, als würde ich etwas verlieren und der andere dabei gewinnen. Die Erfahrung zeigt etwas anderes: Menschen, die teilen, werden dadurch reicher. Zeit, die ich teile, gewinnt an Qualität. Geld, das ich teile, schenkt mir ein weites Herz und macht mich und andere glücklich. Essen, das ich teile, schmeckt erst richtig gut. Und eine Wohnung, die ich teile, ist ein Ort, an dem es sich leben und wohl fühlen lässt. In der Hölle wird nicht geteilt. Wo geteilt wird, erleben wir bereits heute ein Stück Himmel auf Erden. Übrigens: Wirklich glückliche Menschen erkennen wir daran, dass sie teilen können, ohne dafür etwas haben zu wollen.

«Vergesst nicht, Gutes zu tun und mit anderen zu teilen! Denn an solchen Opfern hat Gott Freude.» (Hebräerbrief 13, 16)

Etwas Abstand hilft

Oktober
6.

Mit etwas Abstand lässt sich vieles im Leben deutlicher sehen und erkennen. Wenn ich etwas Abstand von meinen Problemen habe, zeigt sich viel eher eine Lösung.

Mit Abstand erscheint manches plötzlich lächerlich – und tragisch: Menschen verzichten auf ihr Lebensglück, weil sie unermüdlich versuchen, Reichtümer anzuhäufen. Menschen verkaufen sich selbst und ihre Meinung. Menschen betrügen, setzen unter Druck, zahlen Bestechungsgelder, nur um «reich» zu werden. Menschen vernachlässigen ihre Kinder oder verraten ihren Glauben, nur um sich noch mehr «leisten» zu können.

Dabei gehört ihnen in dieser Welt gar nichts. Was sie haben, ist ihnen nur geliehen für die wenigen Jahre ihres Lebens. Aber statt sich an ihrem Besitz zu erfreuen und damit Gutes zu tun für sich und andere, häufen sie weiter an, krallen sich daran fest und beten ihn als Gott an.

Mit etwas Abstand sehe ich, wie leer und kalt und tot viele Menschen schon heute sind – obwohl ich den Eindruck hatte, sie würden noch leben.

«Nackt, wie der Mensch auf die Welt gekommen ist, muss er wieder von ihr gehen. Von allem, was er hier angehäuft hat, kann er nichts mitnehmen.» (Prediger/Kohelet 5, 14)

Ein Auto für Gott

Oktober
7.

Anfang Oktober 1985 war ich unterwegs an der Ostküste der USA, um letzte Vorbereitungen für eine aufregende Gruppenfahrt zu treffen. 25 Pfarrer und interessierte Gemeindeglieder aus Deutschland freuten sich bereits auf den Start einer Rundreise zu lebendigen Kirchengemeinden in den USA.
Eines der Probleme, mit denen ich kurz vor Ankunft der Reisegruppe zu tun hatte, waren die Autos für unseren Transport während des Aufenthalts hier. Die beiden Kleinbusse, die von Deutschland aus gebucht worden waren, stellten sich als zu klein heraus. Es waren zwar genügend Sitzplätze vorhanden, aber überhaupt kein Raum für das Gepäck. Ich hätte jetzt noch einen der riesigen amerikanischen Kombis gebraucht, um alles Gepäck verstauen zu können.
Am Sonntag vor der Ankunft der Gruppe besuchte ich einen Gottesdienst in der Nähe von New York. In einer Woche, so war geplant, würde die Gruppe am Gottesdienst teilnehmen. Heute wies der Pastor bei den Abkündigungen bereits darauf hin und erwähnte in einem Nebensatz, dass es noch ein Problem gäbe.
Nach dem Gottesdienst kam John auf den Pastor und mich zu. John war Inhaber eines Blumenladens. «Was ist das Problem der deutschen Gruppe?», fragte er. Ich sprach von dem Kombi, den wir noch brauchten. «Ich habe mir vor einigen Wochen einen neuen großen Kombi gekauft und den alten noch nicht verkauft. Mein Besitz gehört Gott. Wenn Gott ihn benutzen will, ist das okay. Ihr könnt den neuen Wagen haben!» Ich war glücklich und tief beschämt über die Bereitschaft, Besitz so selbstverständlich zu teilen.

Keine Ersatzlösungen mehr

8. Oktober

Ich könnte die Jahre, die mir noch zu leben bleiben, damit verbringen, so viel wie möglich in mich hineinzustopfen: Leckerbissen, Alkohol, Gewaltszenen, grelle Farben ...
Ich könnte, innerlich zerrissen, versuchen, meine Sehnsucht nach Leben und Liebe zu stillen, mit weiten Reisen, teuren Einkäufen oder immer neuen und extremeren Eindrücken.
Ich könnte flüchten in ungute Beziehungen, in eine fragwürdige Karriere, in die Krankheit, in Abhängigkeit oder Depression oder ständige Beschäftigung.
Ich könnte aber auch überlegen, ob ich die Einladung dieses Jesus Christus nicht doch annehmen sollte. Ich könnte ihm nachfolgen und hätte das ganze Leben, unerschöpfliches Leben – auch wenn ich in den Augen mancher Leute vielleicht arm wäre. Ich könnte unterwegs sein als Gottes Mitarbeiterin oder Mitarbeiter auf den Spuren der Liebe. Ich könnte aufhören mit den ganzen Ersatzlösungen.
Das ist es, was ich brauche! Es wird mir langsam deutlicher. Das ist es, was ich brauche und was diese Welt braucht. Keine Ersatzlösungen mehr!

«Jesus sagt: Ich bin das Brot des Lebens. Wer zu mir kommt, wird nie mehr hungern, und wer an mich glaubt, wird nie mehr Durst haben.» (Johannesevangelium 6, 35)

Aber Jesus!

Oktober
9.

Außer den zwölf Jüngern gab es noch eine größere Zahl von Menschen, die Jesus folgten und mit ihm unterwegs waren – sei es für kurze Zeit oder länger. Etliche von ihnen waren Frauen.

Es gab viele Menschen, die für Jesus und seine Jünger ihre Häuser öffneten und sie bei sich aufnahmen. Zu diesen Menschen zählten auch die Schwestern Marta und Maria. Ja, sie hatten sogar ein besonders herzliches, persönliches Verhältnis zu Jesus.

Als Jesus wieder einmal in das Haus von Marta und Maria einkehrte, verstieß er gleich zweimal gegen die damals in Israel üblichen Regeln und Bräuche: Sich von einer Frau in ihr Haus einladen zu lassen, war für einen frommen Juden mehr als anstößig. Aber absolut unvorstellbar war es für einen Rabbi, einen jüdischen Lehrer, eine Frau zu belehren und wie einen Schüler zu unterrichten.

Jesus war in allem, was er tat, souverän. Ihn interessierten nicht zuerst Regeln, sondern Menschen. Er sprach nicht zu den Menschen, die als besonders würdig galten, sondern zu denen, die Sehnsucht nach Gottes Liebe hatten. Er unterschied nicht nach Männern und Frauen, nach Armen und Reichen – er ging zu allen, die ihre Hoffnung auf Gott setzten. Für ihn zählten nicht Sitte und Anstand, sondern einzig und allein Gottes Liebe zu den Menschen.

«Als sie weiterzogen, kam Jesus in ein Dorf, in dem er von einer Frau namens Marta gastlich aufgenommen wurde. Sie hatte eine Schwester, Maria, die setzte sich zu den Füßen des Herrn nieder und hörte seiner Rede zu.» (Lukasevangelium 10, 38-39)

Immer im Einsatz

10. Oktober

Jesus war zu Gast im Haus von Marta und Maria. Wahrend Maria fasziniert zu seinen Füßen saß und ihm zuhörte, hatte Marta alle Hände voll zu tun, um für Jesus und seine Jünger das Essen zuzubereiten und sie zu bedienen.
Ohne fleißige Hände, ohne Vorbereitungen und Mühe ist vieles nicht möglich: das große Fest, die Einladung, der Seniorennachmittag, der Kindergeburtstag, das gute Essen. Es bedeutet viel Arbeit, eine Familie zu versorgen, ein Kind zu beaufsichtigen, einen alten Menschen zu pflegen, Gäste zu bewirten. Wir dürfen dankbar sein für alle, die für andere da sind.
Aber es gibt auch Menschen, die ins rastlose Tun flüchten, die immer beschäftigt sein wollen, die immer für andere da sein müssen. Vielleicht wollen sie so Anerkennung erhalten oder sich unentbehrlich machen. Vielleicht wollen sie der Stille entfliehen, dem Hören und Nachdenken. Vielleicht fühlen sie sich nur dann als liebenswert, wenn sie unermüdlich beschäftigt sind.
Jesus zeigt den Menschen ihren besonderen Wert und ihre Würde – unabhängig von Tätigkeit und Leistung. Er liebt die Menschen – unabhängig von Ansehen und Einsatz. Er lädt beschäftigte Menschen ein, zur Ruhe zu kommen und sich von ihm beschenken zu lassen. Er gibt, was wir alle so dringend brauchen wie das tägliche Brot: Nahrung für die Seele.

«Marta aber war völlig damit beschäftigt, Jesus zu bedienen.»
(Lukasevangelium 10, 40)

Zeit finden

Oktober
11.

Es ist ärgerlich, wenn immer dieselben die Arbeit machen und andere dabei zuschauen. Es ist unerhört, wenn einige sich abmühen müssen, während stets dieselben es sich bequem machen. Besonders ärgerlich ist es, wenn diejenigen, die untätig herumsitzen, kluge oder überhebliche Ratschläge geben und die, die sich einsetzen, auch noch kritisieren. Jesus gibt keinem Menschen das Recht, sich nur bedienen zu lassen. Niemand darf sich zu fein sein, auch anderen zu dienen. Das ganze Leben Jesu war ein Dienst an den Menschen. Und niemand ist zu groß oder zu wichtig für einfache Tätigkeiten.

Aber im Leben jedes Menschen gibt es Augenblicke und Zeiten, in denen alle Tätigkeit ruhen muss. Es gibt Momente, in denen Gott mir einen Dienst tun will. Es gibt Phasen, in denen ich Ruhe brauche, Zuspruch oder Vergebung, ein Wort des Trostes oder ein Zeichen der Liebe.

Hoffentlich spüre ich für mich, wann die Arbeit ruhen muss und jede Beschäftigung nur stören würde. Und hoffentlich hindere ich nicht andere daran, Zeit für sich zu finden für ein Gebet, ein gutes Wort, ein tiefes Atemholen.

«Sie trat zu Jesus und sagte: Herr, kümmert es dich nicht, dass meine Schwester mich mit der ganzen Arbeit allein lässt? Sag ihr doch, dass sie mir helfen soll!» (Lukasevangelium 10, 40)

Einsatz und Fleiß

Oktober
12.

Marta hat sich über ihre Schwester Maria beklagt, die nur dasitzt und Jesus zuhört, statt beim Vorbereiten der Mahlzeit zu helfen.

Jesus antwortet ihr sehr liebevoll. Er weiß die Fürsorge und die Mühe von Marta zu würdigen. Er schätzt ihren Einsatz und ihren Fleiß. Es muss deutlich gesagt werden: Unsere Gesellschaft wäre um vieles ärmer ohne den unermüdlichen Einsatz zahlreicher Menschen, die für andere da sind. Unsere Gemeinden wären ärmer, unsere Familien, unsere Nachbarschaften, Vereine und Initiativen.
Aber Jesus stellt auch diese unermüdliche Arbeit in den richtigen Rahmen. Arbeit und Einsatz dürfen niemals zum Selbstzweck werden. Mit noch so großem Einsatz darf niemals Druck ausgeübt und Liebe oder eine besondere Form von Anerkennung gefordert werden. Und keine Arbeit darf so wichtig sein und so dominieren, dass für das wirkliche Leben keine Zeit mehr bleibt.

«Der Herr aber antwortete ihr: Marta, Marta, du sorgst und mühst dich um so vieles.» (Lukasevangelium 10, 41)

Was wir brauchen

Oktober
13.

Marta arbeitet seit Stunden in der Küche. Ich bin manchmal so mit einer wichtigen Aufgabe beschäftigt, dass ich mich von ihr bis spät in die Nacht nicht abbringen lasse. Menschen packen tagelang Pakete für Osteuropa oder organisieren eine Wohltätigkeitsveranstaltung, deren Erlös für Hungernde bestimmt ist.

Uns, die wir gern ganz in einer Aufgabe oder Tätigkeit aufgehen, ermahnt Jesus, sich von ihr nicht gefangen nehmen zu lassen. Manchmal muss alle Arbeit ruhen, manchmal gibt es nichts zu tun. Es gibt Augenblicke im Leben jedes Menschen, da gilt es allein, sich von Gott an das wirkliche Leben erinnern und seine Nähe schenken zu lassen.

«Eins aber ist notwendig.» (Lukasevangelium 10, 42)

Das Wichtigste im Leben

Oktober
14.

Maria wusste im richtigen Augenblick, was für ihr Leben wichtig ist. Sie konnte alles um sich herum vergessen und sich auf das konzentrieren, was Jesus ihr sagte.

Ich will nicht am Ziel vorbeilaufen, weil ich so mit Laufen beschäftigt bin, dass ich nicht nach der Richtung fragen kann. Ich will nicht das Leben verpassen, weil ich keine Zeit habe, ihm zu begegnen. Ich will nicht ohne Gott sein, weil ich zu beschäftigt bin, seine Einladung zu hören.

Das Wichtigste im Leben soll für mich das Wichtigste bleiben: dem zu begegnen, der das Leben ist und möglich macht.

«Maria hat das gute Teil erwählt und das soll ihr nicht genommen werden.» (Lukasevangelium 10, 42)

Frauen und Männer

Oktober 15.

Jesus, du hast Menschen
in deine Nachfolge gerufen,
die dir mit der Arbeit
ihrer Hände dienen können,
mit Kraft oder Geschicklichkeit,
und andere, die trösten können oder reden oder zuhören.
Du hast Frauen in deinen Dienst genommen und Männer,
Starke und Schwache, Laute und Leise, Marta und Maria –
sie alle sind gleichermaßen Mitarbeiterinnen
und Mitarbeiter am Gottesdienst für diese Welt,
als deine Schwestern und Brüder.

Ist Gott männlich?

Oktober 16.

Am Ende des Buches Jesaja im Alten Testament findet sich eine Aussage, die wir so vielleicht nicht erwartet hätten: «Gott spricht: Ich will euch trösten, wie einen seine Mutter tröstet.»

Wie eine Mutter – ist Gott weiblich? Vater unser – ist Gott männlich? Wir Menschen brauchen Bilder und Vergleiche, auch für Gott. Aber jedes Bild kann zugleich eine Einengung bedeuten. Gott ist mehr als jeder menschliche Vater. Gott ist mehr als jede Mutter. Menschen können Liebe nur begrenzt weitergeben, Gott jedoch ist Liebe.

Aber das Bild der Mutter, die ihr kleines Kind tröstet, ist ein starkes Bild. Nirgends sonst haben wir Geborgenheit so hautnah, so direkt erlebt wie damals, als wir unserer Mutter ganz nah sein

durften und von ihr getröstet wurden. Diese Erfahrung hat uns tief geprägt.
Gott ist nicht Mann oder Frau. Gott ist durch unsere Vorstellungen nicht einzugrenzen. Und auch seine Liebe gibt er grenzenlos. Für jeden? Für jeden, der sein Vertrauen auf Gott setzt. Für jeden, der heute mit Gott rechnet. Es wird der Tag kommen, so verspricht Gott dem Volk Israel damals und uns heute, an dem wir erleben werden: Er allein schenkt uns die Geborgenheit, nach der wir uns von Geburt an gesehnt haben.

(Jesaja 66, 13)

Menschen reden von Gott

Oktober
17.

Menschen reden von der Liebe
und meinen nur sich.
Menschen reden vom Glück
und meinen ihren Profit.
Menschen reden von Verantwortung und meinen ihr Hobby.
Menschen reden von der Bewahrung der Schöpfung
und denken nur an ihre Urlaubsidylle.
Menschen reden vom Glauben und meinen «etwas fürs Herz».
Menschen reden von Gott und meinen ihr gutes Gewissen.
Lass sie reden – aber mit Gott hat das nichts zu tun!

«Jesus sagt: Ich bin das Licht der Welt. Wer mir nachfolgt, wird nicht in der Finsternis bleiben, sondern wird das Licht des Lebens haben.» (Johannesevangelium 8, 12)

Ganz anders

Oktober
18.

Ganz anders wünsche ich mir Gott!
Meiner Vorstellung nicht entzogen,
meinen Augen nicht verborgen
und meinen Gedanken nicht so fremd.

Ganz anders wünsche ich mir Gott!
Nicht so unverständlich sein Wort,
nicht so unklar seine Anweisungen
und nicht so unterschiedlich unser Glaube.

Ich wünsche mir einen Gott,
der keinen Hunger zulässt, der Kriege verhindert,
der Ungerechtigkeit unterbindet,
den ich sehen kann und der klar sagt, was er will.

Ganz anders wünsche ich mir Gott!
Verständlicher, verfügbarer, kleiner, menschlicher.
Aber Gott ist wirklich ganz anders!

«Gerechter Vater, die Welt kennt dich nicht.»
(Johannesevangelium 17, 25)

Alle guten Vorsätze vergessen

Oktober
19.

Wer sich intensiv mit der Geschichte des Volkes Israel im Alten Testament beschäftigt, gerät schnell in ein ausgesprochenes Wechselbad der Gefühle. Manchmal ist es fast zum Lachen, wie dieses Volk immer wieder von Gott überraschend großzügig beschenkt wird und im nächsten Augenblick nichts mehr von ihm wissen will. Zum Lachen oder zum Weinen! Und wie oft hat Gott dann wieder verziehen, weil bestimmte Menschen für das Volk eingetreten sind – zum Beispiel Mose. In einem Psalm heißt es: «Er gedachte, sie zu vertilgen, wäre nicht Mose gewesen, sein Auserwählter.»
Zum Lachen könnte auch meine eigene Geschichte sein, wenn sie nicht zugleich ein solches Trauerspiel wäre. Eben noch war ich beschenkt durch Gott, begeistert, erfüllt – im nächsten Augenblick sind alle Vorsätze vergessen und ist aller Glaube verschwunden. Wie groß muss Gottes Geduld sein mit uns Christen, die so wenig aus der Geschichte lernen, nicht einmal aus ihrer eigenen Geschichte mit Gott!
Ich bin froh, dass Jesus bei Gott für mich eintritt. Aber ich hoffe zugleich darauf, dass er mich verändern wird, damit sich das Trauerspiel in meinem Leben nicht bis zum letzten Akt ständig wiederholen muss.

(Psalm 106, 23)

Wir benutzen Gott

Oktober
20.

Dieser Leserbrief eines japanischen Christen wurde vor einiger Zeit in Amerika abgedruckt:

«Wir sperren Gott ein,
hängen ihn in bunte Glasfenster,
versüßen ihn mit Orgel- und Chormusik.
Mit frommen Taten und Worten wollen wir Gott verpflichten,
und unsere Gebete versuchen ihm zu schmeicheln
und ihn zu einer Art bravem Schoßhund zu machen.
Wir benutzen ihn dafür, uns unsere Schuld zu vergeben,
die Schuld, dass wir viel zu viel besitzen,
anhäufen und verschwenden,
die Schuld, dass wir viel zu bequem leben.
Einst war er der gewaltige und schreckliche Gott –
jetzt nur noch ein Glücksbringer an einem Halskettchen.»

«Nicht alle, die zu mir sagen: Herr, Herr! werden in das Himmelreich kommen, sondern die den Willen meines Vaters im Himmel tun.» (Matthäusevangelium 7, 21)

Der Weg des Glaubens

Oktober
21.

Die Bibel macht mir deutlich: Es ist möglich, dass ich mein Lebensziel verfehle. Es ist möglich, dass ich an meinem Leben vorbeilebe. Es ist möglich, dass ich mich selbst verliere. Wirklich? Gilt das auch für mich? Ich bin doch am Glauben interessiert und Gott ist mir nicht egal!

Ich will mich ehrlich fragen: Warum fasziniert mich der christliche Glaube? Glaube ich, dass Gott mir Gesundheit, Glück und Erfolg bringt? Bedeutet Christentum für mich Recht und Ordnung? Ist der Glaube für mich eine Absicherung für die Zeit nach dem Sterben? Ist es einfacher, für Hungernde zu beten, als etwas für sie zu tun? Versteckt sich bei mir hinter einer christlichen Fassade krasser Egoismus?
Ich will mich ehrlich fragen: Will ich Ansehen? Will ich Erfolg? Will ich Reichtum? Will ich Macht? Will ich Zuneigung? Will ich ein gutes Gewissen? Will ich meine Ruhe? Das alles verspricht die Bibel nicht. Und das Leben werde ich so bestimmt nicht finden.
Der Glaube befreit mich erst einmal von mir selbst. Er befreit mich von meinem Erfolgswahn und davon, Geld mit Liebe zu verwechseln. Er befreit mich davon, auf Kosten anderer leben zu wollen. Und er ermöglicht mir, mich dann wieder neu zu finden – lebendig und befreit.

«Was hat ein Mensch davon, wenn er die ganze Welt gewinnt, aber sich selbst verliert oder sich schweren Schaden zufügt?»
(Lukasevangelium 9, 25)

Ich, ich, ich

Oktober
22.

Wenn Jesus das Gleichnis vom reichen Kornbauern erzählt, dann will er damit nichts gegen eine gute Ernte sagen, auch nichts gegen Erfolg oder Wohlstand: Es geht ihm darum, wie wir mit unserem Besitz umgehen. Er fragt, ob unser Besitz oder Erfolg das Wichtigste in unserem Leben ist.
Die Überlegungen des reichen Mannes im Gleichnis drehen sich nur um seine eigene Person. Ich, ich, ich, das ist sein Denkmuster, und das ist auch das Denkmuster vieler Menschen in der heutigen

Zeit. Ich, ich, ich – kein Wort von Dankbarkeit, kein Wort von Verantwortung, kein Wort vom Teilen mit denen, die nicht satt werden.
Wenn sich in meiner eigenen, kleinen Welt alles nur um mich dreht, dann ist es eine enge und erbärmliche Welt. Zum Glück gibt es Menschen, die sich für die Liebe entschieden haben und der Liebe vertrauen. Die Liebe ist es, die unsere enge Welt weit macht.

«Jesus erzählte ihnen ein Gleichnis: Ein reicher Gutsbesitzer hatte eine sehr gute Ernte gehabt. Und er überlegte: Was soll ich tun? Ich weiß nicht, wo ich das alles unterbringen soll.»
(Lukasevangelium 12, 16-17)

Eine traurige Lebensphilosophie

23. Oktober

Ich, ich, ich, so denkt und handelt der reiche Kornbauer im Gleichnis Jesu. Mein, mein, mein, so sieht und betrachtet er diese Welt.
Ich, ich, ich, das ist die traurige Lebensphilosophie unserer Zeit, eine Lebensphilosophie, die eigentlich längst überholt sein müsste. Mein, mein, mein, das ist die Sichtweise, in der wir diese Welt betrachten – Menschen, Autos, Häuser, Titel, Geld. Und durch diese Sichtweise werden Menschen und Tieren und der Welt schlimme Wunden zugefügt. Ich, mein, immer mehr, immer größer, das entzweit Nachbarn und Völker, das lässt die einen auf Kosten der anderen leben, das zerstört Vertrauen und Gemeinschaft.
Ich, mein, immer mehr, immer größer – es ist das Lieblingsspiel des Todes, und wir hören nicht auf, es zu spielen. Ich spiele dieses Spiel, die Mafia spielt es, Holzexporteure spielen es im Urwald

und manche Börsenmakler an der Wallstreet. Wenn ich Jesus richtig verstehe, dann will er mich von diesem schrecklichen Spiel befreien.

«Das will ich tun, sagte er, ich will meine Scheunen abreißen und größere bauen. Dort will ich all mein Getreide und meine Vorräte unterbringen.» (Lukasevangelium 12, 18)

Wirklich sicher?

Oktober
24.

Der reiche Kornbauer, von dem Jesus erzählt, war sich seiner Sache völlig sicher: Er hatte alles gut vorbereitet. Er hatte hart gearbeitet und sorgfältig geplant. Er hatte die Voraussetzungen geschaffen für ein glückliches Leben. Er hatte die Eintrittskarte zum Paradies. Das Glück schien ihm sicher.
Was ist für mich die Grundlage für ein sinnvolles, glückliches Leben? Meine Ausbildung, mein Beruf? Meine Ehe, meine Kinder, mein Freundeskreis? Mein Ferienhaus? Meine Zusatzrente, meine Pflegeversicherung, meine Lebensversicherung?
Sicherheiten verspricht mir Jesus keine, aber das Abenteuer des Lebens.

«Und dann will ich zu meiner Seele sagen: Seele, jetzt bist du gut versorgt für viele Jahre. Ruh dich aus, iss, trink und sei fröhlich!» (Lukasevangelium 12, 19)

Heute lebe ich

Oktober
25.

Er ist kein Einzelfall: Seit vielen Jahren hatte er sich auf den Ruhestand gefreut. Er hatte große Pläne gemacht. Reisen wollte er, Dinge tun, die er sich bisher versagt hatte, und endlich das Leben genießen. Aber wenige Tage nach seiner Pensionierung versagte sein Herz. All die schönen Pläne – umsonst!
Leben kann ich immer nur heute. Und heute muss sich entscheiden, ob mein Leben sinnvoll ist. Heute ist der Tag, an dem ich gefragt werde, wofür ich lebe: für eine ferne Zukunft oder für diesen Moment, für die Befriedigung meiner Wünsche oder für die Liebe? Heute werde ich gefragt, ob ich Leben nur spielen oder ob ich wirklich leben will.

«Aber Gott sprach zu ihm: Du Narr! In dieser Nacht wird man deine Seele von dir fordern.» (Lukasevangelium 12, 20)

Meine Kreditkarte

Oktober
26.

Gott will mir eine große Würde geben als sein geliebtes Kind. Aber ich will sie mir selbst verdienen mit dem unwürdigen Wettlauf um Erfolg und Besitz. Gott will mir die Liebe schenken. Aber ich versuche sie mir zu kaufen.
Gott verspricht mir eine Zukunft. Aber ich spare für meine Zukunft, versichere meine Zukunft, ich plane und arbeite unermüdlich für meine Zukunft. Gott will mir das Leben ermöglichen. Aber ich vertraue meinen eigenen Anstrengungen und meiner Kreditkarte.
Kann ich noch umkehren? Ich will doch leben, wirklich leben!

«Wem wird dann dein Vermögen gehören?»
(Lukasevangelium 12, 20)

Eines Tages

Oktober
27.

Eines Tages wird mich Gott nicht nach der Höhe meines Kontostands fragen, sondern danach, wie sehr ich geliebt habe.

Eines Tages wird mich Gott nicht nach meinem Ansehen und nach meinen Erfolgen fragen, sondern danach, ob ich den Teller des Hungernden gefüllt habe.

Eines Tages wird mich Gott nicht fragen, was ich mir alles habe leisten können, sondern danach, ob ich mit meinen Mitmenschen geteilt habe.

Eines Tages wird mich Gott nicht fragen, was ich genommen habe, sondern danach, ob ich gegeben habe.

Eines Tages wird mich Gott nicht fragen, ob ich gearbeitet, gespart, gerechnet, gebaut, geputzt, gewonnen habe, sondern danach, ob ich gelebt habe.

«So geht es denen, die für sich selbst Schätze sammeln, aber in den Augen Gottes nicht reich sind.» (Lukasevangelium 12, 21)

Unter fremder Herrschaft

Oktober
28.

«Alles ist euer, ihr aber seid Christi, Christus aber ist Gottes», so schreibt Paulus an die Christen in Korinth. Ein ungeheures Wort, finde ich. Alles ist euer, sagt Paulus ohne Einschränkung, alles! Die Welt steht euch zur Verfügung, nutzt sie!

Ob Paulus denn keine Angst davor hat, dass die dermaßen ermunterten Christen jetzt auch alles wollen – zum Beispiel über die Welt herrschen und dadurch von ihr beherrscht werden? Hat er keine Angst, dass sie besitzen wollen und dadurch selbst abhängig werden? Alles ist euer – werden so nicht lauter Egoisten produziert? Paulus sieht keine Gefahr – unter einer Voraussetzung. Die Herrschaftsverhältnisse müssen klar sein: Ihr gehört Christus, der selber Gott gehört. Wer Christus gehört, der kann nicht von der Welt und von Menschen in Besitz genommen werden. Wer Christus gehört, kann nicht von Angst oder Besitz regiert werden.
Warum aber gibt es so viele Menschen, die der Welt gehören, die sich von Besitz oder Sorgen oder Menschen beherrschen lassen? Weil sie den nicht Herr nennen, der sie von aller fremden Herrschaft frei macht.

(1. Korintherbrief 3, 22-23)

Geschenk und Aufgabe

29. Oktober

Lass mich diesen Tag aus
deiner Hand nehmen, mein Gott!
Lass mich ihn sehen
als Geschenk und als Aufgabe,
dass ich mich an ihm erfreue
und anderen Freude bereite!

Öffne mir die Augen für die vielen guten Möglichkeiten,
wirklich zu leben, zu lieben, zu teilen und deine Nähe zu spüren.

Lass mich meine Fähigkeiten, meine Gaben und Kraft,
Erfolg und Einkommen aus deiner Hand nehmen –
als Geschenk und als Aufgabe,
und alles dir wieder zur Verfügung stellen.

Kinder auf der Schattenseite

Oktober 30.

Kinder auf der Schattenseite,
Kinder ohne Hoffnungsschimmer,
Kinder ohne Zukunft,
lasst mich von euch lernen,
für ein einfaches Stück Brot dankbar zu sein.
Lasst mich lernen, dieses Stück Brot noch zu teilen.
Lasst mich lernen,
jeden Tag ohne Hunger und Krankheit dankbar anzunehmen.
Lasst mich lernen, die Augen für das Wesentliche zu öffnen
und vom Überfluss frei zu werden.
Lasst mich lernen, dass das Licht
auf der Schattenseite heller leuchtet.
Lasst mich lernen, Licht zu sein.
Lasst mich lernen,
dass Gott auf der Schattenseite lebt und stirbt.

Lasst uns lernen von euch,
Kinder der Zukunft und der Hoffnung.
Lasst uns lernen, uns satte Wohlstandskinder,
dass es auch für uns eine Hoffnung gibt.

Wenn Gewohnheiten ihren Sinn verlieren

Oktober 31.

Es gibt viele gute Gewohnheiten, die es beizubehalten lohnt. Das kann die regelmäßige Bibellese am Morgen sein, der Waldlauf am Wochenende oder jedes Jahr eine Karte zum Geburtstag.

Aber eine Gewohnheit kann auch zur Last werden und jeden Sinn verlieren. Nach der Babylonischen Gefangenschaft, zurück in Israel, nahmen viele Juden die Gewohnheit wieder auf, regelmäßig zu fasten. Nur – hier in der Heimat kam ihnen das Fasten immer unsinniger vor. Ist es denn nur noch eine alte Gewohnheit? Will Gott das Fasten unter diesen Voraussetzungen überhaupt noch? Der Prophet Sacharja gibt ihnen eine Antwort. Er erinnert sie an den Sinn des Fastens. Es geht Gott nicht darum, die Menschen zu quälen, sondern darum, dass sie sich ganz darauf konzentrieren, für ihn und seinen Willen offen zu sein. In einer Welt der Ungerechtigkeit und des Egoismus ist keine Zeit für sinnlose Diskussionen über das Fasten. Sacharja sagt, was der Wille Gottes ist: «Seid gerecht zueinander, voller Güte und Barmherzigkeit!»

(Sacharja 7, 9)

Wenn Glaube krank macht

November 1.

Mein Glaube ist langsam gewachsen, und er setzt sich heute aus vielen einzelnen Gedanken, Erfahrungen und Bildern zusammen. Darunter befinden sich auch viele religiöse Vorstellungen, die nicht gut sind. Sie machen mich krank, sie erniedrigen mich. Sie hindern mich daran, selbst Verantwortung für mich zu übernehmen. Sie reden mir ein, immer nett und freundlich sein zu müssen und nicht zu widersprechen. Manche Bilder von Gott jagen mir Angst und Schrecken ein. Da begegnet mir Gott als seelenloser Aufpasser und Richter, der mir alles verbietet, was Freude macht, der mir nichts gönnt und mir ein farbloses, langweiliges Leben aufzwingen will.

Diese schrecklichen, zerstörerischen Vorstellungen will ich endlich loslassen. Ich will einzig und allein dem Gott vertrauen, der mich unendlich liebt, mir eine einzigartige Würde als Kind Gottes gibt und mir die vielen Farben des Lebens ermöglicht.

Einen Glauben, der entwürdigt, klein macht und niederdrückt, brauche ich nicht. Ich brauche den Glauben an den Gott der Liebe, der tröstet, aufrichtet und heilt, der ermutigt und zum Leben befreit.

«Gott ist Liebe. Wer in der Liebe bleibt, der bleibt in Gott und Gott in ihm.» (1. Johannesbrief 4, 16)

Abgeben und loslassen

November
2.

Gott, es fällt mir so schwer
loszulassen.
Ich halte fest an meinen Träumen,
groß und beliebt zu sein und im Mittelpunkt zu stehen.
Ich halte fest an meinen Wegen, die von dir fort führen.
Ich halte fest an Verhaltensweisen,
die mich selbst und andere zerstören.
Ich halte meine eigenen Verletzungen fest,
meine alte Schuld, meine Enttäuschungen und Vorurteile –
statt alles zu dir zu bringen, abzugeben und loszulassen.

So bitte ich jetzt:
Nimm von mir, was mich belastet,
hilf mir beim Loslassen und mach mich frei,
mich dir anzuvertrauen, du Gott der Liebe.

Für die Freiheit

November
3.

In der Bibel wird mir gezeigt,
dass es möglich ist loszulassen.
Aber Loslassen ist kein Selbstzweck. Loslassen befreit.

Loslassen –
die alten Sicherheiten und die alten Ängste,
die alten Feindbilder und die alten Götter,
die alten Maßstäbe und die alte Enge,
die alten Verletzungen und die alten Depressionen,
die alte Selbstgefälligkeit und die alte Weinerlichkeit.

Loslassen –
damit ich frei werde für die wirkliche Würde und Größe,
die in jedem Menschen ist, auch in mir.
Loslassen –
für das Neue, das in mir beginnen und wachsen will.

«Für die Freiheit hat uns Christus freigemacht. Darum steht fest und lasst euch nicht wieder unter ein Joch der Knechtschaft bringen!» (Galaterbrief 5, 1)

Der Griff zur Flasche

November 4.

Seit Jahren habe ich guten Kontakt zu einem Alkoholiker. Ich habe seine Tiefen und seine wenigen Höhen miterlebt. Seine vielen Versuche, vom Alkohol wegzukommen, sind allesamt gescheitert. Immer kam ein Rückfall, der Griff zur Flasche, und alles ging wieder von vorne los, nur jedesmal schlimmer.
An eine Begegnung kann ich mich besonders gut erinnern. Er hatte mich verzweifelt um einen Besuch gebeten. Ich kam schnell, er saß mir gegenüber auf dem Sofa und erklärte: «Der Alkohol macht mich kaputt. Ich will endgültig damit aufhören. Sie können sich darauf verlassen – ich schaffe es! Ich rühr keinen Alkohol mehr an.» Wir saßen ungefähr zwanzig Minuten zusammen. Während dieser Zeit kippte er drei große Becher Wein herunter. «Ist ja nur Wein», sagte er auf meinen fragenden Blick hin.
Den guten Willen hat er, das glaube ich ihm. Aber nur völlige Konsequenz könnte ihn noch retten. Halbheiten machen ihn kaputt. Das gilt nicht nur für Alkoholiker, sondern für uns alle: Gerettet werden kann niemand mit halbem Herzen. Und Gottes Liebe wird nur dann in mir groß, wenn ich andere Sicherheiten loslasse.

«Folge mir nach! Und er verließ alles, stand auf und folgte ihm nach.» (Lukasevangelium 5, 27-28)

Angst oder Liebe?

November
5.

Bin ich frei, Gott zu lieben? Bin ich frei, meine Mitmenschen zu lieben? Bin ich frei, mich selbst zu lieben?

Oder bin ich immer noch verliebt in meinen Schmerz? Rühre ich in meinen alten Wunden und überlasse mich meiner geliebten, gehassten Melancholie?
Bin ich verliebt in meine Trauer? Ziehe ich die Vorhänge meines Lebens immer wieder zu, um kein Sonnenlicht hereinzulassen? Verbiete ich mir selbst einen Neuanfang?
Bin ich verliebt in meine Abhängigkeit? Will ich mich selbst bestrafen dadurch, dass ich mir jeden Ausweg und jede Zukunft verbaue? Erlaube ich mir die Freiheit nicht mehr?
Bin ich verliebt in das Bild von mir, das sich in meinem Innern festgesetzt hat? Brauche ich es, der Verlierer zu sein oder die Zurückgewiesene, der Versager oder die Unglückliche?
Vielleicht habe ich Angst. Was werde ich sein ohne meinen Schmerz? Wie kann ich leben ohne meine Trauer? Was wird an die Stelle der Abhängigkeit treten? Welches neue Bild von mir werde ich haben?
Vielleicht habe ich Angst. Und Angst lässt keine Liebe zu. Aber wenn ich zwischen der Angst und der Liebe wählen darf: Meine Antwort ist eindeutig!

«Lasst uns lieben, denn Gott hat uns zuerst geliebt.»
(1. Johannesbrief 4, 19)

Höhen und Tiefen

November 6.

Jesaja hatte als Prophet eine schwierige Aufgabe. Er kannte den Zorn Gottes über die Menschen, aber auch Gottes unendliche Liebe. In einem Wechselbad der Gefühle musste Jesaja von beidem reden. Er musste die Ungerechtigkeit anprangern und die Verantwortung der Herrschenden für die Schwachen anmahnen. Er durfte aber auch von Gottes Plänen mit den Menschen reden, davon, dass sein Licht die Dunkelheit erhellen würde.

Ich kenne diese Höhen und Tiefen auch in unserer heutigen Welt. Ich kenne sie in mir. Ich kenne die Tendenz, andere für meine Zwecke zu benutzen, und ich kenne eine tiefe Sehnsucht nach Liebe und Gemeinschaft, nach Gott. Glücklicherweise darf Jesaja auch von dieser Sehnsucht reden und versprechen, dass Gott sie sieht und erfüllen wird. Tod und Hass und Verzweiflung sollen nicht das letzte Wort haben. Das letzte Wort wird Gott sprechen und dieses Wort wird «Liebe» sein. Diese Liebe gilt für uns alle, das hat Jesus deutlich gemacht.

(Jesaja 25, 1-8)

Nicht wie die Mehrheit

November 7.

Auf die Menge ist kein Verlass. Diese Erfahrung musste auch Jesus machen. Er erlebte Zuneigung und Abkehr, Jubel und Drohung. Als er in Jerusalem einzog, jubelte ihm die Menge begeistert zu. Wenige Tage später schrie sie: Ans Kreuz mit ihm!

Die Menge fordert heute den «starken Mann» und morgen will es niemand gewesen sein. Die Menge lässt sich kaufen und manipulieren. Die Menge lässt sich aufhetzen.
Ich will nicht nach der Mehrheit fragen. Ich will meine Meinung und meine Gedanken nicht nach Meinungsumfragen bilden. Ich will mein Fähnchen nicht nach dem Wind richten. Wenn es sein muss, will ich gegen den Strom schwimmen. Wenn es sein muss, will ich mich von der Mehrheit auslachen lassen. Ich will zu meinem Glauben und zu meiner Überzeugung stehen. Und ich will zu den Menschen stehen, die von der Mehrheit verachtet oder verfolgt werden. Die Liebe Gottes soll mein wichtigster Maßstab sein.

«Die Menge aber, die vor ihm ging und ihm folgte, schrie: Hosianna dem Sohn Davids! Gelobt sei, der da kommt im Namen des Herrn! Hosianna in der Höhe!» (Matthäusevangelium 21, 9)

Seele und Körper

November
8.

Die Jünger hatten von Jesus gelernt – nicht nur in der Theorie, sondern ganz praktisch. Sie hatten gelernt, auf Menschen zuzugehen, mit ihnen zu reden und sie ernst zu nehmen. Sie hatten Jesus als Vorbild, der die Menschen ohne Einschränkung liebte und für sie das Beste wollte.
Eines Tages wurden sie selbst gefordert. Jesus sandte sie auf Reisen, in fremde Gebiete, in ihnen unbekannte Dörfer. Dort sollten sie, jeweils zu zweit, zu den Menschen gehen, das Reich Gottes predigen und Kranke heilen. Gab es Widerspruch? Vielleicht: «Herr, predigen ist gut, aber heilen? Ich weiß nicht so recht!» oder «Predigen für die Seele ist in Ordnung, aber der Körper?» Vielleicht gab es auch noch eine andere Fraktion unter den Jüngern, die sagte: «Hauptsache, die Leute werden gesund! Das ist wichti-

ger als frommes Gerede.» Jesus aber sagt es klar und deutlich: predigen und heilen. Seele und Körper. Wort und Brot. Für ihn gehört stets beides zusammen. Da sollen wir nicht versuchen zu trennen.

«Und sie gingen hinaus in die Dörfer, predigten die Frohe Botschaft und heilten überall.» (Lukasevangelium 9, 6)

Nicht nur für den Kopf

November 9.

Viele Menschen verstehen unter dem Glauben etwas, das nur den Intellekt angeht. Und tatsächlich begegnet uns allen häufig Glaube oder Kirche als eine Sache des Kopfes, des Geistes.

Besonders außerhalb Europas gibt es Kirchen und Christen, die andere Dimensionen des christlichen Glaubens kennen. Dort geht es weniger verkopft zu. In manchen Kirchen wird lange und begeistert gesungen, es wird getanzt und gelacht. Der Körper wird mit einbezogen in die Erfahrung des Glaubens, und Heil und Veränderung werden nicht nur für die Seele, sondern ebenso für den Körper erwartet.

Jesus hat ganz selbstverständlich auch den Körper gemeint und geheilt. Reich Gottes ist von ihm stets umfassend gemeint. Dass Körper, Geist und Seele zusammenhängen, ist keine Erfindung der letzten zwanzig Jahre! Jesus hat geheilt und meinte damit stets alles: den Körper, das Denken, den Glauben, die Depression, die Sorgen, die Angst, die Überforderung.

Unsere Gemeinden sollen Orte sein, in denen Heilung möglich ist – in denen gebetet wird, gehofft, getanzt, gelacht, geweint, gehört, geholfen, gefeiert. Unsere Gemeinden sollen Orte sein, in denen Menschen zu sich selbst kommen, frei werden, ihre Lasten ablegen, aufstehen, sich wieder freuen können, hoffen und lieben lernen – heil an Leib und Geist und Seele.

«Jesus sandte sie aus, das Reich Gottes zu predigen und die Kranken zu heilen.» (Lukasevangelium 9, 2)

Ein fröhliches Herz

November 10.

Es gibt verschiedene Grunde, weshalb Menschen krank oder behindert sind. Manchmal kennen wir den Grund gar nicht.

Häufiger als wir denken, hat eine Krankheit mit der Lebensweise eines Menschen zu tun. Einer kann vor Sorgen nicht mehr schlafen – wie lange geht das gut? Einer schluckt jeden Kummer hinunter – wann wird sich der Magen melden? Einer arbeitet bis zum Umfallen. Einer trinkt, um zu vergessen, bis er sich selbst vergisst. Einer verbietet sich alles, einer erlaubt sich alles. Einer bewegt sich selten und wird unbeweglich. Einer ist aggressiv gegenüber seinen Mitmenschen und trifft doch vor allem sich selbst. Einer lässt sich alles gefallen.

Ein fröhliches Herz ist mit Sicherheit immer eine gute Medizin. Fröhliche Menschen besitzen eine Leichtigkeit, die heilt. Sorge, Kummer, Depression, Verbissenheit, Enge, Trägheit – das sind die Feinde der Fröhlichkeit. Jesus hat vor diesen Feinden häufig gewarnt. Sie führen vom Leben weg. Und Krankheit ist oft ein Zeichen dafür, dass solche Feinde des Lebens in uns wirksam sind. Eigentlich müssten wir der Krankheit dankbar sein!

Übrigens: Manche «unheilbar kranken Menschen» überraschen uns durch die Fröhlichkeit, die ihnen abzuspüren ist. Vielleicht sind gerade sie gesünder als viele verbissene «Gesunde».

«Ein fröhliches Herz ist die beste Arznei; ein gedrücktes Gemüt dörrt das Gebein aus.» (Sprüche Salomos 17, 22)

Verwandlung

November 11.

Niedergedrückte Menschen macht Jesus groß. Verkrümmte macht er gerade. Verachteten schenkt er Selbstachtung und zeigt ihnen ihre Würde als Gottes geliebte Kinder. Hoffnungslosen macht er Hoffnung. Hungernde macht er satt. Verirrten zeigt er den Weg. Liebevoll geht er auf jeden ein und erkennt durch das Äußere hindurch das ängstliche Herz, das sich nach Gottes Liebe und Heil sehnt.
Diesem Jesus, das ist mir deutlich, kann ich mich bedingungslos anvertrauen. In seiner Nähe kann sich vieles verwandeln, was mich heute noch vom Leben abhält. Diesem Jesus will ich nachfolgen. Ich will mich von ihm rufen lassen und seine Mitarbeiterin oder sein Mitarbeiter hier in dieser Welt werden. Ich wüsste nicht, was lebendiger sein könnte als zu erleben, wie niedergedrückte und verkrümmte Menschen groß werden, Hungernde satt werden und Verirrte den Weg zum Leben finden.

«Eine Frau war verkrümmt und konnte sich nicht mehr aufrichten. Als Jesus sie sah, rief er sie zu sich und sagte zu ihr: Frau, sei frei von deiner Krankheit! Und er legte die Hände auf sie. Sogleich richtete sie sich auf und lobte Gott.» (Lukasevangelium 13, 11-13)

Ohne Wert?

November 12.

Seit 38 Jahren war er ein Krüppel. Heute sagt man: ein Schwerbehinderter. Aber heute gibt es auch Krankenhäuser, Pflegepersonal und Rollstühle. Er war ein Krüppel, um den sich keiner kümmerte, einer von vielen. Überall lagen sie herum, sogar auf der Straße, und man musste aufpassen, auf keinen von

ihnen zu treten. Er glaubte nicht mehr an sein Leben und seinen Wert.
Und da geschah das Große: Jesus kam und sah ihn. Er sah nicht den Krüppel, den kaputten Menschen. Er sah ihn, wie Gott ihn sieht, als einen unendlich wertvollen, einmaligen Menschen, der geliebt und geachtet werden möchte. Jesus sah ihn und machte ihm das Angebot seines Lebens: «Willst du heil werden?»
Das ist es, was ich von Jesus wissen muss! Egal, ob ich selbst noch an mein Leben und meinen Wert glaube – Jesus sieht mich an, ob krank oder gesund, und sieht in mir das unendlich wertvolle Kind Gottes. Und ich höre die Worte, die er damals an den Kranken richtete: «Willst du heil werden?» Ja, ich will heil werden, ich will endlich wieder an mein Leben und meinen Wert glauben.

(Johannesevangelium 5, 1-9)

Was diese Welt braucht

November
13.

Was diese Welt vor allem braucht, ist nicht mehr Technik und Wissenschaft, sind keine großen Erfindungen, keine neuen Maschinen und Geräte. Was diese Welt braucht, ist Liebe.
Was diese Welt braucht, ist nicht mehr Nahrung. Davon ist – in einigen Teilen der Welt – mehr als genug vorhanden. Was diese Welt braucht, ist Liebe.
Was diese Welt braucht, sind nicht mehr Autos und mehr Parfüm, nicht extravagante Kleidung und mehr Fernsehprogramme. Was diese Welt braucht, ist Liebe.

Was diese Welt braucht, sind keine großen Kirchen und keine Kommissionen, keine Christen, die immer Recht haben, und kein Streit zwischen den Religionen. Was diese Welt braucht, ist Liebe.

«Nun bleiben Glaube, Hoffnung, Liebe, diese drei. Aber die Liebe ist die größte unter ihnen.» (1. Korintherbrief 13, 13)

Der Mensch

November 14.

Was bei Gott zählt, sind nicht Gesetze und Gebote, Regeln und Vorschriften, nicht Erfolg und Ansehen, Orden und Auszeichnungen.
Was bei Gott zählt, sind nicht das Äußere, Kleidung und Schönheit, nicht Programme und große Erklärungen, Rechtskataloge und Entschließungen.
Was bei Gott zählt, sind nicht fromme Sprüche und wohlklingende Versprechungen.
Was bei Gott zählt, ist der Mensch.

«Gott will, dass allen Menschen geholfen wird und sie zur Erkenntnis der Wahrheit kommen.» (1. Timotheusbrief 2, 4)

Im Räderwerk

November 15.

Vor einigen Jahren erschien in einer Zeitschrift ein ganz kurzer Bericht, der gerade durch das, was nicht gesagt wird, zu mir spricht. Ich kann über so einen Artikel nicht zur Tagesordnung übergehen.

In den Slums einer brasilianischen Stadt:
In einer Nacht blieb die Straßenkehrmaschine plötzlich stehen. Der Arbeiter fand den Leib eines Jungen im Räderwerk. Der Bub hatte im Kehricht der Straße geschlafen.
(Schwester Gabriele, Brasilien)

Von innen her verfault

November
16.

Nach außen hin geben wir uns weltoffen, großzügig und verständnisvoll. Aber im Innern sind viele von uns weiterhin eng, intolerant, kleinlich und an anderen Menschen nicht wirklich interessiert.
Nach außen hin sind unsere Städte großzügig saniert oder neu aufgebaut. Lichter machen die Nacht zum Tag, und es gibt endlos viele Möglichkeiten zur Beschäftigung und Zerstreuung. Aber genauer betrachtet wächst die Zahl der Obdachlosen ständig, die Isolation nimmt weiter zu, die Kirchen werden leerer und mehr und mehr Menschen leiden unter der zwischenmenschlichen Kälte.
Nach außen hin werden viele unserer Dörfer immer attraktiver. «Unser Dorf soll schöner werden», steht auf vielen Hinweistafeln. Aber die Idylle trügt häufig. Der Widerstand gegen alle, die fremd und andersartig sind, hat sich längst formiert.
Nach außen hin sind wir gut gekleidet und gestylt. Wir geben uns glücklich und erfolgreich. Aber innerlich sind viele von uns ausgebrannt und unglücklich. Das Äußere hat die inneren Werte verdrängt, Beziehungen sind zerbrochen und Ideale längst vergessen.

«Weh euch, Schriftgelehrte und Pharisäer, ihr Heuchler! Ihr seid wie die Gräber, die außen weiß angestrichen sind und schön aus-

sehen; innen aber sind sie voll Knochen, Schmutz und Verwesung.» (Matthäusevangelium 23, 27)

Klage über die Stadt

November 17.

Auch Jesus hatte Augenblicke, in denen er tief betrübt war. Er kannte in seinem Leben Tränen, Klage und Verzweiflung. Groß war seine Enttäuschung über die Stadt Jerusalem. Nur wenige Menschen dort hatten sich für Gottes gute Botschaft geöffnet. Die meisten waren ihr gegenüber feindlich eingestellt oder – noch schlimmer – ohne jedes Interesse.
Die Stadt Jerusalem spielt im Plan Gottes eine besondere Rolle. Und doch wird Jesu Klage nicht nur Jerusalem betreffen. Sicherlich gilt sie auch für Städte und Ortschaften, Gruppen und Menschen heute bei uns. Die gute Botschaft hat kaum Spuren hinterlassen. Die Menschen raffen weiter, sie drehen sich endlos um sich selbst, sie benutzen andere Menschen und die Natur für ihre Interessen, sie sind innerlich leer. Von einem Glauben, der sie in Frage stellen und verändern würde, wollen sie nichts wissen.
Es gibt Länder in anderen Erdteilen, in denen die gute Botschaft Gottes heute Menschen, Familien und ganze Ortschaften verändert. Die Angst verschwindet, die Kälte in den Herzen, der Egoismus. Ob das bei uns auch noch einmal möglich sein wird?

«Jerusalem, Jerusalem, du tötest die Propheten und steinigst die Boten, die zu dir gesandt sind. Wie oft wollte ich deine Kinder versammeln, wie eine Henne ihre Küken unter ihre Flügel nimmt; aber ihr habt nicht gewollt.» (Matthäusevangelium 23, 37)

Ich bin unschuldig

November
18.

Wer spricht schon gern davon, schuldig zu sein (außer denen, die sich ständig schlecht und schuldig fühlen)? Die meisten Menschen neigen eher dazu, Schuld auf andere zu schieben.

Wenn ich etwas falsch gemacht habe, wenn ich mich schuldig fühle – dann fühle ich mich klein und schlecht. Und wer mag dieses Gefühl schon? Da beschuldige ich lieber die Umstände oder die Gesellschaft oder meine Kindheit – oder eben andere.

In der Bibel ist die Erkenntnis, schuldig zu sein, oftmals der Schlüssel für eine neue Tür. So, wie ein Alkoholiker nur frei werden kann, wenn er sich erst einmal als abhängig erkennt, so kann sich ein Mensch, der etwas falsch macht, nur dann ändern, wenn er seine Schuld einsieht.

Wenn ich eine Schuld erkenne, bekenne – vor Menschen und vor Gott – und bereue, bin ich auf dem Weg, mich zu ändern. Erkannte Schuld macht mich auf längere Sicht nicht klein, sondern groß, offen, aufrecht.

Solange niemand Schuld hat am Zustand der Welt, wird sich nichts ändern. Aber wenn ich meine Schuld an der Grausamkeit, an Egoismus und Desinteresse, an Gewalt und Lieblosigkeit erkenne und bereue, dann kann die Änderung beginnen.

«Wer unter euch ohne Sünde ist, werfe den ersten Stein.»
(Johannesevangelium 8, 7)

Und wir?

November
19.

Früher waren es die Juden, die angeblich an allem Schuld waren. Und wer stand gegen dieses Vorurteil, gegen diese Verleumdung auf?

Heute sind es die Ausländer, denen die Schuld an vielem zugeschoben wird. Oder die Jugendlichen. Oder die Politiker. Oder die Gewerkschaften. Oder die Wirtschaftsführer.

Und wir? Wir guten Menschen? Wir lassen unsere Kinder unkontrolliert und viel zu lange vor dem Fernseher sitzen und Gewaltszenen betrachten. Das schadet doch nichts! Wir benutzen bei jeder Gelegenheit das Auto und verpesten die Umwelt. Was macht das schon aus! Wir zucken bei Berichten aus afrikanischen Hungergebieten nur mit den Schultern. Die wollen einfach nicht arbeiten, und von meiner Spende würde sich sowieso nur ein Bonze die Wasserhähne vergolden! Wir guten Menschen richten uns unser Wohnzimmer neu ein – alles vom Feinsten, man gönnt sich ja sonst nichts –, während in der Nachbarwohnung ein Mensch vor Einsamkeit nicht mehr weiterleben will. Uns hat schließlich auch niemand geholfen!

Was diese Erde menschlich macht, was ihr Würde gibt, sind nicht die sogenannten guten Menschen. Es sind die Fremden, die Hungernden, die Kinder, die Einsamen. Auf ihrer Seite steht Jesus – ganz eindeutig!

«Kommt her zu mir alle, die ihr mühselig und beladen seid; ich will euch erquicken.» (Matthäusevangelium 11, 28)

Ich brauche Vergebung

November
20.

Gott, ich bringe die Situationen meines Lebens vor dich, für die ich mich schäme:
wo ich bei Unrecht zugeschaut habe, ohne eindeutig Stellung zu beziehen –
wo mir meine Bequemlichkeit wichtiger war, als Mitmenschlichkeit zu üben –
wo ich meine Ohren vor den Schreien der Hilfesuchenden verschlossen habe –
wo ich aus Trägheit versäumt habe, etwas gegen die Belastung und Zerstörung der Natur zu unternehmen –
wo ich viel zu lange geklagt habe, ohne etwas zu tun –
wo ich mich selbst vernachlässigt habe, meine Gesundheit, meinen Glauben, meine Familie –
wo ich Schuld auf andere schob, um selbst mit reiner Weste dazustehen.

Gott, ich brauche deine Vergebung –
nicht als sanftes Ruhekissen,
sondern damit ich umkehren und neu anfangen kann.

Das Böse beim Namen nennen

November
21.

Jeder soll selbst entscheiden, wie er leben will. Jeder soll auf seine Weise selig werden. Das ist die Philosophie, der die meisten Menschen folgen.

Freiheit ist gut und wichtig. Aber wir haben auch die Freiheit, den Missbrauch aufzuzeigen und das Böse beim Namen zu nennen.

Ich versuche es einmal. Das Böse wird immer stärker, wenn wir nicht dagegen auftreten. Ich möchte aufstehen, wenn Menschen ...
... Filme drehen, verkaufen, verleihen, zeigen, in denen Gewalt verherrlicht wird, Menschen grausam gedemütigt oder Kinder als Objekte benutzt werden.
... an der Sucht von Abhängigen (Drogen, Alkohol, Glücksspiel usw.) Geld verdienen und die Sucht, wie auch immer, fördern.
... Vorurteile gegen andersartige Menschen oder Menschengruppen verbreiten und schüren.
... Witze erzählen, in denen Juden vergast, Frauen erniedrigt oder sonstwie die Würde von Menschen mit Füßen getreten wird.
... Schmiergelder zahlen oder annehmen.
... Tiere quälen.
Diese Liste kann beliebig fortgesetzt werden. Ich lasse das Böse zu, wenn ich zuschaue und schweige.

Leben und Tod

November
22.

In diesen Wochen begegnet mir der Tod häufiger als sonst. Diese Jahreszeit scheint geradezu geschaffen zu sein für Trauerfeiern, Beerdigungen, Abschied und Tränen.

Aber auch jetzt mag ich keine Beerdigungen. Sie erinnern mich daran, dass auch mein Leben ein Ende hat. Sie machen mir deutlich, dass keine Beziehung unsterblich ist. Sie führen mir die Endlichkeit vor Augen – meine, deine, unsere.

Leben und Tod gehören untrennbar zusammen, wie Geschwister – ich weiß das. Und doch versuche ich sie immer wieder zu trennen. Ich versuche zu leben, als gäbe es keinen Tod, kein Ende. Ich versuche Krankheit und Sterben aus meinem Blickfeld zu verbannen. Aber wahrscheinlich nehme ich auch dem Leben etwas weg, wenn ich seine Grenzen und Schatten verleugne.

Vielleicht trenne ich auch meinen Glauben an Gott vom Sterben und der Beerdigung. Ich will bestimmte Gedanken nicht zulassen. Ich will mir meine «Glaubensidylle» nicht von der schrecklichen Realität zerstören lassen. Und ich merke, wie mein Glaube kraftlos wird, unwirklich, ohne Bedeutung für das wirkliche Leben.

Leben und Sterben, Gott und der Tod, diese Welt und Gottes ewige Welt – ich möchte mit der Trennung aufhören. Ich möchte meine Endlichkeit akzeptieren können, weil ich nur so zu Gottes Unendlichkeit gelangen kann. Ich möchte Gottes Antwort auf meine Fragen hören. Sie allein hat Bestand in Tod und Leben.

Christus spricht: «Himmel und Erde werden vergehen; aber meine Worte vergehen nicht.» (Lukasevangelium 21,33)

Ein Blick nach vorn

November
23.

Heute lebe ich, ich kann es mir nicht anders aussuchen. Heute lebe ich, und wie jedes Leben umfasst auch meines Leid und Versagen und Traurigkeit.

Heute lebe ich, darum muss ich mich heute meinen Problemen und Grenzen stellen. Ich muss heute meine Trauer aushalten, meine Enttäuschungen akzeptieren und zu den Scherben meines Lebens stehen. Ich muss heute an mir arbeiten und aus meinen Erfahrungen lernen. Es gibt kein Leben ohne Probleme, und Gott hat mir auch niemals so etwas versprochen.

Aber Gott tut etwas anderes. Für die schwersten Stunden in meinem Leben schenkt er mir einen Blick nach vorn, einen Blick in Gottes neue Welt. Er schenkt mir eine Ahnung von der Welt, in der alles Leid ein Ende hat. Es wird die Zeit kommen, in der Gott alle Tränen abwischen wird.

Gott schenkt mir einen Blick, aber nicht mehr. Mein Platz bleibt hier in dieser Welt. Heute lebe ich. Gott will mich nicht vertrösten mit diesem Blick, sondern mir Freude und Mut schenken, hier und heute weiterzuleben und mich den Problemen des Lebens zu stellen.

«Gott wird alle Tränen abwischen. Es wird keinen Tod mehr geben und keine Traurigkeit, keine Klagen und keinen Schmerz. Was einmal war, ist für immer vergangen.» (Offenbarung 21, 4)

Wenn ich nicht mehr kann

November
24.

Gott, wenn ich nicht mehr leben kann,
sei du mein Leben –
wenn ich im Dunkeln umherirre,
sei du mein Licht –
wenn ich keinen Weg sehe, sei du mein Weg –
wenn ich keine Hoffnung mehr habe, sei du meine Hoffnung –
wenn ich innerlich leer bin, sei du meine lebendige Quelle –
wenn ich nicht glauben kann, sei mir nah mit deinem Wort –
wenn ich nicht mehr lieben kann, sei du meine Liebe.

Gott, mein Leben, mein Licht, mein Weg,
meine Hoffnung und lebendige Quelle,
sei mir ganz nah mit deinem Wort und deiner Liebe.

«Denn bei dir ist die Quelle des Lebens, und in deinem Lichte sehen wir das Licht.» (Psalm 36, 10)

Ich muss sterben

November
25.

Worte des Psalms 90 wurden schon auf unzähligen Beerdigungen gelesen und gebetet. Ein Satz lautet: «Lehre uns bedenken, dass wir sterben müssen, auf dass wir klug werden.» Da stehe ich mit all meinen Zukunftsplänen und höre solche Worte! Da stehe ich mit meinem ausgeprägten Selbstbewusstsein und höre diesen Satz! Was bin ich vor Gott? Was sind meine

wenigen Jahre angesichts der Ewigkeit? «Tausend Jahre sind vor dir wie der Tag, der gestern vergangen ist.»
Solche Worte kann ich nicht abschütteln. Lerne ich auch von ihnen? Erkenne ich meine Grenzen und frage nach dem, der über alle Grenzen hinweg meine Zuflucht sein will?
Der Psalmdichter betet am Ende darum, dass sich Gott uns Menschen doch wieder zuwenden möge. Ich bin dankbar, dass das tatsächlich geschehen ist. Ich bin froh, dass ich Jesus als Gottes Antwort auf meine Ohnmacht erkennen darf. Ich erlebe Gottes Größe nicht mehr als etwas, das mich klein macht. Seine Liebe macht mich groß, ohne dass ich mich selbst groß machen muss.

(Psalm 90, 4 und 12)

Aus Gottes Hand

November 26.

Diese Augenblicke im Leben kennt jeder Mensch: Ich muss mit dem Schlimmsten rechnen. Das Schreckliche, das geschehen kann, steht vor mir, drohend und ernst – Schmerz und Versagen, Krankheit, Enttäuschung, Abschied. Noch habe ich Hoffnung. Ich hoffe so sehr, es noch abwenden zu können. Ich bitte Gott, ich flehe ihn an, ich schreie um Hilfe. Alles würde ich tun und geben, alles!
Aber ich habe gelernt und lerne immer noch, dass Niederlagen zum Leben gehören. Ich weiß, auch wenn ich es nicht wahrhaben will, dass Schmerz und Abschied oft unvermeidlich sind, vielleicht sogar heilsam.
Noch habe ich Hoffnung. Noch kämpfe ich. Aber – was nicht zu verhindern ist, will ich akzeptieren. Ich will es aus Gottes Hand nehmen. Ich will darauf vertrauen, dass er bei mir sein wird in

meinem Leid. Und wenn ich zu fallen drohe, da bin ich gewiss, wird er mich festhalten oder auffangen.

«Dennoch bleibe ich stets an dir; denn du hältst mich bei meiner rechten Hand.» (Psalm 73, 23)

Ich habe Angst

November 27.

Wer gibt schon gern zu, Angst zu haben?
Ich verberge meine Angst,
wo immer das möglich ist.
Sie geht keinen etwas an, denke ich.
Sie vor anderen zuzugeben hieße,
mich verletzbar zu machen.

Gott, ich habe Angst.
Dir darf ich sie eingestehen.
Du willst mich nicht bloßstellen und verletzen,
du willst mich heilen.
Ich habe Angst vor der Zukunft,
vor zu viel Arbeit oder zu wenig,
vor der Einsamkeit, vor Krankheit, vor dem Sterben.
Ich habe Angst vor Krieg und Katastrophen,
vor Umweltschäden, vor Verbrechen und Unfall.
Ich habe Angst zu versagen
und plötzlich vor den Trümmern meines Lebens zu stehen.

Vielleicht werde ich mit anderen über meine Angst sprechen
und erfahren, dass ich nicht als einziger Angst habe.
Ich freue mich über den Satz Jesu:
«In der Welt habt ihr Angst,
aber seid getrost, ich habe die Welt überwunden.»

(Johannesevangelium 16, 33)

Abschied

November
28.

Abschied. Immer wieder Abschied.
Das Leben ist eine ununterbrochene Kette
von Abschieden.
Von jedem «Heute darf ich dein Gast sein»
gibt es einen Abschied.
Von jedem Menschen gibt es einen Abschied.
Keine Verbindung hat Bestand,
keine Beziehung hält für immer.
Selbst von dieser Welt muss ich eines Tages Abschied nehmen.
Ich bin hier für eine bestimmte Zeit zu Gast.

Ich will meinen Gastgeber kennen lernen.
Ich will zu ihm gehören und bei ihm sein.
Er ist der einzige, der die endlose Kette von Abschieden
eines Tages schließen kann.
Und ich möchte ihn erkennen, wenn er mir entgegenläuft,
mich in die Arme nimmt und zu mir sagt:
«Jetzt bist du für immer bei mir!»

Gott sei mit dir

November
29.

Der lebendige Gott
sei mit dir auf deinen Wegen,
er ziehe mit dir, gehe und fahre mit,
erfülle dich mit seiner Nähe
und schenke dir
auch in der Ferne Geborgenheit.

Gott gebe dir Kraft für deine Wege,
dass du tust, was du für richtig hältst,
dass du erkennst, wo du zustimmen kannst
und wo du laut protestieren musst,
dass du deine Probleme erkennst und dich ihnen stellst
und den Menschen in Liebe begegnest.

Gott beschütze dich vor Krankheit und Unfall,
vor falscher Ängstlichkeit und vor Selbstüberschätzung,
vor Gedanken des Hasses und der Rache,
vor Geiz und Verschlossenheit.
Er leite dich auf rechtem Wege
und führe dich zum Ziel deines Lebens.

Die erste Kerze

November 30.

Eben noch war es dunkel um mich herum. Jetzt zünde ich die erste Adventskerze an. Wie oft habe ich das in den vergangenen Jahren schon getan? Ich nehme mir Zeit für das Licht. Ich will sehen lernen.
Ich betrachte das Licht neugierig und aufmerksam. Alles, was unwichtig ist, liegt im Dunkeln. Nur das Licht zählt. Ich lerne zu sehen, was wichtig und gut ist. Ich konzentriere mich auf eine Sache.
Ich wünsche mir Augen für das Weihnachtswunder. Ich will lernen, nicht nur wie gebannt auf die schreienden, kalten Lichter dieser Welt zu starren, sondern für die kleinen, bescheidenen Lichter aus Gottes Welt offen zu sein, die nicht nur in der Weihnachtszeit leuchten. Und ich will mir zeigen lassen, wo ich selbst ein Licht anzünden kann oder Licht sein darf, das die Dunkelheit erhellt.

Ich lerne zu sehen, und auf den ersten Blick geschieht nichts Großes. Aber ich spüre, wie ich mich verändere. Meine Augen werden offen für eine andere Wirklichkeit. Ich sehe anders, als es mir bisher möglich war.
Ich zünde die erste Kerze an. Ich lerne zu sehen.

Gott, lass mich sehen, dass dein Licht auch in meinem Leben leuchtet. Und lass mich Licht zu anderen Menschen bringen.

Wo kann ich helfen?

Dezember
1.

In der vorweihnachtlichen Zeit werden wir wieder mit Spendenaufrufen überhäuft. Gerade jetzt, wenn die Herzen der Menschen sich etwas mehr öffnen (und ein zusätzliches Monatsgehalt spendabler macht als sonst), sind etliche der Aufrufe äußerst erfolgreich.
Aber wohl nicht erfolgreich genug, denn die Not wächst weiter, die Zahl der Obdachlosen bei uns nimmt zu, der Hungertoten in Afrika, der Aidskranken, der Flüchtlinge. Das Ozonloch wächst fast so schnell, wie der Regenwald abnimmt. Und auch die Warnungen der Skeptiker nehmen zu, das Geld lande bei den Falschen.
Ich will gern helfen, aber fühle mich überfordert. Wo ist gewährleistet, dass meine Hilfe wirklich da ankommt, wo sie gebraucht wird? Wo ist Hilfe überhaupt sinnvoll und erstickt nicht die letzte Eigeninitiative?
Ich will mich genauer informieren über die Nöte und Probleme in dieser Welt und über die Möglichkeiten, sinnvoll zu helfen. Ich will mich mindestens so gut informieren wie vorletztes Jahr, als ich überlegte, welches neue Auto ich kaufen sollte. Ich will mich informieren und dann handeln, denn die Erde, die Umwelt, die

Menschen, die Tiere – sie haben keine Zeit zu warten. Es ist schon sehr spät!

«Die Liebe ist des Gesetzes Erfüllung. Macht Ernst damit! Ihr wisst doch wohl, was die Stunde geschlagen hat. Es ist Zeit für euch, aus dem Schlaf aufzuwachen!» (Römerbrief 13, 10-11)

Die «Würdelosen» auf der Straße

Dezember 2.

Die Zahl der Bettler in unseren Einkaufsstraßen steigt ständig. Immer mehr Menschen in unserer Nähe haben kein Dach über dem Kopf. Immer mehr Einsame leben in unseren Städten. Und der Hass auf alle Menschen, die anders sind als wir, nimmt zu.

Was kann ich tun? Ist es sinnvoll, einem Bettler Geld zu geben? Soll ich einen Menschen bei mir aufnehmen? Ich will mich vor Ort informieren, auf der Straße, im Sozialamt, im Obdachlosenasyl. Ich will mit unterschiedlichen Menschen reden.

Ich will mir von Gott, der den Menschen zu seinem Bild geschaffen hat, die Würde jedes Menschen zeigen lassen. Was kann ich tun, den «Würdelosen» würdevoll zu begegnen? Wie kann ich ihnen als Geschöpfen Gottes, als Kindern Gottes begegnen?

Was kann mein persönliches Weihnachtsgeschenk für diese Menschen sein?

«Handelt nach dem königlichen Gesetz, das Gott erlassen hat und in dem es heißt: Liebe deinen Mitmenschen wie dich selbst! Dann tut ihr Recht. Wenn ihr aber nach äußeren Umständen zwischen den Menschen unterscheidet, dann spricht das Gesetz euch schuldig.» (Jakobusbrief 2, 8-9)

Menschen wie ich

Dezember
3.

Ich sehe im Fernsehen Berichte von südamerikanischen Straßenkindern, die kein Zuhause haben. Ich lese, dass an jedem Tag 40 000 Kinder verhungern. Ich höre, dass es in ganzen Landstrichen Afrikas kein Trinkwasser gibt. Hoffentlich werde ich nicht irgendwann abstumpfen bei den vielen Schreckensmeldungen von Flüchtlingslagern, Slums und Missernten!

Ich will mich in einer Organisation, die in einem unterentwickelten Gebiet dieser Erde arbeitet, selbst engagieren. Ich will ein Patenkind unterstützen oder ein Brunnenprojekt, einen Kindergarten oder einen Handwerksbetrieb, in dem Menschen Arbeit finden, die sie und ihre Familien ernährt.

Ich will Kontakt aufnehmen zu den Menschen und Mitarbeitern vor Ort, um mehr über sie und ihre Arbeit zu erfahren. Ich will erkennen, dass dort Menschen sind wie ich, Menschen, die leben und arbeiten und glücklich sein wollen.

«Wer ist denn mein Nächster?» (Lukas 10, 29)

Schöpfung in Gefahr

Dezember
4.

An jedem Tag verschwinden etwa 100 Tier- und Pflanzenarten von unserer Erde – für immer. Pro Sekunde werden ungefähr 2000 Quadratmeter Wald zerstört – für immer. Aus Ackerfläche, die zur Versorgung der Bevölkerung diente, werden Kaffee- oder Kakaoplantagen. Eine Milliarde Menschen atmen nach UNO-Angaben bereits zu stark vergiftete Luft ein.

Gottes gute Schöpfung, so scheint es, wird systematisch zerstört. Und die Hauptschuld tragen wir in den hochentwickelten Ländern. Ich will mich informieren und mir bewusst machen, wo ich dazu beitrage, die Schöpfung und damit die Lebensmöglichkeit unserer Kinder und Enkel zu zerstören. Und ich will endlich Konsequenzen ziehen. Ich frage mich, wo ich mich für die Schöpfung einsetzen kann. Vielleicht engagiere ich mich für die Erhaltung eines Moores oder finanziere die Neuanpflanzung von zehn Bäumen in Asien – auf jeden Fall: Ich will meine Verantwortung ernst nehmen.

«Herr, wie sind deine Werke so groß und viel! Du hast sie alle weise geordnet, und die Erde ist voll deiner Güter.» (Psalm 104, 24)

Elefanten und Wale

Dezember
5.

Zu Gottes guter Schöpfung gehören auch die Tiere. Die Bibel erzählt bereits in der Paradiesgeschichte, dass der Mensch jedem Tier einen Namen gab. In der Arche von Noah, so heißt es, fanden die Tiere einen Platz zum Überleben während der großen Flut. Beim Propheten Jesaja finden wir folgende Bilder für die zukünftige Welt Gottes: «Da werden die Wölfe bei den Lämmern wohnen und die Panther bei den Böcken lagern. Ein kleiner Knabe wird Kälber und junge Löwen und Mastvieh miteinander treiben.»
Aber wir Menschen haben den Respekt vor diesem Teil der Schöpfung weithin verloren. Wir rotten Nashörner und Elefanten rücksichtslos aus, für Potenzmittel oder Elfenbeinschmuck. Wir züchten Tiere in Tierfabriken, importieren «süße» Vögel aus den Urwäldern – der Schwund auf dem Transportweg ist bereits einkalkuliert – missbrauchen Tiere als Versuchsobjekte für neue

Cremes, setzen in der Urlaubszeit Haustiere aus und zerstören den Lebensraum der meisten Tierarten.
Ich will ein neues Bewusstsein gegenüber den Tieren gewinnen: Tiere als unsere Mitgeschöpfe. Ich will mich für Tiere engagieren, sei es zu Hause im Tierheim oder draußen im Moor, sei es für die Wale oder Delphine. Ich will niemals mitmachen, wenn Gottes Geschöpfe gequält und missbraucht werden.

(Jesaja 11, 6)

Was brauche ich?

Dezember 6.

Die vorweihnachtliche Zeit macht mir wieder deutlich, was ich dringend brauche und wonach ich Sehnsucht habe:

Ein Ort der Stille,
wenn der Lärm über mir zusammenschlägt.
Menschliche Wärme,
wenn ich an der Kälte, die zwischen uns herrscht,
zu erfrieren drohe.
Ein Stück Heimat,
wenn ich mich nicht mehr zurechtfinde.
Ein heller Stern,
wenn mir die Orientierung fehlt.

Die zweite Kerze

Dezember
7.

Eben noch war es laut im Haus. Jetzt habe ich das Radio ausgemacht, das Fenster geschlossen und die Gespräche beendet. Es wird still um mich herum. Ich warte noch einen Augenblick, dann zünde ich die zweite Adventskerze an. Ich will lernen zu hören.

Bald nehme ich das Knistern der Kerze wahr. Aber es dauert noch lange, bis es auch in mir still wird. Ich lasse mir Zeit, bis ich ein Teil der Stille bin. Ich beginne zu hören. Ich höre auf das Wesentliche, auf das, was für mein Leben wichtig ist. Das Wesentliche stellt sich nicht schreiend auf dem Marktplatz dar. Es ist meistens leise und unscheinbar, wie damals in Bethlehem.

Ich frage mich, welche der vielen Stimmen in meinem Leben eigentlich die richtige ist, die wesentliche. Und ich würde gern lernen, diese Stimme aus all den anderen Stimmen herauszuhören.

Ich denke an Weihnachten. Und jetzt spricht die Weihnachtsbotschaft direkt zu mir. Ich habe mich auf das Hören vorbereitet. Ich nehme die leisen Töne wahr, die sonst nicht zu mir durchdringen. Durch die innere und äußere Stille wird eine andere Welt für mich lebendig.

Ich zünde die zweite Kerze an. Ich lerne zu hören.

Gott, lass mich bereit sein, deine gute Botschaft zu hören.

Ein Wüstenort

Dezember 8.

Johannes, mit dem Beinamen der Täufer, war Sohn eines Priesters aus Jerusalem. Er war wie sein Vater ein Mann, der der Sache Gottes dienen wollte. Nur tat er es ganz anders – nicht in der traditionellen Weise jüdischer Zeremonie im Tempel Jerusalems. Johannes verließ die Hauptstadt und mit ihr Sicherheit und Bequemlichkeit. Er ging in die Wüste, in die Nähe des Flusses Jordan. Dort predigte er zu den Menschen, die zu ihm kamen, und das waren sehr viele.

Manchmal ist die Wüste der richtige Ort für wichtige Entscheidungen. In der Stadt bin ich oft so sehr von den vielen Angeboten und Veranstaltungen gefangen genommen, dass ich gar nicht dazu komme, über mein Leben nachzudenken. Ich brauche einen «leeren Ort», in dem auch ich leer werden kann von allem, was mein Denken blockiert.

Ich brauche ab und zu einen Wüstenort. Das kann der nahe Wald sein, in dem ich einen längeren Spaziergang mache und dabei meine Gedanken ordne. Das kann das Ferienhaus meiner Schwester sein, in das ich mich ohne Telefon für ein Wochenende zurückziehe, oder der fernsehlose Abend, an dem wir versuchen, die nächsten Monate sinnvoll zu planen, damit sie nicht plötzlich verplant sind.

Viele Menschen kamen in die Wüste zu Johannes und hörten seine Mahnung, nicht so weiterzuleben wie bisher, sondern umzukehren und Neues in ihrem Leben zuzulassen.

(Matthäusevangelium 3, 1-6)

Ein Alternativer in der Wüste

Dezember
9.

Viele Menschen kamen zu Johannes hinaus in die Wüste. Sie trafen dort eine eindrucksvolle und zugleich sonderbare Gestalt an. Johannes lebte konsequent alternativ. Er war mit einem Fellgewand bekleidet und aß, was die Wüste hergab, zum Beispiel Heuschrecken und wilden Honig.
Johannes zog die Menschen an. Wer hier eine Alternative für sein Leben suchte, war bei ihm an der richtigen Adresse. Johannes machte sich nichts aus Komfort und Besitz, aus Mode und Feinschmecker-Restaurants. Johannes fragte nicht nach Vorgesetzten und dem richtigen Weg zur Karriere. Er taktierte nicht und hielt keine langweiligen, abgewogenen Reden. Er redete Klartext. Er deckte menschliche Lügen und Abhängigkeiten konsequent auf.
Vielleicht brauchte ich auch eine Begegnung mit Johannes. Ich bin mit Menschen befreundet, die ähnlich leben und denken wie ich. Wir unterhalten uns freundlich, essen gemeinsam und machen uns Komplimente. Vielleicht bräuchte ich jemanden, der meine Lebensweise konsequent hinterfragt.

(Matthäusevangelium 3, 1-10)

Vorbereitet für Gott?

Dezember
10.

Mit Johannes tauchte in Israel noch einmal eine große prophetische Gestalt auf. Propheten waren immer Menschen gewesen, die eine Botschaft Gottes für sein Volk zu überbringen hatten.

Was war die Botschaft des Johannes? Die ersten von ihm bei Matthäus überlieferten Worte lauten: «Tut Buße, kehrt um, denn das Himmelreich ist nahe!» Johannes drückte damit aus, dass die Menschen eben nicht bereit waren für die Begegnung mit Gott, sondern ganz im Gegenteil vor ihm wegliefen und nichts von ihm wissen wollten. Aber Johannes redete nicht nur, er setzte Zeichen, indem er Menschen taufte. Er taufte sie im Jordan durch Untertauchen. Diese Taufe kannten die Juden damals nur für Nichtjuden, für Heiden, die zum jüdischen Glauben übertreten wollten. Wenn Johannes jetzt Juden im Jordan taufte, so hieß das: Ihr seid nicht besser als die Heiden. Lasst euch von Gott neu machen und beschenken!

Warum bereitete Johannes die Menschen auf Gottes Nähe vor? Die Bibel spricht von Johannes als dem Wegbereiter Jesu. Er machte Menschen bereit und offen, wieder mit Gott zu rechnen. «Nach mir kommt einer», so predigte Johannes, «der ist stärker als ich. Ich habe euch mit Wasser getauft. Er aber wird euch mit dem Heiligen Geist und mit Feuer taufen.»

Gott, mach mich bereit, deinem Sohn Jesus zu begegnen und in ihm nicht nur das Kind in der Krippe zu sehen, sondern meinen Herrn und Erlöser.

(Matthäusevangelium 3, 1-12)

Auf der Suche nach Leben

Dezember 11.

Manchmal denke ich: So, wie mein Leben verläuft, wie ich lebe oder mich leben lasse – das reicht mir nicht aus. Dann spüre ich eine intensive Sehnsucht nach «mehr». Ich will mehr als nur leben und arbeiten und fernsehen und essen und schlafen – und eines Tages sterben.

Ich suche nach Sinn. Ich suche nach dem wirklichen Leben. Ich weiß, es wird mir nicht in den Schoß fallen. Ich will fragen und wagen und mich auf den Weg machen. Ich glaube, dass meine Suche nach Leben etwas mit Gott zu tun hat – vielleicht ganz anders, als ich es mir jetzt vorstellen kann. Ich hoffe, bei ihm werde ich das Leben finden.

Jesus spricht: «Ich bin gekommen, damit sie das Leben und volle Genüge haben sollen.» (Johannesevangelium 10, 10)

Eine andere Möglichkeit

12. Dezember

Ich habe die Freiheit, am Leben vorbeizulaufen. Ich kann der Mehrheit folgen und mein eigenes Leben, meinen Erfolg und mein Ansehen zum Mittelpunkt meines Denkens machen. Ich kann meinen Glauben und alle Ideale, die ich einmal hatte, verkaufen. Ich kann andere Menschen und meine Gesundheit ausbeuten. Ich kann über Leichen gehen. Ich kann krampfhaft den sinnlosen Versuch unternehmen, mich selbst groß und wichtig und unsterblich zu machen. Das alles und viel mehr kann ich tun. Allerdings – was Leben ist, werde ich so niemals erfahren.
Jesus zeigt mir etwas völlig anderes – er zeigt mir die Möglichkeit zu leben! Wenn ich sie wähle, werde ich aufhören können, nur mich selbst zu sehen. Mein Leben soll nicht länger von der Angst bestimmt sein, etwas zu versäumen. Jesus zeigt mir einen lebendigen Glauben, der dem Leben dient. Er zeigt mir, dass ich es mir leisten kann, mein Leben loszulassen – um zu leben.

Jesus sagt: «Wer sein Leben festhalten will, wird es verlieren. Wer es aber um meinetwillen verliert, wird es gewinnen.»
(Matthäusevangelium 10, 39)

Die Sehnsucht nach Weihnachten

Dezember 13.

Langsam ist es wieder so weit. Meine weihnachtlichen Gefühle beginnen mich einzuholen. Trotz meiner inneren Abwehr gegen Weihnachtsstress und Weihnachtskitsch meldet sich die Sehnsucht nach Weihnachten.

Ich bin sicher: Diese Sehnsucht, die ich nur langsam und vorsichtig zulasse, meint mehr als ein paar besinnliche Tage. Sie hat etwas zu tun mit meiner Sehnsucht nach dem, was heil ist. Wo so vieles zerbricht – Hoffnungen, Beziehungen, Ideale –, hoffe ich auf etwas, das Bestand hat. Wo das Negative immer stärker wird, brauche ich eine Liebe, auf die ich mich verlassen kann.

Was fasziniert mich an Weihnachten? Vielleicht die Geburt in einem primitiven Notquartier? Vielleicht Gottes Menschwerdung in einer desinteressierten, egoistischen Umgebung? Vielleicht der kurze Augenblick auf dem Feld, als die himmlische Wirklichkeit die Nacht der Hirten erhellt?

Wenn meine Sehnsucht nach Heil mich so deutlich auf die Geburt Jesu hinweist, dann will ich weitersuchen und weiterfragen, was der erwachsene Jesus mir sagen und zeigen will.

«So sehr hat Gott die Welt geliebt, dass er seinen einzigen Sohn gab, damit alle, die an ihn glauben, nicht verloren werden, sondern das ewige Leben haben.» (Johannesevangelium 3, 16)

Die dritte Kerze

Dezember 14.

Weihnachten kommt näher. Ich zünde die dritte Adventskerze an. Ich will lernen, in mich hineinzusehen und hineinzuhören. Ich weiß, das ist besonders schwer. Dazu brauche ich Zeit, und wann habe ich die schon? Dazu brauche ich Ehrlichkeit mir selbst gegenüber, wo ich doch gewohnt bin, mir ständig etwas vorzumachen.

Es kann sehr weh tun, mich selbst so zu sehen, wie ich bin. Ich werde Bereiche erkennen, die dunkel und zerstörerisch sind und mich am Leben hindern. Nur wenn ich diese Bereiche entdecke, ist Änderung und Umkehr möglich.

Ich beginne mir Fragen zu stellen. Auf welchen Gebieten meines Lebens brauche ich eine Richtungsänderung? Wo bin ich unbeweglich und festgefahren? Wo betrüge ich mich selbst? Wo habe ich mich abhängig gemacht? Und ich frage weiter im Blick auf Weihnachten: Wo habe ich Hindernisse für meinen Weg zur Krippe aufgebaut? Wo bin ich so arrogant und überheblich, dass ich das Kind aus dem Blick verliere und die Erfahrung vertue, dass Gott für mich Mensch geworden ist? Wo habe ich den Stall mit Edelholz verkleidet und meine eigene Armut vor Gott geleugnet?

Ich spüre, wie es schmerzt, wenn ich mich so sehe, wie ich bin. Aber indem ich den Schmerz aushalte und nicht verdränge, spüre ich, dass es gut tut. Ich erfahre, dass ich tief in mir für das Licht empfänglich bin, so als hätte ich schon immer darauf gewartet.

Gott, schenke mir die Ehrlichkeit, mich selbst so zu sehen, wie ich bin.

Im Anfang war das Wort

Dezember 15.

Das Lukasevangelium berichtet am Anfang von der Geburt Jesu. Es spricht vom Stall und von den Hirten auf dem Feld. Im Matthäusevangelium wird von Weisen aus dem Morgenland berichtet, die sich aufgrund eines Sterns auf die Suche nach dem Kind machen.

Ganz anders beginnt das Johannesevangelium seinen Bericht. Da heißt es: «Im Anfang war das Wort, und das Wort war bei Gott, und Gott war das Wort. Dieses war im Anfang bei Gott. Alle Dinge sind durch dieses gemacht, und ohne dieses ist nichts gemacht.» Statt wie Lukas und Matthäus nach Bethlehem zur Geburt des Kindes Jesus zu gehen, zeigt Johannes die einzigartige Bedeutung Jesu für uns Menschen auf: Meine Fragen über Anfang und Ende, über Leben und Tod, über den Sinn allen Lebens werde ich so lange unbeantwortet mit mir herumtragen, bis ich diesem Jesus begegne.

Herr, in den Weihnachtstagen begegnest du mir wieder als das kleine, hilflose Kind in der Krippe. Lass mich dich auch sehen als den, der immer war und immer sein wird und alles Leben in seiner Hand hält.

(Johannesevangelium 1, 1-3)

Das Leben finden

Dezember 16.

Zu Beginn des Johannesevangeliums wird mir der Grund allen Lebens vorgestellt. Jesu Bedeutung für mich wird deutlich gemacht. «In ihm war das Leben, und das Leben war das Licht der Menschen.»

Da wird mir gesagt: Es geht im Evangelium nicht um moralische Maßstäbe, nicht um Glaubensgrundsätze, nicht um romantische Geschichten, es geht um das Leben. Es geht um alles. Jesus will mir keine große Lehre geben, keine komplizierten Anweisungen, sondern das Leben. Was ist das Leben? Mehr als essen und schlafen, mehr als arbeiten und faulenzen. Es geht um das wirkliche, tiefe, echte, ewige Leben, das durch nichts mehr zerstört werden kann. Tod und Dunkelheit, die viele Menschen schon zu «Lebzeiten» beherrschten, haben keine Macht mehr. Das Leben und das Licht treten an die Stelle der Leere, Verzweiflung und Dunkelheit.
Das ist wie eine Überschrift über das Evangelium: Es geht um dein Leben. Pass auf, dass du dich nicht in Kleinigkeiten verlierst, in unwichtigen Nebenfragen! Du hast die Möglichkeit, das Ziel deiner Sehnsucht zu finden.

Jesus, tausend Vorbehalte und Erfahrungen halten mich davon ab, nach dem wahren Leben zu fragen, das du mir geben willst. Wenn du wirklich das Leben bist, dann bitte lass mich das Leben bei dir finden.

(Johannesevangelium 1, 4)

Licht in der Finsternis

Dezember 17.

Wenn Jesus wirklich das Leben ist und das Licht bringt, müssten dann nicht alle Menschen begeistert dieses Licht annehmen, um leben zu können?
Johannes sagt am Anfang schon deutlich, dass Jesu Leben kein Triumphzug wird. Es wird ein Zug zum Kreuz. Die meisten Menschen wollen sich nicht stören lassen. Sie leben weiter in ihren eingefahrenen Bahnen, ein Leben, das den Tod bereits in sich

trägt. Sie haben sich daran gewöhnt, das Leben am falschen Platz zu suchen: in Besitz, Erfolg, Vergnügen, in der Flasche, in einem Menschen, in sich selbst.
«Das Licht scheint in der Finsternis, und die Finsternis hat's nicht begriffen.» Der Weg zu Jesus ist nie der Weg der Mehrheit – die hat es nicht begriffen. Der Weg zu Jesus wird niemals dem Zeitgeist entsprechen. Diese Welt liegt in der Finsternis und wird mir keine Antworten auf die Frage nach dem Leben geben.
Das Licht scheint. Es scheint auch heute. Es scheint für mich. Ich darf es ergreifen.

Gott, lass mich nicht in der Finsternis gefangen bleiben. Lass es in meinem Leben hell werden und bleiben.

(Johannesevangelium 1, 5)

Das Wort wird Mensch

Dezember
18.

Die Überschrift des Johannes über sein Evangelium, der Vorspann, der mit dem «Wort» beginnt, bleibt nicht bei Vorstellungen von Anfang und Sinn unseres Lebens stehen. Von den ersten Sätzen, die den ganzen Kosmos im Auge haben, kommt Johannes schon bald zu uns, auf diese Erde, zum Greifbaren. Jesus, Anfang und Ende, Jesus, Sinn und Leben, dieser Jesus wurde Mensch. Er wurde greifbar, sichtbar, verwundbar. So wie das Wort Gottes greifbar und sichtbar wurde: Es kann gelesen, gedruckt und verfälscht werden. «Und das Wort wurde Fleisch und wohnte unter uns, und wir sahen seine Herrlichkeit, eine Herrlichkeit als eingeborener Sohn vom Vater, voller Gnade und Wahrheit.»

Gott hat sich aus seinen Dimensionen in die Sterblichkeit dieser Welt begeben. Und im Leben seines Sohnes Jesus kann ich ihm begegnen.
Ich will so gern dem Geheimnis des Lebens Jesu auf die Spur kommen. Ich will die Evangelien neu lesen, ohne alles, was mich dabei behindert und mir die Augen verschließt. Ich will von Jesus wie zum ersten Mal hören, ihn befragen, auf ihn hören, mit ihm unterwegs sein, mich auf ihn einlassen, ihm nachfolgen.

(Johannesevangelium 1, 14)

Es waren nur Hirten

Dezember
19.

Hirten waren zur Zeit Jesu keine geachteten Zeitgenossen. Sie lebten ohne feste Häuser, irgendwo draußen in der Wildnis, im Staub bei den Schafen. Sie galten beim Volk als zwielichtiges Gesindel und besaßen nicht einmal die elementaren Bürgerrechte.
Es war bestimmt kein Zufall, dass Hirten die ersten Gäste im Stall waren. Vielleicht wollte Gott uns damit sagen: Ihr alle braucht mich. Aber erfahren werdet ihr mich nicht als feine Herrschaften, nicht als Satte und Bequeme und Arrogante, nicht als Erfolgreiche und Geachtete.
Wenn Gottes Platz bei den Hirten ist, wo ist dann mein Platz? Will Gott, dass ich auf der Seite der Frierenden bin, der Hungernden und Einsamen, der Wohnungslosen, der Verzweifelten, der Erfolglosen, der Suchenden? Ich will nicht aus Bequemlichkeit in der beheizten Etagenwohnung vor dem Fernseher einschlafen und meinen Platz im Stall von Bethlehem leer lassen.

Gott, zeig mir meinen Platz dort, wo du mich haben willst, und bei den Menschen, die meine Hilfe brauchen.

«Und es waren Hirten in dieser Gegend auf dem Felde ...»
(Lukasevangelium 2, 8-20)

Machtmenschen

Dezember
20.

Als die Weisen unterwegs waren auf der Suche nach dem Kind, kamen sie auch nach Jerusalem. Dort regierte König Herodes. Am Königshof versuchten die fremden Besucher nähere Informationen über das Königskind zu erhalten: Wir haben einen Stern entdeckt, der nur die Geburt eines Königs der Juden ankündigen kann.
Natürlich gab es große Aufregung am Hof! Schließlich rief Herodes die Weisen zu sich. Er erzählte ihnen von einer alten Prophezeiung, nach der Gott einen König schicken wird, der aus Bethlehem kommt. «Geht nach Bethlehem und erforscht alles ganz genau! Dann kommt zurück und erzählt es mir, damit ich auch komme, um das Kind anzubeten.»
Herodes war ein typischer Machtmensch. In dem Königskind von Bethlehem sah er sofort eine Bedrohung. Diesen Konkurrenten musste er so schnell wie möglich ausschalten. Aber Machtmenschen verstellen sich oft sehr geschickt. Herodes gab vor, das Kind anbeten zu wollen. So etwas macht sich gut. So etwas erweckt Sympathie. Zum Glück erfuhren die Weisen später in einem Traum von der wahren Absicht des Herodes und machten auf ihrer Rückkehr einen großen Bogen um Jerusalem.

Gott, bitte gib mir ein Gespür dafür, wo Menschen nur mit den Gefühlen ihrer Mitmenschen spielen, um selbst etwas zu errei-

chen und ihre Machtziele zu verfolgen. Und ich will mich selbst kritisch hinterfragen, wo ich andere Menschen für meine Ziele benutze und missbrauche.

(Matthäusevangelium 2, 8)

Die vierte Kerze

Dezember
21.

Ich zünde die vierte Adventskerze an und freue mich über das Licht, das mir leuchtet. Ich weiß, wie sehr ich das Licht brauche. Ich will mich dem Licht öffnen. Alle Dunkelheit will ich von ihm erhellen lassen. Meine inneren Türen und Verriegelungen will ich weit öffnen. Selbst die verwinkelten Plätze und entlegensten Kellerräume in mir sollen erleuchtet werden.
Bin ich bereit für das Wunder der Weihnacht in meinem Leben? Ich möchte Platz schaffen für das Kind in der Krippe. Ich will es nicht länger an die Seite drängen. Ich möchte Platz schaffen für den menschlichen, armseligen, leidenden Gott – auch wenn er meinen Idealbildern widerspricht. Ich habe Probleme, das zu akzeptieren, was mir klein und gering erscheint, was mir leidend, armselig und verachtet begegnet. Wie oft lasse ich mich kaufen und bestechen, um auf der Seite der Starken, Erfolgreichen, Dynamischen, Blendenden zu stehen!
Ich will das Licht hereinlassen. Und dann erlebe ich vielleicht wie die Hirten, dass es mitten in meiner Nacht hell wird und die Dunkelheit verschwunden ist.
Ich zünde die vierte Adventskerze an. Ich bin bereit, das Weihnachtswunder in mir geschehen zu lassen.

Gott, ich will mich nicht mit der Dunkelheit in meinem Leben abfinden. Lass das Licht von Weihnachten in mir leuchten.

Die Tür zum Stall

Dezember 22.

Sie kommen alle, um Weihnachten zu feiern. Der Kühlschrank ist gut gefüllt, die Geschenke sind besorgt. «Bitte packen Sie es gleich schön ein und machen Sie den Preis ab.» Der Christbaumschmuck liegt bereit, alles Ton in Ton, mal eine andre Farbe, der letzte Schrei. Sie kommen alle nach Bethlehem, mit Wein und Marzipan. Sie bringen vieles mit: ihre Überheblichkeit, ihren guten Geschmack, ihre Rührung, ihren Erfolg, ihren Selbstbetrug, ihr umfassendes Wissen.

Sie alle gelangen zum Stall von Bethlehem. Sie öffnen die Tür – es ist dunkel im Stall. Sie verharren dort einige Zeit, ihre Augen haben sich noch nicht an die Dunkelheit gewöhnt. Da kommt ihnen ein fürchterlicher Geruch entgegen. Es riecht, sagen sie vornehm näselnd. Es ist eine Mischung aus dem Geruch des Viehs und dem Geruch armer Leute. Kein Deo wäre in der Lage, diesen Geruch auszulöschen.

Nun ja, es ist Weihnachten. Sie halten sich die Nase zu, um einzutreten. Aber – sie passen nicht durch die Tür. Sie ist zu niedrig. Sie müssten sich bücken, auf die Knie gehen, ihre Vorräte loslassen und mit leeren Händen und gebeugtem Kopf ihren Weg tastend in die Dunkelheit des Stalls wagen. Das ist zu viel!

Sie bleiben draußen vor dem Stall, prosten sich zu und singen die schönen Lieder von dem Heiland der Welt, der in einer Krippe liegt, im Stall von Bethlehem.

Sie begegnen uns alle

Dezember 23.

Nach Bethlehem waren sie unterwegs, den langen staubigen Weg von zu Hause in die Fremde: ein übermüdetes, verschwitztes Paar, den Staub der Straße auf Körper und Kleidung. Niemand wollte sie haben, nirgends waren sie willkommen. Ihr Heim für die nächsten Tage, in denen ihr erstes Kind geboren werden sollte, wurde ein zugiger, stinkender Stall.

Auf dem Weg nach Bethlehem begegnen sie uns alle – die Flüchtlingstrecks aus dem Osten im Jahr 1945, auch die, die auf der Strecke blieben. Dort begegnen uns alle, die vor dem Hunger und der Verfolgung flohen, aus Äthiopien, dem Irak, aus Bangladesh, auf dem Balkan, und alle, die unter der Trennung von ihren Familien leiden. Wir sehen dort eine große Schar von Obdachlosen, von denen viele bei der Heilsarmee wegen Überfüllung keinen Einlass mehr fanden. Da sind unzählige Kinder dieser Welt auf dem Weg nach Bethlehem, und ihre kleinen Hände greifen nach keinem Computerspiel, sondern nach einem trockenen Stück Brot. Wir sehen die Ställe und Elendsquartiere in unzähligen Städten dieser Welt.

Alles Leid ist in der Weihnachtsgeschichte versammelt. Und für uns gibt es nur zwei Möglichkeiten, damit umzugehen: Entweder romantisieren wir Weihnachten mit einer Krippe, wunderschön bemalt, mit Lichterbaum und Marzipan, oder wir stellen uns dem Leid und fragen, was es mit unserem Leben zu tun hat.

Heute in Bethlehem

Dezember 24.

Heute am Heiligen Abend, heute in Bethlehem, begegnet mir mein eigenes Leben. Mir begegnen meine warme Wohnung und die Angst, alles zu verlieren, ohne Heimat zu sein, ohne Wärme, ohne ein Willkommen.
Heute begegnet mir die lange Suche der Weisen: Wo finden wir den Stern? Wo finden wir das Leben? Wo erfahren wir ein Stück Ewigkeit?
Heute begegnet mir der Hunger nach Leben und nach einem Stück Brot. Mir begegnen vergessene Kinder ohne eine Heimat, Kinder auf der Straße oder im Stall oder von Herodes umgebracht.
Heute begegnet mir meine Hoffnung, dass es mehr gibt als diese paar Jahre Leben, mehr als Geldverdienen, mehr als ein kurzes Aufflammen und Erlöschen, mehr als ein Herumgestoßensein in der Fremde und ein Umherirren in der Dunkelheit.
Heute begegnet mir Licht in dunkler Nacht. Es ist wahrlich kein Neonlicht, es ist nicht grell und schreiend, sondern klein und im Luftzug flackernd. Mir begegnet Gott in der Enge dieser Welt, im Stall. Meiner Sterblichkeit begegnet Gottes Ewigkeit. Den Hirten begegnen himmlische Boten, dem Fremden die Einladung in ein Notquartier, dem Verzweifelten eine Hoffnung, dem Verirrten ein Lebensziel, dem Einsamen Nähe und dem Frierenden Wärme.
In Bethlehem treffen die Not und das Glück dieser Welt zusammen, die Verzweiflung und die Hoffnung. In Bethlehem finde ich das Ziel meiner Sehnsucht.

(Matthäusevangelium 2, 1-12)

Im «Restaurant» Santa Maria

Dezember 25.

Einmal im Jahr, am ersten Weihnachtstag, verwandelt sich die altehrwürdige Kirche Santa Maria im römischen Stadtteil Trastevere in einen riesigen Speisesaal. Bewirtet werden dort allerdings weder die normalen Kirchenbesucher, die dort noch am selben Morgen die Messe besucht haben, noch Priester oder Mönche. Das Festessen ist einzig und allein für die Ärmsten der Armen bestimmt, für die Obdachlosen der Stadt, für Alkoholiker und Drogenabhängige.

Aus allen Himmelsrichtungen der Stadt kommen sie herbei. Die Kirche ist festlich geschmückt, auf den langen Tischen liegen saubere, weiße Tischdecken. Auch die «verlorenen Seelen», die hier zusammenkommen, haben sich so gut es ging vorbereitet, gewaschen, gekämmt. Viele kommen mit ihrem ganzen Besitz, der in einige Plastiktüten oder Pappkartons passt.

Eine erstaunliche Veränderung geschieht in diesen Menschen. Als sie an den gedeckten Tischen Platz nehmen, die dampfenden Vorspeisen hereingebracht werden, gewinnen sie plötzlich ihre alte Würde als Menschen wieder. Sie bedienen sich höflich gegenseitig, unterhalten sich freundlich und genießen die Speisen. Sie stehen im Mittelpunkt dieser Feier, und kein Wohltäter oder Priester hält eine Rede oder gibt gute Ratschläge. Sie entdecken sich wieder als einzigartige, wertvolle Geschöpfe – wenn auch nur für kurze Zeit. Zehren werden sie von dieser Erfahrung noch lange.

Sterndeuter

Dezember
26.

Vorgestern waren sie Sterndeuter,
weil sie gewohnt waren,
den nächtlichen Himmel zu beobachten
und den Stand der Sterne zu deuten.

Gestern waren sie Weise,
weil sie die Deutung des Sterns nicht zu den Akten legten,
sondern sich gemeinsam auf den Weg machten.

Heute sind sie Könige,
weil sie im Stall das Kind erkennen
und vor ihm auf die Knie fallen.

Gefühle zu Weihnachten

Dezember
27.

Weihnachten ist das Fest der Gefühle. Meine Gefühle haben sich in dieser Zeit mit Macht bei mir gemeldet. Sie zeigen mir, dass sie noch da sind, auch wenn ich einige von ihnen nicht wahrhaben will. Es gibt Gefühle zu Weihnachten, die ärgern mich, die sind mir peinlich. Und es gibt Gefühle, auf die freue ich mich schon lange vorher.

Die alten Lieder und Gedichte wecken Gefühle, die weit in die Kindheit zurückreichen. Alte Traditionen haben mit Gefühlen zu tun, die sie bewusst oder unbewusst wecken. Das Licht, der Baum, das Geheimnis dieser Nacht – alles spricht mein Gefühl an. Die Hirten auf dem Feld, die Gäste, die dem Stern folgen, die Heilige Familie – meine Gefühle sind dabei.

Nach den Weihnachtstagen, und vielleicht schon mittendrin, setzt bei mir eine Gegenbewegung ein. Meine Gefühle verlassen mich wieder, sie melden sich ab. Ich helfe eifrig mit, sie fortzuschaffen, wegzuschwemmen und spätestens Silvester «wegzuschießen». Es war lange genug Weihnachtszeit. Und am Anfang des neuen Jahres verschwindet auch der Weihnachtsbaum.
Was bleibt? Die Bibel hilft, die weihnachtlichen Ereignisse zu deuten. Sie bleibt nicht bei dem Gefühl stehen, das sich bei den weihnachtlichen Geschehnissen einstellt. «Denn euch ist heute der Heiland geboren, welcher ist Christus, der Herr, in der Stadt Davids!», so erklärt der Engel. Und das kann für mich aktuell bleiben, auch wenn die Weihnachtsgefühle längst Vergangenheit sind.

(Lukasevangelium 2, 11)

Gott hat sein Versprechen gehalten

Dezember 28.

Zu Beginn unserer Zeitrechnung lebte eine ganz kleine Gruppe frommer jüdischer Menschen, Frauen und Männer, die sich regelmäßig irgendwo in einer Ecke im Tempel von Jerusalem versammelten. Diese Menschen warteten darauf, dass das alte Versprechen Gottes bald Wirklichkeit werden würde: Gott kommt als Mensch in diese Welt. Sie warteten und waren sicher, ihn noch erleben zu dürfen. Der Messias kommt bald, so machten sie sich Mut, wenn sie den hebräischen Namen für den göttlichen König wählten. Oder sie benutzten die griechische Übersetzung und riefen sich zu: Der Christus kommt bald zu uns!

Einer aus dieser Gruppe war Simeon, bereits im Greisenalter. Als Maria und Josef wenige Tage nach der Geburt Jesu in den Tempel kamen, um ihr Kind dort segnen zu lassen, kam Simeon auf sie zu. Gottes Geist hatte ihm gezeigt, so sagt die Bibel, dass dies der Messias sei, der Christus. Und überglücklich nahm der Greis das Kind in seine Arme und lobte Gott: «Herr, nun lässt du mich in Frieden sterben, denn du hast dein Versprechen gehalten! Mit meinen eigenen Augen habe ich den Messias gesehen.»

(Lukasevangelium 2, 21-32)

Den Weg freimachen

29. Dezember

Am Ende des Jahres mache ich mir Gedanken um die Zukunft. Aber ich merke, wie bei allem, was ich denke und plane, meine Vergangenheit eine wichtige Rolle spielt. Oft blockiert sie mich. Oft hindert sie mich daran weiterzugehen.
Enttäuschungen lasten auf mir, Verletzungen und Versäumnisse. Nur ungern denke ich an das große Familienfest im nächsten Frühjahr – nach der Auseinandersetzung beim letzten Mal! Und einige Arbeitskollegen würde ich am liebsten niemals wiedersehen!
Frei meine Zukunft gestalten kann ich nur, wenn meine Hände und mein Herz frei und unbelastet sind. Ich will überlegen, wie das geschehen kann: Wo sollte ich Beziehungen in Ordnung bringen, Missverständnisse aus dem Weg räumen, Entschuldigungen annehmen oder aussprechen? Wie kann ich die Zukunft freihalten von falschen Erwartungen und düsteren Prognosen?
Und wenn ich getan habe, was mir möglich ist, dann will ich Gott bitten, mir meine Schuld zu vergeben, meine Verhärtungen zu nehmen und meine Verletzungen zu heilen.

Der Weg für mein Leben

Dezember 30.

Viele Wege sind eingefahren
und ausgetreten.
Ich will sie nicht deshalb gehen,
weil sie sich bewährt haben
und weil andere sie auch gehen.

Viele Wege sind breit und schön und ohne Hindernisse.
Ich will sie nicht deshalb gehen, weil sie bequem sind
und keine Mühe und Anstrengung erfordern.

Ich möchte den Weg finden,
der für mein Leben der richtige ist.
Ich will ihn gehen, konsequent,
auch wenn er schmal und mühsam ist
und die Mehrheit andere Wege wählt.

Aus deiner Hand

Dezember 31.

Wieder ist ein Jahr zu Ende.
Ich will Abschied nehmen
und loslassen
und mich auf das neue Jahr freuen.

Gott, ich lege dieses Jahr zurück in deine Hand.
Und aus deiner Hand nehme ich das neue.
Bei dir ist das Jahr – bei dir bin ich
gut aufgehoben.

«Meine Zeit liegt in deinen Händen.» (Psalm 31,16) 6,15